SOCIAL GOES MOBILE
– Kunden gezielt erreichen

Verlagsangaben

Bibliografische Information der Deutschen Nationalbibliothek

Die Deutsche Nationalbibliothek verzeichnet diese Publikation in der Deutschen Nationalbibliografie; detaillierte bibliografische Daten sind im Internet über http://dnb.d-nb.de abrufbar.

ISBN 978-3-945074-07-7

© 2015 Heike Scholz Verlag
www.mobile-zeitgeist.com
info@mobile-zeitgeist.com

Einbandgestaltung & Layout: Jakob Jansen
Lektorat: Pascal Krian
Heike Scholz Verlag Hamburg

Inhaltsverzeichnis

1. MÄRKTE, STRATEGIE, RECHT

1.1
Social Networks:
Funktionen, Marktstellung, Nutzung
Heike Scholz

1. Einleitung

In den vergangenen Jahren haben sich die Social Networks sprunghaft entwickelt, einige schneller und/oder durch Zukäufe, andere etwas langsamer aber nicht minder erfolgreich. Heutige Vorreiter in Sachen Mobile sahen zunächst aus, als hätten sie diese Entwicklung verschlafen und andere sind ohne Mobile Devices gar nicht denkbar.

Auch die Nutzer haben sich mit der Zeit angepasst, haben gelernt oder sind zu neuen Diensten abgewandert. Bei Jugendlichen sind die Social Networks anders zusammengesetzt und gewichtet als bei älteren Internetnutzern. Für unterschiedliche Kommunikationsszenarien werden unterschiedliche Dienste genutzt genauso wie im Tagesverlauf die Endgeräte munter gewechselt werden.

Für Unternehmen bedeutet dies, dass sie ihren aktuellen und potenziellen Kunden auf diese Plattformen folgen müssen, d.h. sie müssen die Spezifika und Mechanismen der Social Networks kennen, verstehen und optimal anwenden können. Und als ob dies noch nicht schwierig genug wäre, müssen gleichzeitig die verschiedensten Endgeräte und ihre Möglichkeiten sowie Beschränkungen berücksichtig werden.

In diesem Kapitel werden die Social Networks mit der größten derzeitigen Relevanz für den deutschsprachigen Raum für das Business-to-Consumer (B2C) Geschäft vorgestellt: Facebook, Twitter, YouTube, Instagram, Snapchat, WhatsApp.

Natürlich ist diese Auswahl nicht vollständig, das würde dieses Buchkapitel sprengen. Aus dem gleichen Grund können auch hier nicht die Funktionen der Plattformen umfänglich beschrieben werden. Ich werde einzelne wichtige Aspekte herausgreifen, doch die Kenntnis der grundlegenden Funktionen setze ich als bekannt voraus.

2. Facebook

Im Jahr 2004 gegründet ist Facebook heute das mit Abstand größte Social Network weltweit. Im zweiten Quartal 2015 vermeldete Facebook

- durchschnittlich 968 Millionen aktive Nutzer pro Tag (Daily Active Users, DAUs), ein Zuwachs von 17 Prozent gegenüber dem Vorjahr,
- durchschnittlich 844 Millionen Mobile DAUs, mit einem Zuwachs von 29 Prozent gegenüber dem Vorjahr,
- 1,49 Milliarden aktive Nutzer pro Monat (Monthly Active Users, MAUs), 13 Prozent mehr als im Vorjahr,
- 1,31 Milliarden Mobile MAUs, mit einer Zunahme von 23 Prozent gegenüber dem Vorjahr sowie
- 655 Millionen nutzen Facebook nur noch mobil (Mobile-only MAUs).[1]

Die Zahlen zeigen deutlich, dass Facebook entgegen mancher Unkenrufe nach wie vor stark wächst. Besonders auffällig ist, dass die mobile Nutzung fast doppelt so schnell zunimmt wie die Gesamtzahl der Nutzer. Dies hat verschiedene Gründe: Facebook wächst insbesondere in den Schwellenländern stark. Dort ist für viele Menschen das Mobiltelefon der einzige Internetzugang. Ein weiterer Grund für diese Wachstumsraten ist die Tatsache, dass die mobile Nutzung weltweit weiter ansteigt und die stationäre Nutzung an PCs oder Laptops zunehmend verdrängt.[2]

Meist entdecken junge Menschen neue Dienste und Plattformen, sodass zu Beginn die Nutzer oftmals sehr jung und experimentierfreudig sind, im Verlauf der Zeit aber mehr ältere Nutzer hinzukommen. Dies war bei Facebook sehr gut zu beobachten und heute wird häufig kolportiert, dass Facebook stark altern würde. Ein Blick auf die Demographie der Facebook-Nutzer bestätigt dies: [3]

- 18-24 Jahre: 16 Prozent
- 25-34 Jahre: 22 Prozent
- 35-44 Jahre: 19 Prozent
- 45-54 Jahre: 18 Prozent
- 55-64 Jahre: 15 Prozent
- 65+ Jahre: 10 Prozent

62 Prozent der Facebook-Nutzer sind 35 Jahre oder älter und Facebook ist damit tatsächlich im Vergleich zu den anderen Social Networks verhältnismäßig „alt". Hieraus zu schließen, dass die Jüngeren Facebook verlassen hätten oder dies gerade tun würden, wäre eine gewagte These. Denn die jüngeren nutzen Facebook zwar - aber für spezifische Aktivitäten haben sie aus ihrer Sicht bessere Angebote gefunden, da sie, schneller und innovationsfreudiger sind. Diese Kommunikation findet nicht mehr direkt auf Facebook, sondern auf alternativen Networks statt.

In Deutschland kann Facebook über 28 Millionen Nutzer aufweisen.[4] 2014 waren 77 Prozent der MAUs in Deutschland mit mindestens einem kleinen bzw. mittelständischen Unternehmen verbunden. Dies ist im Vergleich zu anderen europäischen Ländern ein Mittelwert (Portugal 85%, Italien 83%, Irland 81%, Großbritannien 74%, Spanien 73%, Frankreich 69%).[5]

Diese Zahlen zeigen, dass Nutzer auch in ihrem privaten Umfeld wie z.B. einem Social Network durchaus mit Unternehmen interagieren. Und so stellt sich die Frage für Unternehmen nicht, ob sie auf Facebook präsent sein wollen, sondern lediglich wie sie es tun.

Facebook selbst verbessert seit geraumer Zeit die mobile User Experience, um der steigenden Nutzung von mobilen Endgeräten gerecht zu werden. Auch die Instrumente, die Unternehmen zur Verfügung stehen, werden kontinuierlich mit Blick auf die mobile Nutzung optimiert. So sind kürzlich zum Beispiel in der mobilen Ansicht der Facebook-Seiten die Call-to-Action-Buttons besser sicht- und nutzbar gemacht worden. Unternehmen können nun entsprechende Buttons wie zum Beispiel „Jetzt einkaufen", „Jetzt anrufen" oder auch „Jetzt Termin vereinbaren" nicht nur in der Desktop-Version integrieren. Diese Buttons erscheinen nun ebenfalls prominent in der mobilen Ansicht.

[1] Facebook Reports Second Quarter 2015 Results, http://investor.fb.com/releasedetail.cfm?ReleaseID=924562, (24.09.2015)
[2] Scholz, Heike; Studie: Erstmals mehr Smartphones als Laptops; http://www.mobile-zeitgeist.com/2015/09/14/studie-erstmals-mehr-smartphones-als-laptops/, (24.09.2015)
[3] Hoelzel, Mark, Update: A breakdwon oft he demographics for each oft he different social networks, Business Insider, http://uk.businessinsider.com/update-a-breakdown-of-the-demographics-for-each-of-the-different-social-networks-2015-6?r=US&IR=T, (24.09.2015)
[4] Statista, Anzahl der aktiven Nutzer von Facebook in Deutschland von Januar 2010 bis Mai 2014, http://de.statista.com/statistik/daten/studie/70189/umfrage/nutzer-von-facebook-in-deutschland-seit-2009/, (24.09.2015)
[5] Henne, Arne; Mittelstand und Facebook: Gemeinsam erfolgreich; https://www.facebook.com/business/news/Mittelstand-auf-Facebook, (24.09.2015)

Diese Möglichkeiten, die Unternehmen von Facebook zur direkten Interaktion mit den Nutzern gegeben werden, sind die eine Seite der Medaille. Unternehmen müssen intern entsprechende Strukturen und Prozesse schaffen, mit dieser Interaktion auch optimal umgehen zu können. Ein „Jetzt anrufen"-Button, der dann in eine endlose Warteschleife führt, ist ebenso unsinnig, wie die Nutzer mit „Jetzt einkaufen" in einen nicht-mobil-optimierten Online-Shop zu leiten.

Gleiches gilt für die verschiedenen Werbeformate, die Facebook für Unternehmen anbietet. Die Targeting-Möglichkeiten der Facebook-Anzeigen sind detailliert und die Auslieferung kann sehr gezielt vorgenommen werden. Doch immer wieder vergessen Unternehmen, dass die Nutzer auf die Anzeigen an ihren mobilen Geräten tippen und es zu einer guten User Experience gehört, dass auch die Landing-Pages der Kampagnen für diese Geräte optimiert sind.

3. Twitter
Seit dem Start im Jahr 2006 hat Twitter es auf rund eine Milliarde registrierte Nutzer gebracht. Im 2. Quartal 2015 waren jeden Monat 316 Millionen Nutzer mindestens einmal aktiv (MAUs), das entspricht einem Wachstum von 15 Prozent zum Vorjahr. Von diesen 316 Millionen MAUs nutzten ungefähr 80 Prozent (252 Mio.) den Dienst von ihren mobilen Geräten.[6] Twitter gehörte von Beginn an zu den intensiv mobil genutzten Angeboten, liegt aber mittlerweile hinter Facebook (88% mobile MAUs).

Die Altersverteilung bei Twitter stellt sich wie folgt dar:

- 18-24 Jahre: 19 Prozent
- 25-34 Jahre: 22 Prozent
- 35-44 Jahre: 21 Prozent
- 45-54 Jahre: 18 Prozent
- 55-64 Jahre: 13 Prozent
- 65+ Jahre: 7 Prozent

Hier unterscheidet sich Twitter mit 59 Prozent der Nutzer über 35 Jahre nicht maßgeblich von Facebook (62%). Beide Social Networks sind schon einige Jahre am Markt und weisen im Gegensatz zu ihren jüngeren Mitstreitern eine deutlich ältere Nutzerstruktur auf.[7]

Da Twitter für andere Länder als die USA keine Nutzerstatistiken veröffentlicht, ist es schwierig, verlässliche Zahlen für Deutschland zu erhalten. Kürzlich hat jedoch Björn Schumacher, Co-Founder von 247Grad Labs, eine plausible Herleitung vorgenommen.

Auf Basis der den Daten zugrundeliegenden Scoopio-Datenbank kam er auf rund drei Millionen deutsche Twitter-Konten. Von diesen waren in den letzten 90 Tagen aber nur 880.000 Konten aktiv, was einer Rate von unter 30 Prozent entspricht.

Auch sind die Konten in Deutschland recht klein. Im Durchschnitt hat jedes Twitter-Konto nur 590 Follower. 80 Prozent (2,4 Mio.) der Konten bringen es sogar nur auf 0 bis 50 Follower - die Zahl der Konten mit 5.000 oder sogar 10.000 Followern war fast nicht nachweisbar.

[6] Twitter Reports Second Quarter 2015 Results, 07-2015, http://files.shareholder.com/downloads/AMDA-2F526X/0x0x841606/5C3F74A1-56C7-4CBE-A4C6-F1D677D5776B/2015_Q2_Earnings_press_release.pdf, (05.10.2015)
[7] Hoelzel, Mark, Update: A breakdwon oft he demographics for each oft he different social networks, Business Insider, http://uk.businessinsider.com/update-a-breakdown-of-the-demographics-for-each-of-the-different-social-networks-2015-6?r=US&IR=T, (05.10.2015)

Schumacher schaute sich neben den Zahlen auch die Inhalte an, über die sich die Menschen auf Twitter austauschen. Und hier konnte er feststellen, dass sich über 50 Prozent der Tweets um Medien im weitesten Sinne drehen. Die häufigsten Kategorien waren: Social Media, Internet, Informationstechnologie, TV, Journalismus, Musik und Film/Fernsehen.[8]

Dies zeigt, dass Twitter in Deutschland, im Gegensatz zu anderen Ländern, vorrangig ein Social Network für eine Medien-affine Zielgruppe ist. Unternehmen, die diesen Personenkreis zu ihren Leistungen oder im Rahmen der eigenen PR-Arbeit ansprechen wollen, sind auf Twitter besonders gut aufgehoben.

4. YouTube

YouTube, seit 2005 online und 2006 von Google für 1,65 Milliarden US-Dollar gekauft, wird als Social Network häufig unterschätzt, was in Anbetracht der Nutzerzahlen ein wenig verwundert. Mit über einer Milliarde Nutzern erreicht YouTube allein auf Mobilgeräten mehr Nutzer in den Altersgruppen 18 - 34 und 18 - 49 Jahren als jedes Kabel-TV-Netzwerk in den USA. Die Zahl der täglichen Nutzer (DAUs) stieg seit März 2014 um 40 Prozent.

Auf Mobilgeräten beträgt die durchschnittliche Wiedergabezeit über 40 Minuten, eine Steigerung von mehr als 50 Prozent gegenüber dem Vorjahr. Über 50 Prozent der Aufrufe von YouTube kommen von mobilen Endgeräten und der hierüber generierte Umsatz hat sich im Vergleich zum Vorjahr verdoppelt.[9]

In Deutschland nutzen 16 Prozent aller Online-Nutzer täglich YouTube, bei den 18- bis 29-jährigen sind es sogar 40 Prozent. Über alle Altersgruppen hinweg zeigt sich, dass mehr als die Hälfte (51%) aller Internetnutzer ab 18 Jahre mehrmals pro Woche Videos bei YouTube schaut. Bei den 18- bis 29-Jährigen gibt es 80 Prozent wöchentliche Nutzer.[10]

YouTube war lange Zeit unumstrittener Herrscher, wenn es um Videos im Internet ging. Doch auch hier macht sich der Einfluss von Facebook bemerkbar. Videos wurden meist auf YouTube hoch- geladen und dann auf Facebook verlinkt. Doch Facebook hält dagegen und stellt YouTube-Videos auf der eigenen Plattform nur noch als Thumbnail dar, ganz im Gegensatz zu den Videos, die direkt auf Facebook hoch geladen werden.

Ab Herbst 2015 will Facebook nun auch die Publisher an den Werbeeinnahmen durch Videos auf Facebook beteiligen. Dies war bisher nicht möglich und einer der Vorteile von YouTube.
Facebooks Bemühen um mehr Videos zeigt deutlich, wie wichtig das Medium Video im Marketing ist. YouTube als mittlerweile zweitgrößte Suchmaschine der Welt (täglich drei Milliarden Klicks) hat hier zurzeit noch die Nase vorn.

[8] *Kroker, Michael; Schumacher, Björn; Twitter in Deutschland: Nur 0,9 von drei Millionen Konten aktiv; durchschnittlich 590 Follower; http://blog.wiwo.de/look-at-it/2015/09/01/twitter-in-deutschland-nur-09-von-drei-millionen-konten-aktiv-durchschnittlich-590-follower/, (05.10.2015)*
[9] *YouTube Statistik, https://www.youtube.com/yt/press/de/statistics.html (05.10.2015)*
[10] *Goldmedia Befragung; http://www.goldmedia.com/newsletter/presseverteiler/pressemeldung-26022015-youtube-wird-alltagsmedium.html (05.10.2015)*

5. Instagram

Der Foto-Sharing-Dienst Instagram gehört zu den jüngeren Social Networks und ist 2010 live gegangen. Eine Besonderheit gegenüber den hisher beschriebenen Social Networks war, dass Instagram eine „mobile-only"-Lösung ist, d.h. die Nutzung basiert auf mobilen Endgeräten mit Kamera. Bis heute ist die Desktop-Version von Instagram für die Nutzer eher zu vernachlässigen, auch wenn ihr im Juli 2015 immerhin eine Suchfunktion gegönnt wurde.

Im April 2012 übernahm Facebook Instagram für rund 760 Millionen Euro. Zu diesem Zeitpunkt hatte Instagram nur 13 Mitarbeiter und 30 Millionen Nutzer weltweit.

Im September 2015 gab Instagram bekannt, dass sie nun 400 Millionen aktive Nutzer (MAUs) hätten, wovon 75 Prozent außerhalb der USA lebten. Alle neun Monate gewann Instagram 100 Millionen neue Nutzer hinzu, über die Hälfte davon in Europa und Asien.[11]

Bisher wurden über die Plattform insgesamt über 40 Milliarden Fotos geteilt. An einem Tag werden durchschnittlich 80 Millionen Bilder gepostet und 3,5 Milliarden Likes vergeben.[12]

In Deutschland sind 3,4 Millionen Nutzer bei Instagram aktiv (Schweiz 450.000, Österreich 360.000). 47 Prozent davon sind Männer, 53 Prozent Frauen. Damit ist Instagram tendenziell weiblich.

Die Altersstruktur für Deutschland stellt sich wie folgt dar:

- 13-19 Jahre: 35 Prozent
- 20-24 Jahre: 25 Prozent
- 25-34 Jahre: 23 Prozent
- 35-44 Jahre: 9 Prozent
- 45-54 Jahre: 5 Prozent
- 55-64 Jahre: 1 Prozent
- 65+ Jahre: 1 Prozent

Bei Instagram sind also nur 16 Prozent der deutschen Nutzer über 35 Jahre alt. Die größte Gruppe mit 1,2 Millionen Nutzern sind die 13 bis 19-Jährigen, weitere 1,36 Millionen sind zwischen 20 und 34 Jahre alt.[1314]

In einem weiteren für Unternehmen wichtigen Punkt unterscheidet sich Instagram von anderen Social Networks. Auf Instagram werden zwar Bilder verteilt, aber keine Links sowie keine verlinkten Bilder. Das bedeutet, dass Unternehmen von Instagram keinen Referral Traffic für die eigenen Webseiten erhalten.

Dennoch ist Instagram für Unternehmen interessant, denn Instagram bietet die besten Bedingungen für das Visual Corporate Storytelling oder auch Branded Storytelling. Die Wichtigkeit, die Instagram hier zufällt, wird deutlich, wenn man sich anschaut, wie viele Nutzer Marken auf Social Networks folgen. Hier kommt Instagram mit 53 Prozent (Twitter 50%, Facebook 44%) auf den höchsten Wert

[11] Celebrating a Community of 400 Million; Instagram Blog; http://blog.instagram.com/post/129662501137/150922-400million (05.10.2015)
[12] Instagram; https://instagram.com/press/ (05.10.2015)
[13] Hutter, Thomas, Instagram Nutzerzahlen für Deutschland, Österreich, Schweiz und Europa, http://www.thomashutter.com/index.php/2015/10/instagram-nutzerzahlen-fuer-deutschland-oesterreich-schweiz-und-europa/ (06.10.2015)
[14] Bei diesen Zahlen ist zu bedenken, dass sie mit dem Facebook Ads Manager ermittelt wurden und wahrscheinlich erheblich höher liegen, geschätzt doppelt so hoch. Instagram selbst dazu: „die Reichweite, die im Power Editor angegeben wird, stellt nicht die Gesamtzahl aller Nutzer dar. Diese Reichweitenschätzung basiert auf einer Kalkulation, die angibt, wie viele Menschen mit Anzeigen erreicht werden können." Hutter, Thomas, ebenda (06.10.2015)

aller Networks[15]. In Deutschland hat insbesondere die dm-Drogerie bereits große Communities aufbauen können: dm_deutschland (372.000 Abonnenten), dm_balea (207.000 Abonnenten), dm_p2cosmetics (117.000 Abonnenten).

Ein weiterer Aspekt spricht für Instagram im Social Media-Mix. Die Timeline der Nutzer wird im Gegensatz zu Facebook nicht technisch gefiltert, d.h. die Nutzer sehen alle Updates der Profile, denen sie folgen. Dies bedeutet natürlich nicht, dass die Nutzer auf Instagram wirklich alle Postings sehen, denn sie werden von sich aus filtern und zum Beispiel nur einen Teil der neuesten Postings anschauen. Doch Unternehmen haben zumindest gleich verteilte Chancen, wahrgenommen zu werden.

6. Snapchat

Snapchat ist ein Instant-Messaging-Dienst und wurde 2011 gegründet. Wie auch Instagram ist Snapchat ein „mobile-only"-Dienst, wird also nur von mobilen Geräten genutzt. Mit Snapchat können die Nutzer Fotos und Videos in ihren Netzwerken teilen, wobei diese Dateien einen Zeitstempel haben und nach Ablauf der Frist (max. zehn Sekunden) für den Empfänger nicht mehr sichtbar sind.

Snapchat selbst ist sehr zurückhaltend mit der Veröffentlichung von Nutzerzahlen. Doch im Frühjahr 2015 sagte der Gründer Evan Spiegel auf einer Konferenz, dass sie nun 100 Millionen täglich aktive Nutzer (DAUs) hätten, von denen 65 Prozent täglich eigene Inhalte auf Snapchat hochladen würden.[16]

Schaut man auf die Altersstruktur bei Snapchat, zeigt sich ein ähnliches Bild wie bei Instagram:

- 18-24 Jahre: 45 Prozent
- 25-34 Jahre: 26 Prozent
- 35-44 Jahre: 13 Prozent
- 45-54 Jahre: 10 Prozent
- 55-64 Jahre: 6 Prozent
- 65+ Jahre: 1 Prozent

Nur 30 Prozent der Nutzer sind älter als 35 Jahre und die größte Gruppe der Nutzer ist jünger als 24 Jahre.[17]

In Deutschland nutzen 21 Prozent der Jugendlichen (2% aller Internetnutzer) Snapchat, womit Deutschland im oberen Mittelfeld liegt, aber noch weit hinter dem Spitzenreiter Irland (50% der Jugendlichen, 12% aller Internetnutzer).[18]

Aus Sicht eines Unternehmens erscheint Snapchat auf den ersten Blick aufgrund der nur flüchtigen Existenz der Inhalte eher unattraktiv. Möchte man doch, dass die Inhalte möglichst lang gesehen und genutzt werden.

---

[15] Mander, Jason; Half of Instagrammers follow brands; http://www.globalwebindex.net/blog/half-of-instagrammers-follow-brands (05.10.2015)

[16] Tweney, Dylan, Engagement to die for: Snapchat has 100M daily users, 65% of whom upload photos, http://venturebeat. com/2015/05/26/snapchat-has-100m-daily-users-65-of-whom-upload-photos/ (06.10.2015)

[17] Hoelzel, Mark, Update: A breakdwon oft he demographics for each oft he different social networks, Business Insider, http:// uk.businessinsider.com/update-a-breakdown-of-the-demographics-for-each-of-the-different-social-networks-2015-6?r=US&IR=T, (06.10.2015)

[18] McGrath, Felim; Teen Usage of Snapchat Highest in Europe, https://www.globalwebindex.net/blog/teen-usage-of-snapchat-highest-in-europe (06.10.2015)

Snapchat ist diesem Wunsch etwas entgegen gekommen und lässt es zu, dass mehrere Schnapp-schüsse zu Kurzfilmen - „Stories" genannt - zusammengefasst werden. Diese Stories sind dann 24 Stunden lang verfügbar.

Einige Publisher sind bereits auf Snapchat aktiv und wurden mit der Funktion „Discover" gebündelt. Nutzer können dort verschiedene Medienmarken, unter anderem National Geographic, CNN, Buzz-Feed, MTV oder Cosmopolitan folgen.

Unternehmen, die insbesondere eine junge Zielgruppe erreichen möchten, haben mit Snapchat eine sehr gute Plattform für ihre visuellen Inhalte. Es gibt wie bei Instagram keine technischen Filter, die die Sichtbarkeit einschränken und neue Snaps werden direkt an die Nutzer ausgespielt. Eine Heraus-forderung ist es auch bei Snapchat, die Nutzer dazu zu bewegen, die eigenen Snaps zu abonnieren. Doch auch hier gilt, dass gute Inhalte - auch wenn sie von Unternehmen kommen - durchaus genutzt werden. Und hat man dies geschafft, steht eine sehr emotionale und engagierte Nutzerschaft bereit für neue Produkte, neue Teammitglieder, Coupons, Wettbewerbe oder besondere Blicke „hinter die Kulissen" des Unternehmens, um nur einige mögliche Anwendungsszenarien zu nennen.

7. WhatsApp

WhatsApp ist nicht der einzige Messenger, der in Deutschland genutzt wird. Es gibt natürlich auch den Facebook Messenger, Threema oder Telegram und auch damit sind noch nicht alle genannt. Ich will mich hier jedoch auf WhatsApp konzentrieren, da dieser Messenger in Deutschland die höchsten Nutzerzahlen aufweist.

WhatsApp wurde 2009 gegründet und im Februar 2014 für insgesamt 13,81 Milliarden Euro von Facebook übernommen. Heute hat WhatsApp weltweit 900 Millionen monatlich aktive Nutzer (April 2015: 800 Mio., August 2014: 600 Mio.). Zum Vergleich: Der Facebook Messenger folgt WhatsApp mit 700 Millionen Nutzern in einigem Abstand.[19]

In Deutschland soll WhatsApp 35 Millionen Nutzer haben und ist damit das größte Social Network überhaupt in Deutschland. Zur Erinnerung: Facebook liegt bei 28 Millionen und damit rund sieben Millionen hinter WhatsApp. WhatsApp erreicht damit ca. 44 Prozent der deutschen Gesamtbevölke-rung, bei den unter 30-Jährigen sind es sogar 70 Prozent, die WhatsApp täglich nutzen.

Natürlich ist eine solche Reichweite für Unternehmen interessant und immer mehr Webseitenbetrei-ber integrieren den WhatsApp-Button, damit die Inhalte auch via WhatsApp geteilt werden können. Der große Vorteil, den ein Messenger wie WhatsApp bietet, ist die direkte One-to-One-Kommu-nikation. Die Nutzer werden über neue Nachrichten nicht nur via Push benachrichtigt, durch die Exklusivität des Kanals ist das Engagement der Nutzer auch entsprechend hoch.

Unternehmen nutzen WhatsApp mit Angeboten von Drittanbietern und Broadcast-Listen für ver-schiedene Angebote wie Storytelling (Heilbronner Stimme), Breaking News oder Ticker (BBC, Sky, Bild), Bestandskundenpflege (CRM), Beratung vor dem Kauf (notebooksbilliger.de), Befragungen und noch vieles mehr.

[19] Rao, Leena, WhatsApp hits 900 Million Users, http://fortune.com/2015/09/04/whatsapp-900-million-users/ (06.10.2015)

Da die AGB von WhatsApp eine werbliche Ansprache der Nutzer ausdrücklich untersagen, bewegen sich viele Unternehmen mit ihren Aktivitäten in einer Grauzone und es ist schon vorgekommen, dass Accounts von WhatsApp kurzerhand geschlossen wurden. Mehr zu diesem Thema in den folgenden Kapiteln dieses Buches.

Fazit

Das Social Media Marketing ist schon lange mobil. Bei einigen Diensten, weil sich die Nutzung verändert hat, bei anderen, weil sie nie anders als „mobile-only" gewesen ist. Die Nutzer sind häufig jung und experimentierfreudig, was dazu führen wird, dass in der Zukunft weitere Plattformen hinzukommen werden. Unternehmen müssen diese Entwicklungen im Auge behalten und rechtzeitig dort aktiv werden, wo die Aufmerksamkeit ihrer Zielgruppen gerade hingeht. Die damit einhergehende Komplexität und die steigenden Anforderungen an die Inhalte, deren Erstellung, Aufbereitung und Verteilung, werden zu steigenden Kosten in diesen Bereichen führen. Doch erhält ein Unternehmen mit den Social Media Networks auf den wohl persönlichsten Geräten der Nutzer eine noch nie dagewesene Nähe zu den eigenen Kunden.

1.2
Mobile & Recht
Nina Diercks

1. Einleitung

Ein Kapitel zum Recht. Das klingt für die meisten Entscheider der Mobile Branche – gleich ob Gründer, IT- oder Marketing-Verantwortliche – nicht gerade sexy. Schließlich gelten Juristen gemeinhin als die Bremser guter Ideen, die deswegen besser erst gar nicht gefragt werden. Das verwundert vor dem Hintergrund, dass am Anfang eines Projektes doch ganz selbstverständlich der IT-Entwickler um eine Einschätzung gebeten wird, ob das Ganze auch technisch umsetzbar ist. Danach kommen die UX-Designer dran. Und schließlich wird konkret der Businessplan geschrieben, eine Kennziffer für den ROI festgelegt und der Marketingetat budgetiert.

Ein Budget für Rechtsberatung findet sich hingegen selten. Dieser Posten wird gespart und stattdessen lieber für mehrere tausend Euro in eine große Launch-Party investiert.[1] Ja, der große Markteintritt ist natürlich wichtig. Sich jedoch nicht mit dem Rechtsrahmen des eigenen mobilen Geschäftsmodells auseinanderzusetzen kann fatale, sogar letale Folgen haben. Der Grund: Schwerwiegende rechtliche Probleme werden meist zu spät bemerkt. Hierzu einmal ein ganz einfacher Vergleich: Ist die IT das Knochengerüst, ist Programmierung die Nervenbahn und das Marketing sowie das Design Haut und Haare eines mobilen Produkts, so sind die dazugehörigen rechtlichen (Compliance-)Prüfungen und Verträge das Herz-Kreislaufsystem. Bricht ein Knochen, zucken die Nerven unkontrolliert oder werden Haut und Haare grau, was jeder sofort sieht. Schnell kann gegengesteuert werden. Ein Herz-Kreislauf-Kollaps kündigt sich jedoch in den seltensten Fällen mit Vorwarnungen an. Dass die Arterie dann schon beinahe lebensbedrohlich verstopft ist, wird erst bemerkt, wenn der Schlaganfall oder der Herzinfarkt einsetzt.

Ganz ähnlich verhält es sich, wenn das Geschäftsmodell nicht auf rechtliche Tragfähigkeit geprüft, Software-Entwicklungs-Verträge nicht (hinreichend) geschlossen oder die Nutzungsbedingungen und Datenschutzbestimmungen, also die Verträge mit den Endnutzern, bestenfalls von der vermeintlich erfahrenen Konkurrenz abgeschrieben wurden. In dem einen Fall steht die Bundesfinanzaufsicht mit der Fortführungsversagung[2] im Haus oder jedenfalls die Abmahnung des Mitbewerbers wegen eines Verstoßes gegen das Zahlungsdiensteaufsichtsgesetzes (ZAG). In dem nächsten Fall bricht ein zeit- und kostenintensiver Rechtsstreit darüber aus, wer für die schwerwiegenden Verzögerungen zum kritischen App-Launch verantwortlich ist. Im letzten Fall setzt der mächtige Verband der Konkurrenz dem Unternehmen mittels gerichtlich erwirkter Untersagungsverfügungen im einstweiligen Rechtsschutzverfahren zu.

Geschichten aus der Yucca-Palme? Nein. Alles Geschichten, die das Leben schreibt. Nachzulesen zum Beispiel in der Entscheidung des Oberlandesgerichts Köln „Lieferheld"[3] oder in den gerichtlichen Entscheidungen gegen den Dienst Uber.[4] Und wer „lustige" bzw. im Ergebnis sehr teure Geschichten zum Thema „Wir brauchen keinen Vertrag" hören möchte, kann sich gerne mit der Verfasserin dieser Zeilen auf eine Tasse Kaffee für die eine oder andere wahre - wenn auch anonymisierte - Begebenheit aus der Praxis treffen.[5]

---

[1] Das ist eine wahre Geschichte.
[2] Das bedeutet frei übersetzt: Die BaFin kann eine Firma von jetzt auf gleich dichtmachen.
[3] OLG Köln, Urteil vom 29.09.2011, KfH, Az. 81 O 91/11, http://justiz.nrw.de/nrwe/lgs/koeln/lg_koeln/j2011/81_O_91_11_Urteil_20110929.html.
[4] Hamburgisches OVG, Beschluss vom 24.09.2014, Az. 3 Bs 175/14, https://openjur.de/u/736460.html; LG Frankfurt, Beschluss vom 25.08.2014, 2-03 O 329/14, http://tlmd.in/u/1510; alle hier in den Fußnoten aufgeführten Links wurden zuletzt am 30.09.2015 abgerufen.
[5] Oder zum Beispiel diesen Blogbeitrag lesen: Die Flatrate im Agenturvertrag – klingt toll, kann teuer ausgehen, Artikel vom 03.05.2015, http://www.socialmediarecht.de/2015/05/03/die-flatrate-im-agenturvertrag-klingt-toll-kann-teuer-ausgehen-lg-koeln-v-20-02-2015-az-12-o-18613-zur-unterscheidung-von-dienstvertrag-und-werkvertrag/, Abruf am 30.09.2015.

Bei dieser relativ allgemeinen Einleitung mit den konkreten Schreckens-Szenarien geht es übrigens nicht darum, Entscheidern unnötige Angst zu machen. Es soll vielmehr schlicht deutlich werden, dass das Recht im Mobile Business genauso eine Rolle spielt wie in jedem anderem Geschäftsfeld auch. Und gleich ob „New Business" oder „Old Economy": Es ist eine unternehmerische Entscheidung, rechtliche Risiken einzugehen. Um eine solche unternehmerische Entscheidung – so wie etwa Uber millionenschwere Rücklagen für Prozesskosten gebildet hat - treffen zu können, müssen die Risiken jedoch überhaupt bekannt sein.

Die nachfolgenden Seiten gewähren einen ersten Ein- und Überblick hinsichtlich der rechtlichen Haken und Ösen des Mobile Business. Dabei wird es nicht um die Verwendung von Bildern, die Abbildung von Personen oder User Generated Content gehen. Dies nicht, weil das Urheber- oder Persönlichkeitsrecht mobil nicht gälte, sondern weil es hier keine Besonderheiten gegenüber der Verwendung im „normalen" (Social) Web gibt. Vielmehr werden hier schwerpunktmäßig die rechtlichen Aspekte der Applikations-Entwicklung und –Vermarktung (2.) erläutert und so dann auf die Rechtsprobleme des Mobile Tracking und der Werbe-IDs (3.), des Mobile Advertising und des Mobile-Shopping (4.) sowie der Beacon-Technologie (4.) eingegangen.

2. Rechtliche Aspekte der App-Entwicklung

Applikationen[6] sind wesentlich für das Mobile Business. Doch noch immer setzen sich nur wenige App-Betreiber und App-Entwickler mit den zentralen rechtlichen Problemstellungen der Entwicklung und Vermarktung auseinander.

Die zu berücksichtigenden Rechtsfragen ergeben sich aus den an einer App „Beteiligten", namentlich

- dem App-Betreiber,
- dem App-Entwickler,
- den App-Vermarktern und schlussendlich
- den Nutzern sowie den dabei damit verbundenen Rechtsgebieten:
- Namens- und Markenrecht,
- IT-/Softwareentwicklungs-Vertragsrecht,
- Datenschutzrecht
- Nutzungsbedingungen der App – Vertrag zwischen Betreiber und Nutzer (AGB-Recht)
- Nutzungsbedingungen der App-Vermarkter – Vertrag zwischen App-Betreiber und App-Vermarktern (Stores)

Schon die vorgenannte Aufzählung lässt vermuten, dass die rechtlichen Stolpersteine mannigfaltig am Wegesrand verstreut liegen. Im Folgenden nun zu einigen davon:

2.1. Markenrecht - Jede App braucht einen Namen

Die wenigsten App-Betreiber denken über das Markenrecht bei der Konzeption einer App nach. Aber auch eine App braucht einen Namen, bestenfalls einen, der in einigen Jahren eine ebenso überragende Bekanntheit wie Tesa, Tempo oder Facebook erlangt. Natürlich kann das Thema „Marke" auch später angegangen werden. Es ist allerdings äußerst misslich, eine Applikation unter einem

---

[6] *Im Folgenden: Apps.*

bestimmten Namen auf den Markt zu bringen und erst hinterher mittels der Abmahnung eines Dritten wegen der Verletzung einer Marke, eines Unternehmenskennzeichens oder eines Werktitels[7]
darauf hingewiesen zu werden, dass dieser Name nicht verwendet werden darf.

In diesem Fall hat der App-Betreiber zum einen mit den Kosten der Abmahnung selbst zu kämpfen.
Diese belaufen sich im außergerichtlichen Verfahren bei dem in markenrechtlichen Angelegenheiten
regelmäßig angenommenen Streitwert von 50.000,00 EUR auf ca. 4.000,00 EUR für den eigenen
und den gegnerischen Anwalt. Zum anderen – und das ist de facto noch wesentlicher – muss der
App-Betreiber wegen des mit der Abmahnung durchgesetzten Unterlassungsanspruches vor allem
auch einen neuen Namen finden, ein neues Branding im Markt einführen und eine entsprechende
weitere Marketingkampagne finanzieren. Und dass diese Kosten im Zweifel weit über denjenigen für
eine markenrechtliche Abmahnung liegen, dürfte offensichtlich sein.

In Folge dessen lautet der Rat, das Thema „Marke" nicht auf später zu verschieben, sondern sich
noch vor dem Launch und Markteintritt eben damit zu befassen.[8]

2.2. IT-rechtliche Fragestellungen –
der Vertrag zwischen App-Betreiber und Entwickler
In der Regel handelt es sich beim App-Betreiber und beim App-Entwickler um zwei verschiedene
Parteien. Nun können Absprachen per Handschlag natürlich gut gehen. Sie können aber genauso
gut extrem schief gehen. Da die App-Entwicklung letztlich ein bzw. das Kernstück des App-Business
darstellt, sollte mit den vertraglichen Fragen der App-Entwicklung nicht¬¬ zu nachlässig umgegangen werden.[9]

2.2.1. Vertragsarten, "Probleme" agiler Projektstrukturen, Mitwirkungspflichten
Bei einem Software-Entwicklungsvertrag handelt es sich in der Regel um einen Werkvertrag.[10] Wenn
jedoch Aspekte der Software-Pflege oder des Software-as-a-Service (SaaS) hinzukommen, können
diese Elemente auch dienst- oder mietvertraglicher Natur sein. Die konkrete Einordnung ist genauso
einzelfallabhängig wie wichtig. Denn während zum Beispiel bei einem Werkvertrag ein konkreter
Erfolg geschuldet ist (App verfügt über Funktionen A und B und funktioniert) wird bei einer Dienstleistung nur die Erbringung der Leistung an sich und kein konkreter Erfolg geschuldet. Die Einordnung der einzelnen Elemente und damit ob Abnahmen (im Werkvertrag) zu erfolgen haben, hat
erhebliche rechtliche Konsequenzen für den Fall, dass das Projekt nicht erfolgreich verläuft.[11]

Daneben ist grundsätzlich zu bedenken, dass die wenigsten IT-Projekte linear verlaufen. Das Buzz-
word lautet "agil". Letztendlich meint es nichts anderes, als dass fortlaufend unter dem Projekt
Änderungen anstehen können und/oder von verschiedenen Seiten zugearbeitet wird. Dabei sind
unterschiedliche Agilitätsstufen zu unterscheiden, von einfachen, aber (hoffentlich!) einkalkulierten
Projektänderungen bis hin zur Erstellung einer Software mittels der Scrum-Methode.

Doch gleich wie agil ein Projekt ausgestaltet ist - es ändert nichts daran, dass sich die Vertragsparteien
auf eine Rahmenbasis im Vorweg einigen müssen. Leistung und Gegenleistung der Vertragspartner
müssen eine Definition erfahren. Ob das jetzt Projektbeschreibung, Lasten- und Pflichtenheften oder

[7] „Titelschutz für Apps? – Das LG Hamburg sagt ja", Beitrag zum Urteil LG Hamburg, Beschluss v. 8.10.2013, Az. 327 O 104/13, Artikel vom 13.10.2013, http://www.socialmediarecht.de/2013/10/30/titelschutz-fur-apps-das-lg-hamburg-sagt-ja/.
[8] Ausführlich zum Themenkomplex des Markenrechts die Reihe: „Von der Marke, der Markenanmeldung und deren Eintragung – ein Überblick", Artikel vom 29. Juni und 14. Juli 2015 http://www.socialmediarecht.de/2015/06/29/von-der-marke-der-markenanmeldung-und-deren-eintragung-ein-ueberblick-part-i/.
[9] Im Rahmen dieses Kapitels kann nur auf einige vertragliche Aspekte eingegangen werden, einen vollständigen Überblick bietet die Reihe „Von der Idee über die Entwicklung bis zur Vermarktung einer App – Wo liegen die rechtlichen Hürden?" vom 19. März und 18. Mai 2015, http://www.socialmediarecht.de/2015/03/19/von-der-idee-ueber-die-entwicklung-bis-zur-vermarktung-einer-app-wo-liegen-die-rechtlichen-huerden-part-1/,
[10] Vgl. BGH, Urteil vom 25.03.2010, Az. VII ZR 224/08; https://openjur.de/u/70090.html, .

Projektziel und Sprint-Plan genannt wird, ist völlig gleichgültig. Ein guter Entwicklungsvertrag bildet schlicht das zwischen den Parteien Vereinbarte ab und nimmt eine – wie auch immer geartete - agile Projektstruktur bzw. Entwicklungsmethode in sich auf, bzw. schafft eben dafür den klaren Rahmen. Das heißt, es gibt für „Leistungsänderungen" einen vorgeschriebenen Workflow, der verbindlich ist. Die vertraglichen Abbildungen von agilen Projekt-Strukturen können relativ komplex sein.[12] Doch wer schon einmal erlebt hat, wie ein IT-Projekt hinsichtlich Budgets und Timelines aus dem Ruder läuft, weiß, wie wichtig die verbindliche, vertragliche Klärung von Verantwortlichkeiten und Zuständigkeiten sein kann.

In Bezug auf Timelines und damit die Umsetzung an sich sollte weiter bedacht werden, dass die Mitwirkungspflichten der Parteien und die Konsequenzen, wenn eine Partei eben diesen nicht nachkommt, vertraglich geregelt werden müssen. Denn was nützt das Datieren eines Milesstones und einer Abnahme, wenn der Entwickler letztlich aufgrund mangelnder Mitwirkung des Auftraggebers diesen Milestone überhaupt nicht erreichen konnte? Wenn nun der Auftraggeber dennoch auf die Einhaltung dringt, ist der Ärger mehr als vorprogrammiert. Es wird darüber gestritten, wer, was, wann und wie hätte beibringen müssen und wer für die Leistungsverzögerung verantwortlich ist. Dies kann bei klaren vertraglichen Regelungen von vornherein vermieden werden.

2.2.2. Rechteübertragungen, Lizenzen

Gerne vergessen, aber doch so wichtig: Die Übertragung der Rechte an der Software. Software erfährt über die §§ 69a ff. UrhG urheberrechtlichen Schutz. Und demnach hat der Programmierer als Urheber alle Rechte an seiner „geistig-schöpferischen" Leistung.

Wird eine Software in einem regulären Arbeitsverhältnis entwickelt, ist dies "relativ" problemlos. Denn hier erwirbt gemäß § 69b UrhG der Arbeitgeber alle vermögensrechtlichen Befugnisse, während der „Arbeitnehmerurheber" von der Verwertung seines Programms in der Regel ausgeschlossen wird.

Ist der Entwickler aber kein Arbeitnehmer, muss die Rechteübertragung ebenso wie eine Herausgabe der Programmierungsgrundlagen (Dokumentation, Quellcode bzw. Hinterlegungsvereinbarungen, wie steht es um Bibliotheken?) unbedingt geregelt werden, damit die Weiterentwicklung der App auch bei einem möglichen Wechsel des Entwicklers bzw. Entwickler-Team reibungslos stattfinden kann. Die Fragen der Rechteübertragung werden oft unter dem Stichwort "Lizenz" abgehandelt. Doch gleich, wie dieses Kind genannt wird - der Umfang der Rechteübertragung muss geregelt sein.

2.2.3. Gewährleistung und Haftung

Für den Fall, dass es dennoch einmal dazu kommt, dass die App vom Entwickler zu vertretende Fehler aufweist, ist an Haftungs- und Gewährleistungsklauseln im Vertrag zu denken. Aus Sicht der App-Entwickler sind Haftungs- und Gewährleistungsklauseln natürlich soweit zu "drücken", wie es Recht und Gesetz zulässt. Das Interesse des Auftraggebers ist hier natürlich gegenteilig. Im Zusammenspiel mit klaren Leistungsverpflichtungen des Auftragnehmers sollte der Auftraggeber versuchen, die Haftung des Programmierers so weit als möglich zu definieren. Hinsichtlich welcher Punkte genau, hängt wieder stark vom einzelnen Projekt ab. Aber sagen wir es einmal so: Würden

---

[11] *Welche Auswirkung das haben kann, zeigt sich anhand des Urteils des LG Köln vom 20.02.2015, Az.12 O 18613, dazu: „Die Flatrate im Agenturvertrag – klingt toll, kann teuer ausgehen", Artikel vom 03.05.2015, http://www.socialmediarecht.de/2015/05/03/die-flatrate-im-agenturvertrag-klingt-toll-kann-teuer-ausgehen-lg-koeln-v-20-02-2015-az-12-o-18613-zur-unterscheidung-von-dienstvertrag-und-werkvertrag/.*

[12] *Erster Überblick zu Vertragsinhalten eines (teils) agilen Projekts: „Von Lastenheften, Pflichtenheften und was das gerade bei agilen Projekten mit Verträgen zu tun hat", Artikel vom 29.01.2014, http://www.socialmediarecht.de/2014/01/29/von-lastenheften-pflichtenheften-und-was-das-gerade-bei-agilen-projekten-mit-vertraegen-zu-tun-hat/.*

Sie als App-Betreiber gerne für nicht autorisierte In-App-Käufe der Nutzer haften wollen und keinen Regress nehmen können, wenn diese In-App-Käufe auf einer Fehlfunktion im Code beruhen?

2.3. Datenschutz, Datenschutzerklärung, rechtskonforme Implementierung

Datenschutz - das Wort, bei dem zahlreiche Entwickler und Marketeers die Augen verdrehen. Aus drei bzw. vier Gesichtspunkten sollte jedoch auch der Punkt Datenschutz nicht stiefmütterlich behandelt werden. Zum einen können datenschutzrechtliche Verstöße nach einem Urteil des OLG Hamburg grundsätzlich von Mitbewerbern und Wettbewerbsverbänden abgemahnt werden.[13] Zum anderen können natürlich die Aufsichtsbehörden, also die Datenschutzbehörden, aktiv werden. Der diesen zur Hand stehende Maßnahmenkatalog reicht dabei von dem Bußgeld für eine Ordnungswidrigkeit[14] bis hin zu einer Untersagungsverfügung. Mit einer solchen kann im Ergebnis der Betrieb einer App und damit im Zweifel eine ganze Unternehmenstätigkeit untersagt werden.[15] Daneben fordern inzwischen die Entwickler-Richtlinien von Google und Apple selbst die Programmierung (relativ) datenschutzkonformer Applikationen. Werden diese Richtlinien nicht beachtet, droht das Entfernen der Applikation aus den Stores.[16] Zuletzt ist darauf hinzuweisen, dass Datenschutz auch bei den Verbrauchern zunehmend einen Stellenwert einnimmt und Transparenz sowie eine möglichst hohe Daten-Kontrolle des einzelnen Nutzers vertrauensbildend sein und damit auch einen Wettbewerbsvorteil darstellen können.

Doch nicht nur der Nutzerwunsch nach Transparenz oder die Entwickler-Richtlinien führen zu einer Datenschutzerklärung. Vielmehr verpflichtet ganz klar § 13 TMG, App-Betreiber als sogenannten Diensteanbieter den Nutzer zu Beginn des Nutzungsvorgangs über Art, Umfang und Zwecke der Erhebung und Verwendung personenbezogener Daten [...] in allgemein verständlicher Form zu unterrichten. Hierbei ist zu beachten, dass nicht nur über die Verwendung von Daten aufgeklärt werden muss, die über die App während/durch die Nutzung selbst erhoben, gespeichert und genutzt werden. Vielmehr muss auch über die Daten, die bei der Installation der App vom Telefon "abgegriffen" und anschließend verwendet werden, aufgeklärt werden. Dazu zählen z.B. die Geräte-ID, die Werbe-ID[17] oder der Zugriff und die Verwendung auf Fotodateien etc. pp. Hierüber wird jedoch nur sehr selten aufgeklärt.[18] Der User sieht- wenn überhaupt – nur beim Installieren der App übersichtsartig, worauf Zugriff genommen wird. Teilweise sind die Datenzugriffe natürlich für den Betrieb der App zwingend und damit zur Vertragserfüllung notwendig. Das wiederum bedeutet, dass ein gesetzlicher Erlaubnistatbestand zur Erhebung dieser Daten vorliegt. Sehr oft benötigt die App für den Betrieb jedoch nur einen Bruchteil der Daten. Für alle anderen – für den App-Betreiber offensichtlich wirtschaftlich attraktiven - Daten bräuchte es dann gemäß § 12 TMG einer ausdrücklichen Einwilligung des Nutzers.[19] Ausdrückliche Einwilligung bedeutet, dass der Nutzer im Double-Opt-In Verfahren[20] der Datenerhebung zustimmen muss. Doch der Konjunktiv ist hier nicht ohne Grund gewählt, denn eine solche lässt sich zumeist nicht finden.

[13] OLG Hamburg, Urteil vom 27.06.2013, 3 U 26/12, siehe dazu: http://www.socialmediarecht.de/2013/07/11/olg-hamburg-mangelhafte-datenschutzerklarungen-sind-wettbewerbswidrig-und-mit-abmahnungen-angreifbar/.

[14] z.B. wegen einer mangelnden Datenschutzerklärungen nach § 16 Abs. 2 Nr. 2 TMG oder wegen unzulässiger Datenerhebungen bzw. Datenübermittlung iSv. § 43 Abs. 1 Nr. 4, die Bußgelder können im Extremfall bis zu 300.000 EUR betragen.

[15] Ausführlich zu den tatsächlichen Risiken von datenschutzrechtlichen Verstößen, insb. zur Höhe von verhängten Bußgeldern: „Von der Idee über die Entwicklung bis zur Vermarktung einer App – Wo liegen die rechtlichen Hürden?" vom 19. März und 18. Mai 2015, http://www.socialmediarecht.de/2015/03/19/von-der-idee-ueber-die-entwicklung-bis-zur-vermarktung-einer-app-wo-liegen-die-rechtlichen-huerden-part-1/; daneben können Datenschutzverstöße im Übrigen auch Straftatbestände darstellen, vgl. § 44 BDSG.

[16] Siehe dazu Ziffer 3.3..

[17] Siehe dazu Ziffer 3.

[18] Scheinbar führt ein solcher Verstoß, anders als ein Verstoß gegen den Umgang mit Werbe-Ids, nicht zur Zurückweisung der Applikation, vgl. dazu Ziffer 3.3..

[19] Die Erhebung von personenbezogenen Daten ist nur dann rechtmäßig, wenn eine gesetzliche Vorschrift dies erlaubt oder der Nutzer selbst in die Datenerhebung eingewilligt hat.

[20] Ausführlich zum rechtskonformen Double-Opt-In Verfahren: Diercks, Nina - E-Mail-Marketing – Den Klassiker des digitalen Marketings rechtskonform umsetzen, Artikel vom 05.02.2015 https://www.munich-digital.com/fachartikel/recht-datenschutz/e-mail-marketing-rechtskonform-umsetzen.pdf, .

Ganz grundsätzlich muss die Datenschutzerklärung leicht in der App aufzufinden sein, so dass der User jederzeit darauf Zugriff nehmen kann. Da der Nutzer vor Beginn des Nutzungsvorgangs über die Datenverwendungen aufgeklärt werden muss, genügt jedoch das Vorhalten in der App dann nicht, wenn die App schon bei der Installation auf Daten zugreift. Die Datenschutzerklärung muss in diesem Fall (und sollte sonst auch) vielmehr im App-Store selbst schon über einen Link abrufbar sein, so dass sich der Nutzer eben vor Beginn des Nutzungsvorgangs informieren kann. Und wenn für die Datenverwendungen Einwilligungen notwendig sind, dann muss diese Einwilligung auch vor Beginn des Nutzungsvorgangs erfolgen. Ist dies nicht möglich, weil z.B. der Store diese Möglichkeit nicht bietet, dann ist diese Einwilligung umgehend nach der Installation der App einzuholen.

Abschließend ist zu sagen, dass derzeit (!) das Risiko, aufgrund von Datenschutzverstößen seitens der Behörde Bußgeldbescheide oder seitens Mitbewerbern, bzw. Wettbewerbszentralen, Abmahnungen zu erhalten, tatsächlich relativ gering ist. Allerdings sollte sich hierauf kein App-Betreiber verlassen. Mittlerweile zeigen Unternehmen nicht datenschutzkonform handelnde Mitbewerber auch bei den Behörden an - anstelle zum Mittel der wettbewerbsrechtlichen Abmahnung zu greifen. Ferner sollte im Hinterkopf behalten werden, dass die Behörden zu drastischen Mitteln wie der Untersagungsverfügung greifen können. Zum anderen arbeitet der Gesetzgeber gerade an einer neuen Verbandsklagebefugnis, die es Verbraucherschutzverbänden ermöglicht, Datenschutzverstöße ebenfalls abzumahnen.[21]

2.4. Nutzungsbedingungen, Vertragsbeziehungen mit dem Nutzer

Neben all dem ist auch noch an die Vertragsbeziehungen zwischen dem App-Bertreiber und dem Nutzer zu denken. Das gilt insbesondere dann, wenn über die App etwa urheberrechtlich geschützte Inhalte hochgeladen werden oder Nutzer untereinander kommunizieren sollen. Hier müssen Nutzungsrechte an den Inhalten eingeräumt, Regeln für die sonstige Nutzung erstellt und vor allem klar gemacht werden, was passiert, wenn ein Nutzer gegen diese Regelungen verstößt (Regress- und Freistellungsansprüche).

Noch komplexer wird es, wenn die App oder eine Upgrade-Version mit bestimmten Funktionen kostenpflichtig ist. Grundlegend müssen Leistung - wie die Funktionen der App - und Gegenleistung definiert werden, im Falle von Abonnements sind auch Laufzeiten und Kündigungsmöglichkeiten zu definieren. Was alles genau qua Nutzungsbedingungen vereinbart werden muss, hängt – wieder einmal - vom Einzelfall und den Funktionen der App ab.

Dazu ist beim Verkauf der Apps an das Widerrufsrecht bei Softwaredownloads und dessen regelrechte, leider nicht ganz unkomplizierte, Umsetzung, zu denken.[22]

Eine der „Königsdisziplinen" der Nutzungsbedingungen von Apps sind diejenigen für In-App-Käufe. Hier muss besonders auf ein wirksames Zustandekommen des Vertrages zwischen Nutzer und App-Betreiber gedrungen werden. Auch sollte nicht vergessen werden, dass sich In-App-Käufe häufig in Spielen finden und diese nun einmal ebenso häufig von Kindern genutzt werden (könnten). Auch diese Überlegungen müssen sowohl in der Konzeption der App als auch in der Vertragsgestaltung berücksichtigt werden.

[21] Piltz, Carlo - Verbandsklagerecht bei Datenschutzverstößen: Geplante Änderungen und offene Fragen, vom 05.02.2015, http://www.delegedata.de/2015/02/verbandsklagerecht-bei-datenschutzverstoessen-geplante-aenderungen-und-offene-fragen/.
[22] „Das neue Widerrufsrecht beim Verkauf von Software-Downloads", Artikel vom 16.05.2014, http://www.socialmediarecht.de/2014/05/16/die-verbraucherrechtsnovelle-das-neue-widerrufsrecht-beim-verkauf-von-software-downloads/.

2.5. Vertragsbeziehungen zwischen App-Betreibern und App-Vermarktern

Wer eine App auf bzw. in den Markt bringen will, der kommt an den App-Stores von – maßgeblich - Apple und Google kaum vorbei. Das heißt, dass die eingestellten Apps den Anforderungen der Stores, gerecht werden müssen. Es würde den Umfang des Kapitels bei weitem sprengen, die mannigfaltigen Voraussetzungen, die in den Entwickler-Richtlinien[23] der Stores festgehalten sind, hier aufzuführen (auf einige datenschutzrechtliche bzw. –technische Voraussetzungen wird in Kapitel 3 eingegangen). Fakt ist aber, dass die Apps vor Veröffentlichung durch die Stores geprüft werden. Und matcht die App nicht die von den Stores vorgegebenen Voraussetzungen, wird die App nicht zum Vertrieb über den Store zugelassen.

2.6. Fazit zu rechtlichen Aspekten der App-Entwicklung

So sehr der einzuhaltende rechtliche Rahmen bei der Entwicklung einer App für einen kreativen Kopf eines Unternehmens auch hinderlich zu scheint, so sehr lohnt es sich doch, diesem Thema genügende Beachtung zu schenken - und zwar von Beginn an. Denn kaum ein Unternehmen möchte im Zweifel viel Geld für die technische Entwicklung einer App ausgegeben haben, um dann wahlweise

- festzustellen, dass das grundlegende Geschäftsmodell der App rechtswidrig ist,
- nach der Markteinführung zu merken, dass diese Bezeichnung niemals hätte verwendet dürfen,
- mit den Entwicklern über Kreuz zu liegen, eine unfertige App, aber dafür einen Rechtsstreit am Laufen zu haben,
- eine Abmahnung der Konkurrenz oder ein entsprechendes Schreiben der Datenschutzbehörden mit anschließendem Bußgeldbescheid wegen Datenschutzverstößen im Briefkasten zu haben und/oder
- verärgerten Endkunden gegenüberzustehen, weil es die Verträge mit eben diesen für Selbstgänger gehalten haben.

3. Mobile Tracking, Werbe-IDs & Datenschutzrecht

Ein besonderes datenschutzrechtliches Feld ist das mobile Tracking. Natürlich möchten Werbetreibende auch das mobile Verhalten der Nutzer analysieren können. Nach dem hierfür anfangs die Geräte-IDs (Unique Device Identifieres, UDID) verwendet wurden, sind Apple und Google längst auf geräte-unabhängige IDs umgeschwenkt. Maßgeblich waren zwei Gründe. Zum einen liefen die Datenschutzbeauftragen Sturm gegen die (fast) unauslöschlichen Geräte-IDs, über die sich ein Personenbezug relativ leicht herstellen ließ. Zum anderen war die Verwendung der Geräte-ID auch für die werbende Industrie suboptimal, da die Geräte-ID einem Gerät und nicht einem Nutzer zugeordnet ist. Das hat zur Folge, dass, dass ein damit generiertes „Nutzerprofil" in dem Moment, in dem ein Gerät seinen Besitzer wechselt, wertlos wird.

Die von Google und Apple verwendeten/vergebenen IDs sind nun systemabhängig. Dies bedeutet, dass jedem Nutzer eines Apple-Accounts oder Google-Kontos mit der Anmeldung eine ID zugeordnet wird. Zur Freude der Vermarkter kann diesem Nutzer somit über beliebige Devices, Apps und mobile Browser hinweg gefolgt werden (im Folgenden: „Werbe-ID").

---

[23] Google Play-Programmrichtlinien für Entwickler, https://play.google.com/about/developer-content-policy.html; die Apple App Store Review Guidelines, https://developer.apple.com/app-store/review/guidelines/#privacy mit Verweis auf zum Program License Agreement (nicht öffentlich einsehbar).

3.1. Der Personenbezug von Werbe-IDs

Was für die Werbetreibenden noch besser klingt, lässt die Datenschützer nach wie vor erschaudern. Problematisch ist nämlich der Personenbezug der Werbe-ID. Dieser ist unweigerlich vorhanden, sobald eine App mit dem Google-Konto oder Apple-Account verbunden wird. Doch selbst wenn eine Applikation eine solche Verbindung nicht herstellt: Nach Auffassung der meisten Datenschutzbeauftragten der Länder genügt die Personenbeziehbarkeit eines Datums, also die reine Möglichkeit der Verknüpfung zwischen Information und Mensch, für die Anwendung des Datenschutzrechts nach dem BDSG.[24] Und diese Möglichkeit liegt bei den System-IDs stets vor. Dabei ist es nicht notwendig, dass der App-Betreiber die Verknüpfung selbst durchführen kann. Es reicht aus, dass die theoretische Möglichkeit besteht, durch die Abfrage eines Dritten die hinter der ID stehende Person ermittelt werden kann -also eine sogenannte „Personenbeziehbarkeit" besteht. Nach dieser Auffassung wären Werbe-IDs also immer dann personenbeziehbar im Sinne des BDSG, wenn das Apple- oder Google-Konto eine Verknüpfung mit der Werbe-ID erfahren hat und/oder wenn eine Verbindung mit der Geräte-ID hergestellt wird und der App-Anbieter auf diese Daten zugreifen könnte (nicht: kann).

Das wird faktisch nahezu immer der Fall sein. Denn theoretisch existiert zwar die Möglichkeit, die Werbe-IDs auf den Smartphones zurückzusetzen - praktisch macht das jedoch kaum ein Nutzer.

3.2. Die rechtlichen Konsequenzen

Nach Auffassung der Datenschützer müsste also eigentlich, bevor mit dem Tracking über eine ID begonnen wird, die Einwilligung des Nutzers vorliegen. Eine solche wird aber in der Regel nicht eingeholt. Nun ist wie dargestellt das Risiko, von Seiten der Behörde oder dem Mitbewerber angegriffen zu werden, derzeit faktisch nicht sehr hoch. Es gibt jedoch noch einen Grund, weshalb an dieser Stelle nicht zu nachlässig gearbeitet werden sollte:

3.2.1. Die Entwickler-Richtlinien von Apple und Google

Google und Apple selbst wollen sich selbst datenschutzrechtlich so wenig wie möglich angreifbar machen. Folglich legen Sie in Ihren Entwickler-Richtlinien[25] fest, wie mit den Werbe-IDs umzugehen ist.

In der Google-Play-Programm-Richtlinie heißt es, dass die systemabhängigen Werbe-IDs nur zu Werbezwecken und zur Nutzeranalyse verwendet werden dürfen, wobei der „Status der Einstellung zur Deaktivierung interessenbezogener Werbung bei jedem Zugriff auf die ID überprüft werden" muss. Die „Verknüpfung der Werbe-ID mit personenbezogenen Daten oder statischen Geräte-IDs wie SSAID, MAC-Adresse oder IMEI darf gar nur mit ausdrücklicher Zustimmung des Nutzers" erfolgen. Und nach Zurücksetzen der ID darf eine neue Werbe-ID nur mit ausdrücklicher Zustimmung des Nutzers mit einer vorherigen Werbe-ID oder daraus stammenden Daten verknüpft werden. Darüber hinaus müssen „die Nutzer über die die Erfassung und Nutzung der Werbe-ID den Nutzern in einer rechtlich angemessenen Benachrichtigung zum Datenschutz mitgeteilt werden", ergo, es bedarf auch nach den Entwickler-Richtlinien einer Datenschutzerklärung.

---

[24] So hinsichtlich von IP-Adressen: Beschluss des Düsseldorfer Kreises vom 26./27.09.2009, „Datenschutzkonforme Ausgestaltung von Analyseverfahren zur Reichweitenmessung bei Internet-Angeboten", http://www.bfdi.bund.de/SharedDocs/Publikationen/Entschliessungssammlung/DuesseldorferKreis/Nov09Reichweitenmessung.pdf oder „Orientierungshilfe zu den Datenschutzanforderungen an App-Entwickler und App-Anbieter" des Düsseldorfer Kreises vom 16.06.2014, http://www.lda.bayern.de/lda/datenschutzaufsicht/lda_daten/Orientierungshilfe_Apps_2014.pdf.
[25] Google Play-Programmrichtlinien für Entwickler, https://play.google.com/about/developer-content-policy.html; die Apple App Store Review Guidelines, https://developer.apple.com/app-store/review/guidelines/#privacy mit Verweis auf zum Program License Agreement (nicht öffentlich einsehbar). Aber sinngemäß mehr oder weniger die gleichen Regelungen wie die Goole-Programmrichtlinien; einen übersichtsartigen Artikel zu den Regelungen zur Apple-ID bietet Techcrunch: Perez, Sarah - „Apple's Latest Crackdown: Apps Pulling The Advertising Identifier, But Not Showing Ads, Are Being Rejected From App Store", 03.02.2014, http://techcrunch.com/2014/02/03/apples-latest-crackdown-apps-pulling-the-advertising-identifier-but-not-showing-ads-are-being-rejected-from-app-store/.

Apple verbietet zudem ausdrücklich das Nutzen der Werbe-ID, wenn die App selbst keine Ads ausliefert. In dem Program Licence Agreement heißt es in Ziffer 3.3.12 wörtlich: "You and Your Applications (and any third party with whom you have contracted to serve advertising) may use the Advertising Identifier, and any information obtained through the use of the Advertising Identifier, only for the purpose of serving advertising."

Ein Verstoß gegen die Richtlinien kann zur Folge haben, dass die jeweilige Applikation aus den Stores entfernt, bzw. beim Review zurückgewiesen wird. Dass dies keine leere Drohung ist, zeigt ein Blick in Foren wie Stack-Over-Flow[26] bzw. Gespräche mit Entwicklern. Und wie oben schon angedeutet, sorgt dieses Szenario– zu Recht – für mehr Schweißperlen auf der Stirn als die Aussicht, dass möglicherweise doch einmal ein Bescheid der Datenschutzbehörde kommt.

3.2.2. Brauche ich jetzt eine Einwilligung für die Nutzung von Werbe-IDs oder nicht?
Sollten der geneigte Leser inhaltlich gerade ein wenig darüber stolpern, dass es eingangs dieses Unterkapitels hieß, eine Einwilligung des Nutzers sei schon bei einem reinen Tracking über die Werbe-ID nötig, während nun die Entwickler-Richtlinien dergestalt wiedergegeben werden, dass eine Einwilligung erst bei der weiteren Verknüpfung von Daten notwendig sei, so stolpert er in gewisser Weise zu Recht.

Zwar sind nach bisher herrschender Auffassung der Datenschutzbeauftragten eben Daten wie die IP-Adresse oder ein Werbe-ID personenbeziehbar und damit muss nach dieser Auffassung zur Verwendung schon dieser Daten eine Einwilligung nach des Nutzers vorliegen. Diese Auffassung wird jedoch seit jeher kontrovers und scharf diskutiert. Und zwar derart, dass der Bundesgerichtshof (BGH) Ende letzten Jahres die Frage, ob dynamische IP-Adressen einen Personenbezug aufweisen, dem Europäischen Gerichtshof (EuGH) vorgelegt hat.[27] Eine Entscheidung des EuGH liegt noch nicht vor. Und damit stellt die Auffassung der Datenschützer nur eine Meinung dar. Die andere besagt, dass ein solcher Personenbezug bei der nur theoretischen Möglichkeit der Personenbeziehbarkeit eben gerade nicht gegeben ist. Und demnach alleinige IP-Adressen oder eben Werbe-IDs keine personenbezogenen Daten darstellen und mithin auch, dass eine Erhebung von Daten für („pseudonyme") Nutzerprofile, die ausschließlich auf diesen Daten basieren, keine Einwilligung der Nutzer benötigen.

Erstaunlicher- bzw. erfreulicherweise scheint sich nun wenigstens ein Datenschutzbeauftragter dieser letzteren Auffassung anzuschließen. Denn von Seiten des Hessischen Landesdatenschutzbeauftragten hieß es nun, dass die Erfassung von IP-Adressen kein datenschutzrechtliches Problem darstelle. Denn: „Eine Identifikation ist nur möglich, wenn die Nutzer während einer Sitzung selbst personenbezogene oder personenbeziehbare Daten hinterlassen."[28] Bleibt nur zu hoffen, dass der EuGH sich ebenfalls zu dieser Meinung durchringt.

Auf dieser Meinung basieren aber jedenfalls die Entwicklerrichtlinien, weswegen für eine Verwendung der Werbe-IDs nach diesen nur eine Information der Nutzer, nicht aber deren Einwilligung gefordert wird.

[26] Beispielhaft: http://stackoverflow.com/questions/21489097/my-app-was-just-rejected-for-using-the-ad-support-framework-which-library-is-re; http://stackoverflow.com/questions/30553598/app-rejected-due-to-adsupport-framework.
[27] BGH, Beschluss vom 28.10.2014, Az.: VI ZR 135/13; https://openjur.de/u/751168.html,
[28] 43. Tätigkeitsbericht des Hessischen Datenschutzbeauftragten vom 31.12.2014, S. 198, Download unter: https://www.datenschutz.hessen.de/taetigkeitsberichte.html.

3.3. Fazit

Nach alldem ist derzeit (!) festzuhalten, dass grundsätzlich keine Einwilligungen von Nutzern für die Verwendung von Werbe-IDs für das Tracking eingeholt werden müssen - es genügen entsprechende Datenschutzerklärungen. Wenn der Jurist jedoch grundsätzlich sagt, folgt die Relativierung auf dem Fuße: Die App darf in diesem Fall die Werbe-ID mit keinen anderen personenbezogenen Daten, auch nicht mit statischen Geräte-IDs verknüpfen.

4. Mobile Advertising, Mobile-Shops, Adblocker & Wettbewerbsrecht

Mit dem mobilen Advertising, dem M-Commerce und dem Wettbewerbsrecht verhält sich es ganz einfach: Es gilt - gleich ob analog oder (mobil) digital geworben und verkauft wird. Das heißt, es darf etwa kein Verbraucher in die Irre geführt, der Werbecharakter von geschäftlichen Handlungen nicht verschleiert[29], Kinder nicht gezielt werblich mit Kaufaufforderungen angesprochen[30] und Mitbewerber dürfen weder herabgesetzt noch gezielt behindert werden.[31] Dazu darf selbstverständlich nicht gegen gesetzliche Vorschriften verstoßen werden, die dazu bestimmt sind, im Interesse der Marktteilnehmer das Marktverhalten zu regeln – wie etwa die Datenschutzvorschriften[32]. In all diesen Fällen können Mitbewerber oder Verbände den Werbetreibenden abmahnen.

Eine solche Abmahnung zwingt den Abgemahnten nun wirtschaftlich eher nicht in die Knie. Bei einem Unterlassungsstreitwert von 10.000,00 EUR werden im außergerichtlichen Verfahren für den eigenen und gegnerischen Anwalt zusammen gut 1.800,00 EUR fällig. Ärgerlich ist sie aber allemal, da die Rechtslage – trotz neuen, mobilen Umfeldes – in der Regel eindeutig sein wird.

Nun ist es in den kleinen mobilen Ansichten zugegebenermaßen schwierig , all den Informationspflichten, die Werbetreibenden gerade im M-Commerce und mobilen Advertising auferlegt werden, nachzukommen. Doch auch hier gilt beispielsweise, dass im Fall der Werbung mit abschlussfähigen Angeboten[33] der Anbieter der Ware oder Dienstleistung schon in der Werbung klargekennzeichnet werden muss – und zwar unter Nennung der geschäftlichen Zeichnung und der Adresse.[34] Und genauso müssen auch in Mobile-Shops (bzw. den entsprechenden Apps) die Preise regelrecht ausgezeichnet oder die Widerrufsbelehrung und das Impressum vorhanden und leicht erreichbar sein.

Der mangelnde Platz ist dabei jedoch kein Grund, den gesetzlichen Pflichten nicht oder nur unvollständig nachzukommen. Dies entschied das OLG Hamm bereits 2009.[35] In Folge dessen sind hier ganz besonders die UX-Designer gefragt.

Im Zusammenhang mit Mobile Advertising sind derzeit AdBlocker ein großes Thema. Unter wirtschaftlichen Aspekten ist die Aufregung verständlich. Juristisch ist aber schon lange klar, dass Werbeblocker grundsätzlich nicht wettbewerbswidrig sind. Dies entschied bereits 2004 der BGH in Bezug auf die „Fernsehfee", ein Gerät, dass Werbeblöcke im Fernsehen ausblendete.[36] Nun gibt es für Internet- wie Mobile-Werbung inzwischen Adblocker wie „AdBlock Plus", bei denen eine White-List-Funktion, „gute" (d.h. von den Werbetreibenden nochmals bezahlte) Werbung einblendet.

---

[29] Von Content-Marketing (Y-Titty), Leserporträts (Handelsblatt) und Schleichwerbung, 28.03.2014, http://www.socialmediarecht. de/2014/03/28/von-content-marketing-y-titty-leserportraets-handelsblatt-und-schleichwerbung/.

30 BGH · Urteil vom 17. Juli 2013 · Az. I ZR 34/12, https://openjur.de/u/639396.html. (Verbot der gezielten Werbeansprache von Kindern bei In-App-Käufen.)

[31] Zur gezielten Verhinderung von Mitbewerbern: Diercks, Nina,– Warum Sie für die schmutzigen Tricks Ihrer Affiliate-Partner haften, Lead Digital, 16.01.2014, zur Entscheidung des OLG Köln vom 18. Oktober 2013, Az. 6 U 36/13, http://www.lead-digital.de/aktuell/e_ commerce/warum_sie_fuer_die_schmutzigen_tricks_ihrer_affiliate_partner_haften.

[32] OLG Hamburg: Mangelhafte Datenschutzerklärungen sind wettbewerbswidrig und mit Abmahnungen angreifbar, Artikel vom 11. Juli 2013, http://www.socialmediarecht.de/2013/07/11/olg-hamburg-mangelhafte-datenschutzerklarungen-sind-wettbewerbswidrig-und-mit-abmahnungen-angreifbar.

[33] Ein abschlussfähiges Angebot wäre z.B.: Kreuzfahrt ab Kiel mit der MS Nordia, Norwegischen Fjorde, 12.10. - 19.10., Innenkabine, All-Inc. 499,- EUR p.P.

[34] Schleswig-Holsteinisches OLG, Az. 6 U 28/12, Urteil vom 03. Juli 2013, https://openjur.de/u/641138.html.

[35] OLG Hamm · Urteil vom 16. Juni 2009 · 4 U 51/09, https://openjur.de/u/31346.html.

[36] BGH , Urteil v. 24.06.2004, Az. I ZR 26/02, http://tlmd.in/u/509

Hiergegen liefen die Verlage Sturm. Jedoch ohne Erfolg. Die Langerichte in Köln, München und Hamburg[37] erkannten in dem Angebot „nur das Werkzeug des Nutzers, das ihm die Ausübung seiner Handlungsalternativen ermöglicht. Diese Freiheit ist Teil der grundrechtlich geschützten negativen Informationsfreiheit der Nutzer" und damit keine Wettbewerbswidrigkeit.

5. Beacon-Technologie aus rechtlicher Sicht

Beacons („Leuchtfeuer") sind kleine Sender, die basierend auf dem neuen Bluetooth-Standard 4.0 spezielle Mitteilungen mit hinterlegten Services und Informationen an die mobilen Geräte der Smartphone User im Umkreis von zwei bis 30 Metern senden können. Die einzige Funktion von einem Beacon ist das permanente Aussenden eines Signals. Dieses Signal beinhaltet eine eineindeutige Identifikationsnummer.[38] Die Idee hinter den Beacons ist, Smart-Phone-Nutzer, die sich in der Nähe eines solchen Leuchtfeuers befinden, zu erreichen. Zum Beispiel um Ihnen in einem Ladengeschäft aktuelle Angebote direkt per Push-Nachricht zu übersenden oder den Nutzer zielgerichtet an einem langen Zug zu dem Waggon, in dem eine Sitzplatzreservierung vorgenommen wurde, zu geleiten.

Um aber solche Nachrichten und oder Informationen auf dem Smart-Phone des Users qua Beacon-Signal auszulösen, muss – zumindest bei den iBeacons von Apple – überhaupt eine entsprechende App auf dem Smartphone installiert sein. Die Beacon-Technologie „Eddystone" von Google kann demgegenüber wohl auch ohne App unmittelbar Webanzeigen oder sonstige Informationen im Browser des Nutzers anzeigen.[39]

5.1. Beacon-Technologie & Datenschutz

Wie dargestellt bedarf es zur „Auswertung" des Beacon-Signals, also z.B. dem Einblenden einer Rabatt-Aktion, eines Empfänger-Programms auf dem Smartphone des Users. Dies wird in der Regel eine App, z.B. des Ladenlokal-Inhabers, sein. Da eine solche App wiederum gewöhnlich (s.o.) mit einem Nutzerkonto verbunden ist, werden hier personenbezogene Daten erhoben und gespeichert. Zum Beispiel, dass Nutzer A am Tag X zur Uhrzeit Y im Ladengeschäft Z war und sich im Bereich der Produktgruppe 123 aufgehalten hat.

Aufgrund dieses direkten Personenbezugs ist eine solche Datenverarbeitung wie schon oben erläutert nach dem deutschen Datenschutzrecht grundsätzlich nur mit der Einwilligung des Nutzers möglich. Diese Einwilligung könnte nur dann entbehrlich sein, wenn die Datenverarbeitung zur Vertragserfüllung notwendig wäre, z.B. um eben dem Kunden bestimmte Rabatt-Aktionen anbieten zu können. Denn die Datenerhebung zur Vertragserfüllung ist gesetzlich erlaubt. In diesem Fall müsste der Nutzer aber jedenfalls hinreichend über die Datenverarbeitung mittels einer Datenschutzerklärung bei der Installation der App informiert werden. Ob eine derartige Erhebung von Standortdaten über den Zweck der Vertragserfüllung gerechtfertigt sein kann, ist im Einzelfall zu prüfen. Bei der reinen Übersendung von Angebotshinweisen wird dies in der Regel wohl nicht ausreichen.

Um ein Double-Opt-In Verfahren mit einer ausdrücklichen Einwilligung des Users wird der Anbieter von Marketing-Aktionen via Beacon-Technologie aber kaum umhinkommen – selbst wenn die Erhebung von personenbezogenen Geo-Daten mit dem Zweck der Vertragserfüllung gerechtfertigt werden könnte.

[37] LG München, Urteile vom 27. Mai 2015 , Az. 37 O 11673/14 https://openjur.de/u/771330.html und Az. 37 O 11843/14 https://openjur.de/u/771387.html; LG Hamburg, Urteil vom 21.04.2015, Az.416 HKO 159/14, http://www.landesrecht-hamburg.de/jportal/portal/page/bsharprod.psml?showdoccase=1&doc.id=JURE150011562&st=ent; zur Entscheidung des LG Köln vom 29.09.2015 – Ziegelmayer, David, CMS HS Bloggt, „LG Köln: Werbeblocker Adblock Plus ist (noch immer) nicht wettbewerbswidrig", http://www.cmshs-bloggt.de/gewerblicher-rechtsschutz/wettbewerbsrecht/lg-koeln-werbeblocker-adblock-plus-ist-noch-immer-nicht-wettbewerbswidrig/.
[38] Vorstehendes aus: Süssel, Alexander – „Beacon Kompendium (1/5) – Am Anfang steht die Technik", mobile zeitgeist, 25.11.2014, http://www.mobile-zeitgeist.com/2014/11/25/beacon-kompendium-am-anfang-steht-die-technik/.
[39] Vgl. Heise-Online vom 15.07.2015, Beacon-System Eddystone: Google veröffentlicht quelloffenes Format zur Indoor-Navigation http://www.heise.de/newsticker/meldung/Beacon-System-Eddystone-Google-veroeffentlicht-quelloffenes-Format-zur-Indoor-Navigation-2750923.html.

5.2. Beacon-Technologie & Wettbewerbsrecht

Denn natürlich bleibt das Wettbewerbsrecht auch vor den Beacons nicht stehen. Und nach § 7 Abs. 2 Nr. 3 UWG stellt nun mal „Werbung unter Verwendung [...] elektronischer Post, ohne dass eine vorherige ausdrückliche Einwilligung des Adressaten vorliegt" eine unzumutbare Belästigung dar. Und eine „unzumutbare Belästigung" ist wettbewerbswidrig. Darüber hinaus stellt sie auch noch einen Eingriff in das Persönlichkeitsrecht eines jeden Einzelnen dar, der dann wiederum einen Unterlassungsanspruch gegenüber dem Absender der Werbung hat. Das heißt, für eine derartige Direct Message bedarf es eben der ausdrücklichen Zustimmung des Nutzers, denn dass Gerichte eine Push-Nachricht ebenfalls unter dem Begriff der elektronischen Post subsumieren, ist nahezu sicher.

Spannend ist die Frage, wie die Google-Technologie hier in einiger Zeit von den Gerichten bewertet werden wird. Denn wenn keine App mehr notwendig ist, sondern via Eddystone z.B. ein Overlay in den Browser gelegt werden kann, der einem die aktuellen Angebote des lokalen Umfeldes anzeigt, ist das keine elektronische Post im bisherigen Sinne, sondern eine „plötzlich auftretende Werbeanzeige". Dass sich diese Umsetzung durchsetzt vermag ich allerdings aus anderen Gründen kaum zu glauben: Die User nutzen schon jetzt AdBlocker-Software und wollen sicher nicht eine Werbeanzeige sehen, obwohl sie eigentlich gerade einen Spiegel-Online-Artikel lesen und nur zufällig vor einem lokalen Geschäft stehen.

Davon einmal ab gilt aber natürlich auch für die Werbeanzeigen und Rabatt-Gutscheine das Wettbewerbsrecht im Übrigen. Neben den schon unter Ziffer 4 aufgeworfenen Grundsätzen heißt das auch, dass der Verbraucher nicht unter unmäßigen Kauf-Druck gesetzt werden darf. Etwa durch den Hinweis „Angebot nur noch 5 Minuten gültig" o.ä..

5.3. Fazit zur Beacon-Technologie

Letztlich gilt für denjenigen, der mit der Beacon-Technologie arbeiten möchte, nichts anderes als für jeden anderen App-Betreiber auch: Die rechtlichen Anforderungen sollten in der Planungsphase geprüft und bei der technischen Realisierung direkt berücksichtigt werden. Damit lassen sich die rechtlichen Risiken minimieren und gegebenenfalls auch das eine oder andere Verbrauchervertrauen langfristig gewinnen.

6. Fazit

Die vorstehenden Punkte enthielten zum Teil Worst Case Szenarien. Aber zum einen ist es der Job des Anwalts, das Worst Case Szenario kommen zu sehen – und zwar um es beurteilen, dessen Eintritt verhindern oder jedenfalls das bestehende Risiko vermindern und um Lösungen aufzeigen zu können. Zum anderen lässt sich alles drehen und wenden, wie man will:

Mobile Business ist ein Business. Jedes Business hat Regeln. Man kann sich entscheiden mit den oder gegen die Regeln zu spielen. Jedoch sollten zumindest die Risiken der Entscheidung bekannt sein. Um sich bewusst entscheiden zu können - dafür oder dagegen. In diesem Sinne, auf ein erfolgreiches Mobile Business.

1.3

"Was nützt es meinem Kunden?"
Kommunikationsstrategien in digitalen, mobilen Zeiten

Dr. Kerstin Hoffmann

Ein großer und stetig wachsender Teil von Kommunikation, gleich welcher Art, findet mittlerweile mobil statt: direkter zwischenmenschlicher Austausch, professionelle Abstimmungsprozesse, Informationsbeschaffung. Aber eben auch PR, Werbung, Marketing, Vertrieb – das gesamte Spektrum der Unternehmenskommunikation. Sie finden in diesem Buch sehr viele verschiedene strategische, operative und technische Aspekte aus dem Bereich Mobile. Sie gewinnen wertvolles Wissen über die mobile Nutzung sozialer Netzwerke. All dieses Wissen brauchen Sie, um Ihre Strategie in jedem Detail erfolgreich umzusetzen. Daher stelle ich das Thema „mobile Unternehmenskommunikation" in einen größeren strategischen Zusammenhang.

Bloß angenommenes Kundenverhalten und unterbrochene Empfehlungsketten

„Unsere Kunden rufen unsere Website sowieso niemals mobil auf!" Das schmettern mir Vortragsteilnehmer auch heute noch regelmäßig entgegen; immer dann, wenn ich nachdrücklich darauf hinweise, dass in diesen Zeiten jede Internet-Präsenz auch für die mobile Nutzung optimiert sein muss. Fragt man genauer nach, stellt man allerdings fest: Auch Menschen, die sich selbst als nicht sehr vertraut mit Social Media bezeichnen, nutzen selbst längst ihr Smartphone, um sich über Produkte zu informieren. Sie kaufen spontan und mobil im Zero Moment of Truth[1]. Sie folgen den Empfehlungen anderer bezüglich interessanter Informationen.

Wenn jemand in einem sozialen Netzwerk oder auch per E-Mail einen Inhalt empfiehlt, den er auf seinem Desktop-Browser gelesen und für gut befunden hat, dann hat er im Normalfall nicht getestet, wie dieser Inhalt auf einem mobilen Gerät aussieht. Doch ein relativ großer Teil seiner Kontakte wird diesen Link in einer Facebook- oder Twitter-App öffnen oder in einem Mail-Client auf dem Smartphone anklicken. Ist der Inhalt dann mobil nicht gut lesbar, hat sich die Sache bereits erledigt. Der Empfänger ärgert sich und klickt wieder weg. Die Empfehlungskette ist unterbrochen. Die suboptimale Außendarstellung fällt auf das Image des Anbieters zurück. Sie ist ein peinliches Zeichen dafür, dass jemand nicht auf der Höhe der Zeit ist.

Ganz gleich, ob im Endkunden-Geschäft (B2C) oder in den Beziehungen zwischen Unternehmen (B2B): Der Sachverhalt ist in Wirklichkeit noch viel komplexer. Schließlich haben diejenigen, die solche wie die eingangs zitierte Behauptung über das Nutzerverhalten ihrer Kunden aufstellen, in den seltensten Fällen repräsentative Studien über User Journeys ihrer Website-Besucher angestellt. Zudem kann man ihnen allein schon als Argument entgegenhalten, dass es Google egal ist, ob nun genau die Kontakte aus der Datenbank der betreffenden Firma eine Web-Präsenz auf ihrem Smartphone anschauen oder nicht. Die Suchmaschine wertet schlicht und einfach solche Seiten ab, die mobil nicht adäquat dargestellt werden.

---

[1]*Weiterführende Informationen zum `Zero Moment of Truth` finden Sie auf der folgenden Webseite und in den dort genannten Studien: http://www.zeromomentoftruth.com/, zuletzt abgerufen am 1. Oktober 2015*

Mobile ist nicht, wie häufig behauptet, ein Privileg derjenigen, die technologisch weit fortgeschritten sind. Es ist, viel stärker als fast jede Technologie zuvor, ein Massenphänomen. Nicht jeder Mensch hat tagsüber oder auch nur täglich einen Computer zur Verfügung. Ein Smartphone aber trägt mittlerweile ein Großteil der Bevölkerung aller Altersschichten mit sich. In Kürze wird es in unserer Gesellschaft kaum noch jemanden geben, der nicht über ein mobiles Gerät Zugang zum Internet hat. Smartphones lösen Laptops ab. Wearables sind auf dem Vormarsch[2]. Nicht nur Menschen, sondern auch Produkte selbst sind untereinander vernetzt; Stichwort: Internet der Dinge.

Digitale, soziale, mobile Signale überall; und allenthalben Unternehmen, die sämtliche Signale geflissentlich übersehen. Statt dessen Unternehmer und Entscheider, die versuchen, Kontrolle zu behalten und an alten Strukturen festzuhalten und dabei so tun, als hätten nicht längst die Kunden die eigentliche Macht in diesen neuen Märkten, und als wäre es nicht längst unmöglich geworden, noch irgendwelche Informationsflüsse zu manipulieren.[3]

Unternehmen vergessen zudem häufig, dass die Nutzer ihre mobilen Geräte nicht als Empfänger für Werbung oder als reine Werkzeuge für Online-Käufe verwenden. Kommunikation mit Unternehmen sowie Kaufprozesse machen nur einen winzigen Teil der mobilen Nutzung aus. Und dass Menschen per se und aus sich selbst heraus nicht gerade begeistert sind, wenn sich Firmen in ihre privaten Dialoge einmischen, liegt wohl auf der Hand.

Mobile Strategien und Wachstumspotential

Anbieter, die sich gleichsam mit ihren bestehenden, bekannten Kontakten in einer Welt der alten Paradigmen gemütlich einrichten, verschließen sich jeglichem Wachstumspotential. Denn natürlich hat Bestandskundenpflege eine hohe Priorität. Doch womöglich gibt es dort draußen eine große Zahl noch nicht bekannter potentieller Kunden, die sich anders verhalten als angenommen; von Empfehlern und Meinungsbildnern einmal ganz abgesehen.

Nun ist ja nachgerade schwierig, heute noch Internet-Seiten zu bekommen, die nicht mit zeitgemäßer Technik gebaut und damit praktisch automatisch zumindest responsiv sind – sollte man zumindest meinen. Das setzt aber voraus, dass man überhaupt daran denkt, in absehbarer Zeit die eigene virtuelle Kommunikationszentrale neu aufzusetzen oder zumindest gründlich zu überholen. Auch wenn ich gerade im Kreise meiner Kunden und Interessenten (vorwiegend Mittelständler aus dem deutschsprachigen Raum) eine Welle der Website-Relaunches beobachte: Tatsächlich operieren immer noch sehr viele, auch größere Unternehmen in Deutschland mit Seiten, die auf dem Handy oder Tablet alles andere als gut dargestellt und schnell zu laden sind. Oft hantieren Anbieter und Agenturen immer noch mit überholtem Werkzeug und legen nicht genügend Fokus darauf, verändertem Nutzerverhalten Rechnung zu tragen. Rund 60 Prozent der Websites von größeren und mittelständischen Unternehmen in Deutschland „weisen bisher kein ausreichend gutes mobiles Nutzererlebnis auf", so das Ergebnis einer Studie aus dem Frühjahr/Sommer 2015[4]. Doch weitaus bedrohlicher für den langfristigen unternehmerischen Erfolg der „digital Immobilen" ist in Wirklichkeit etwas anderes.

[2] Vgl. Scholz, Heike: Studie: Erstmals mehr Smartphones als Laptops, in: mobile zeitgeist, http://www.mobile-zeitgeist.com/2015/09/14/studie-erstmals-mehr-smartphones-als-laptops/, zuletzt abgerufen am 1. Oktober 2015
[3] Vgl. Israel, Shel: Lethal Generosity, CreateSpace Independent Publishing Platform; 1 edition (September 21, 2015)
[4] „Deutsche Großunternehmen und Mittelständler drohen die mobile Web-Revolution zu verschlafen", in: absatzwirtschaft, zuletzt aufgerufen am 1. Oktober 2015

Denn hinter Aussagen wie der eingangs zitierten steckt eine Geisteshaltung, die dem Kommunikationsverhalten in digitalen Zeiten in mehrfacher Hinsicht nicht mehr angemessen ist, die es oft sogar grob verkennt. Jemand, der behauptet, seine Kunden steuerten seine Website nicht mobil an, offenbart damit zugleich, dass er oder sie einen kompletten Paradigmenwechsel immer noch nicht verstanden hat. Längst vergangen, aber in den Köpfen oft noch verankert, sind die Zeiten, als die Homepage, also die Startseite einer Unternehmenswebsite, noch den zentralen Anlaufpunkt für alle Informationssuchenden bildete. Heutzutage kommen Besucher einer Website über ganz unterschiedliche Wege auf spezifische Unterseiten, jeweils geleitet von einem bestimmten Interesse. Die Herausforderung besteht darin, sie an genau dieser Stelle angemessen zu empfangen, ihnen Orientierung zu bieten und sie dann entweder in dem betreffenden Inhalt zu halten oder aber sie auf die Weiterreise einer idealtypisch konzipierten Customer Journey zu leiten.

Der Nutzen muss unmittelbar erkennbar sein

Mehr noch aber muss jeder Besucher und jeder Dialogpartner an jedem Kontaktpunkt mit einem Unternehmen seinen eigenen Nutzen erkennen: etwa den Wert, den es für ihn hat, einen Text weiterzulesen, sich ein Video anzuschauen, einen Inhalt weiterzuempfehlen, sich aktiv in einen Kaufprozess zu begeben und vieles mehr. Darüber entscheidet nicht der Content an sich, sondern vor allem der soziale Kontext, in dem die Information erscheint oder überhaupt erst entsteht.

Der Nutzen zählt, also das, was der jeweilige Vertreter einer Wunsch-Interessengruppe sofort als für sich wertvoll erkennt. Interessen sind, wie im vorigen Absatz beschrieben, durchaus unterschiedlich. Ein Nutzer sucht verwertbares Wissen in einem Spezialgebiet. Ein anderer Nutzer will sich in einem Trendthema einen Informationsvorsprung verschaffen. Ein weiterer Nutzer braucht einfach nur eine schnelle, unkomplizierte Bestellmöglichkeit für einen bestimmten Artikel. Allen Nutzergruppen muss ich das Richtige am richtigen Ort zur Verfügung stellen, und zwar so, dass sie es auch finden und verwerten können. Natürlich muss ich das auf eine Weise tun, die auf meine eigenen Kommunikationsziele und strategischen Ziele einzahlt. Im Idealfall haben beide Seiten an jedem Punkt der Kommunikation das deutliche Empfinden, dass das Verhältnis von Geben und Nehmen ausgeglichen ist.

Das Bild größer machen

Doch mit allem bisher Gesagten fokussieren wir uns im Moment gedanklich immer noch gefährlich stark auf die eigene Website des Unternehmens. Gefährlich jedenfalls für diejenigen, die das überholte Sender-Empfänger-Modell verinnerlicht haben: mit der eigenen Website als Sendezentrale und den imaginierten, stummen Empfängern, die sich hier – ausgehend von der statischen Startseite – ihre Informationen holen. Das ist ein Modell ungefähr von 1986, das schon damals nicht so richtig funktioniert hat, aber darum mit der Zeit nicht besser wird. Die Website eines Anbieters stellt nur eine mögliche Quelle von vielen dar, um sich über eine Firma, ein Produkt oder die Qualität des Angebotes zu informieren. Aus Nutzersicht ist dies aber nicht einmal die relevanteste Quelle.

Denn der potentielle Nutzer, Empfehler, Interessent und Kunde geht davon aus, dass andere Gesprächspartner ihm ein viel weniger von kommerziellen Anbieterinteressen getragenes Bild des betreffenden Unternehmens liefern können. Wenn jetzt noch Hindernisse, etwa in Bezug auf die Verfügbarkeit auf bestimmten Geräten und die Findbarkeit über Suchmaschinen, hinzukommen, ist die Firmen-Website womöglich sogar die am wenigsten relevante Quelle. Dennoch liegt es in der Hand des Anbieters, wie attraktiv er die eigenen Inhalte für die eigene Community gestaltet. Dazu müssen sich die Akteure des Unternehmens bewegen, und zwar hinaus aus der eigenen Kommunikationszentrale, hinein in die vernetzte Welt der vielfältigen Plattformen und Kontaktpunkte mit unterschiedlichen Interessengruppen. Dialoge finden überall statt. Informationen werden ausgetauscht. Erste Begegnungen mit Marken und Markenvertretern finden „draußen" statt.

Menschen treffen Kaufentscheidungen problem- nicht markenorientiert

Viel häufiger als eine Kaufentscheidung aufgrund einer angebotenen Auswahl von Produkten ist die bedürfnis- oder problembasierte Herangehensweise. Wenn ich von meinem Bedürfnis oder meinem Lösungswunsch ausgehe, dann frage ich eher in meinem Netzwerk nach guten Lösungen, als dass ich zielgerichtet die Seiten mir bisher nicht vertrauter Anbieter aufsuche. Doch selbst dann, wenn ich durch Empfehlungen oder vorherige Kontakte bereits den Namen eines potentiellen Lieferanten oder Dienstleisters kenne, nutze ich das im Web vorhandene kollektive Wissen, um mir ein genaueres Bild von diesem zu verschaffen. Oftmals ist dann der Entscheidungsprozess, der zum Kaufentschluss führt, bereits abgeschlossen, ehe ich das erste Mal das eigene Terrain des betreffenden Unternehmens betrete: seine Firmenzentrale oder eben seine Website beziehungsweise seinen Online-Shop. Es ist hierbei sehr wahrscheinlich, dass ein Großteil meiner Recherche mobil stattgefunden hat: via Websuche, in Apps von sozialen Netzwerken, aber auch in Dialogen über Messenger.

Ist aber meine Bereitschaft zum Kauf einmal da, dann erwarte ich, dass mein Wunsch unverzüglich und unkompliziert erfüllt wird. Ich will sofort dort landen, wo mein Impuls mich hinzieht. Dabei ist es egal, ob ich gerade im Büro an meinem 27-Zoll-Monitor sitze oder ob ich mit dem Zug bei mittelmäßiger bis schlechter Netzabdeckung einen Online-Shop auf dem Smartphone aufzurufen versuche. Mehr noch: Ich erwarte, dass ich über alle Geräte hinweg das gleiche, reproduzierbare Ergebnis erziele. Beispielsweise will ich, wieder am Desktop-Computer angekommen, ein Produkt in einem Shop wiederfinden, das ich auf einem mobilen Gerät angesehen habe, und ich will mich dabei sofort wieder zurechtfinden.

Das zuvor Beschriebene gilt in seinen Mechanismen nicht allein für unmittelbare Verkaufsprozesse. Machen wir das Bild noch etwas größer und verlassen wir die fokussierte Sicht des Vertriebstrichters. Unternehmerischer Erfolg, gleich in welcher Branche und mit welchen strategischen Zielen, ist stets ein Spiel mit kritischen Massen. Um eine bestimmte Zahl von Kunden zu gewinnen, brauche ich eine vielfache Zahl einzelner Kontakte. Mehr noch: Ich muss einen potentiellen Kunden oder Multiplikator in dem Moment ansprechen, indem er genau den Bedarf entwickelt hat, den ich als Anbieter von Produkten oder von Wissen decken kann und will. In den sich immer schneller wandelnden Märkten des digitalen Zeitalters funktionieren klassische Vertriebsstrategien zu diesem Zweck immer schlechter. Dies nicht zuletzt deswegen, weil Interessenten in Sekundenbruchteilen einen kompletten Anbietermarkt scannen, bewerten und vergleichen können.

Unternehmen müssen zum Dialog kommen – nicht umgekehrt

In diesen digitalen, mobilen Zeiten müssen Unternehmen in den relevanten Dialogen (oder eigentlich müsste man sagen: „Multilogen") auf den für ihre Interessengruppen relevanten Plattformen aktiv sein. Das wiederum gelingt nur mit einer integrierten Contentstrategie, die strategisch und gut geplant über alle Kanäle hinweg realisiert wird. Genau hier beginnt der eigentliche Balanceakt. Denn viele Plattformen mit Inhalten zu bespielen bedeutet eben keineswegs, nur auszusenden. Ein großer Teil des eigentlich relevanten Contents entsteht nur in der Interaktion. Ebensowenig kann eine Contentstrategie darin bestehen, Inhalte allein auf der eigenen Plattform zu publizieren, etwa im Corporate Blog, und auf fremden Plattformen lediglich Köder auszulegen, ohne sich dort wirklich engagieren und ohne aktiv mitzudiskutieren.

Immer geht es letztlich also um ein Ziel: bestimmte Dialogpartner zu erreichen. Dazu muss ich wissen, welcher Technologie und welcher Medien sie sich bedienen. Ich muss ihr Verhalten auf verschiedenen Plattformen kennen. Ich muss wissen, wo und wann sie sich über welche Themen austauschen. Ich muss ihre Bedürfnisse und Schmerzpunkte kennen. Ich muss mit meinen Inhalten dort sein, wo sie nach Informationen zu einem bestimmten Thema suchen.

Nicht zuletzt aber wollen und müssen Unternehmen, um sichtbar zu sein – und zwar mit den richtigen Inhalten und einer entsprechenden Reputation – die Informationshoheit über den eigenen Namen ebenso wie über spezifische Begriffe halten. Häufig rangiert die eigene Website unter „ferner liefen". Aber es geht auch hier wiederum nicht allein darum, die Suchergebnisse für die eigenen Webseiten nach vorne zu bringen. Da Dialoge, wie wir gesehen haben, überall dezentral stattfinden, ist es für Unternehmen zugleich wichtig, auf den entsprechenden Plattformen zu einem insgesamt homogenen Bild beizutragen. Was nützt beispielsweise ein noch so attraktiv gestalteter Onlineshop, wenn bei einer Google-Suche die ersten Suchergebnisse auf schlechte Bewertungen in Social Networks oder auf Bewertungsportalen hinweisen? Was nützt eine vordere Position der eigenen Firmen-Website in den Suchmaschinen-Ergebnissen, wenn die Meinungsbildner in den branchenrelevanten Communitys bei entsprechenden Fragen nicht sofort an den betreffenden Anbieter denken?

Ohne soziale Signale kein Wissen über Kunden und kein Dienst am Kunden

Während Firmenvertreter, Einkäufer und Vertriebler darüber klagen, dass Märkte immer volatiler würden, sind in Wirklichkeit Algorithmen immer differenzierter in der Lage, das Verhalten und die Vorlieben von einzelnen Menschen und Gruppen vorherzusagen. Das bedeutet auch: Firmen, die nicht in der Lage sind, Daten und Signale ihrer Stakeholder zu erkennen und auszuwerten, verstehen ihre Kunden nicht mehr und können ihnen nicht mehr den Service bieten, den diese erwarten.

Was Kommunikationsverantwortliche gern vergessen oder nicht genügend in Betracht ziehen: Es geht nicht allein darum, nützliche Inhalte bereitzustellen und an der richtigen Stelle in relevanten Dialogen gehört zu werden. Es geht zutiefst um unternehmerisches Handeln. Wer seine Stakeholder nicht ihren Bedürfnissen entsprechend bedient, kann sich jegliches PR-gesteuerte Empfehlungsmarketing auch gleich sparen.

Wie sieht also eine wirkungsvolle Kommunikationsstrategie heutzutage aus, und was hat das mit speziellen Strategien für Mobile zu tun? Hier sind … Acht Thesen für die Unternehmenskommunikation in digitalen, mobilen Zeiten

1. Unternehmenskommunikation in digitalen Zeiten hört zu, bevor sie selbst spricht.

„Zuhören" ist hier durchaus in einem viel weiteren Sinne gemeint: recherchieren, evaluieren, Signale auswerten. Es bedeutet aber eben auch: in echte Gespräche eintreten. Beziehungen und Diskussionen pflegen. Nachfragen. Viele Firmen entwickeln heute Produkte aufgrund von Bedürfnissen, die aus der Community kommen, oder erproben neue Produkte mittels Crowdsourcing. Wie viel mehr erst muss Kommunikation sich nach dem Bedarf richten, und nicht umgekehrt.

2. Unternehmenskommunikation in digitalen Zeiten denkt weit über Kundenbeziehungen hinaus.

Wer Reichweite erzielen und Reputation aufbauen will, braucht mehr als nur direkte Kunden. Die Community, die sich um eine Marke herum aufbaut, besteht aus weit mehr als nur direkten Kundengruppen. Erst eine gut gepflegte Community, die auf Dauer mit wertvollen Inhalten versorgt und im Dialog ernstgenommen wird, sorgt für Sichtbarkeit und unternehmerischen Erfolg. Wer einmal begriffen hat, dass er von einem Großteil der wirklich relevanten Dialoge gar nicht erfährt, weil sie beispielsweise über Messenger stattfinden, der muss zwangsläufig den Kontrollgedanken aufgeben. Er oder sie oder muss der Community sehr weitgehend vertrauen und ihr die Kontrolle überlassen, wenn ihre Mitglieder über seine Marke und seine Produkte sprechen. Idealerweise werden sie in der digitalen Welt zu überzeugten Marken-Aposteln. Das kann jedoch nur aus deren eigener Überzeugung heraus geschehen, nicht mittels PR-kontrollierter Überzeugungsarbeit.[5]

3. Unternehmenskommunikation in digitalen Zeiten ist nutzer- und nutzenorientiert.
Natürlich stehen im Mittelpunkt jeden unternehmerischen Handelns die eigenen strategischen Ziele, von denen sich die Kommunikationsziele ableiten. Doch diese Ziele zu erreichen, gelingt nur, wenn dabei der Fokus auf den Dialogpartnern und deren Nutzen liegt. Das bedeutet zugleich, dass Markenkommunikation zu einem Gutteil daraus besteht, weit über werbliche Inhalte hinaus echte Werte zu liefern. Nur wer seine Nutzer und deren Bedürfnisse genau kennt, kann diesen gerecht werden.

4. Unternehmenskommunikation in digitalen Zeiten folgt dem Medienverhalten der Bezugsgruppen.
Das bedeutet: Mobile ist kein Selbstzweck oder ein eigenes Paradigma. Erfolgreiche Unternehmenskommunikation findet immer in den Medien statt, die jeweils zur Verfügung stehen und die von den jeweiligen Dialogpartnern genutzt werden. Die Entscheidung, in welchen Netzwerken Dialoge stattfinden, trifft letztlich der Empfänger. Deswegen müssen Unternehmen dort präsent sein, wo ihre Stakeholder sich austauschen. Wenn diese zu einem großen Teil mobil unterwegs sind, dann müssen Anbieter sich diesem Medienverhalten anpassen und entsprechende Strategien entwickeln.

5. Unternehmenskommunikation in digitalen Zeiten folgt den geschriebenen und ungeschriebenen Regeln der jeweiligen Plattform.
Wer auf allen Plattformen einfach die gleichen Inhalte ausstreut, liegt im Zweifel überall daneben. Menschen verhalten sich auf Facebook anders als bei Twitter. Die Erwartung an Messenger-Kommunikation weicht von der Erwartungshaltung gegenüber Snapchat oder Instagram ab. Auch hier wieder sind Kenntnisse über das Kommunikationsverhalten und eben in diesen Zeiten auch über die mobile Nutzung essentiell dafür, Stakeholder auf die richtige Weise zu erreichen. Das gilt weiter für die Plattform-übergreifende Fortsetzung der User Journey. Beispiel: Verkaufsanzeigen oder Shop-Links auf Facebook oder Twitter. Hier darf kein Bruch etwa zwischen der Fundstelle in einem Social Network und der Landing Page entstehen. Auch unterschiedliche gesetzliche Vorgaben sind zu berücksichtigen.

6. Unternehmenskommunikation in digitalen Zeiten braucht profunde technische Detailkenntnisse.
Das Wissen um Technik, Mechanismen und spezifische Gegebenheiten traditioneller Medien ist uns zu einem großen Teil gar nicht mehr bewusst. Das heißt, wir nehmen gar nicht mehr wahr, was wir alles wissen und anwenden, damit die Medien in zielgruppengerechter Weise eingesetzt werden. Doch auch davon abgesehen fordern soziale Netzwerke und deren mobiler Einsatz die Akteure in der Unternehmenskommunikation mehr denn je. Nie zuvor musste jeder Einzelne so viel auch über angrenzende Bereich wissen: Texter müssen sich mit Suchmaschinenoptimierung auskennen. PR-Fachleute müssen

---

[5] Vgl. Israel, Shel: Lethal Generosity, a. a. O.

Inhalte über viele Plattformen spielen. Ein Marketer, der selbst Social Media nicht nutzt, kann sich kaum in das Nutzerverhalten der Empfänger hineinversetzen oder gar aktiv mit diesen kommunizieren[6]. Über dieses Überblickswissen hinaus müssen mit der Umsetzung in den einzelnen Bereichen die jeweiligen Spezialisten befasst sein.

7. Unternehmenskommunikation in digitalen Zeiten pflegt eine gesunde Risikoverteilung.

Wer Dialogpartner dort erreichen will, wo die relevanten Gespräche stattfinden und wo unmittelbarer Informationsbedarf besteht, darf eigene wertvolle Inhalte nicht ausschließlich in der eigenen Kommunikationszentrale anhäufen. Andererseits darf man nie vergessen, dass Content einen hohen Wert besitzt und dass solche Werte auf fremden Plattformen immer auch gefährdet sein können. Ein gesundes Risikomanagement und die sorgfältige Organisation und Dokumentation der über alle Plattformen verteilten Inhalte müssen also einen elementaren Bestandteil der Content- und Kommunikationsstrategie darstellen. Im Mittelpunkt der Contentstrategie steht nach wie vor der eigene Content Hub. Um ihn herum gruppieren sich die Social Hubs, über die jeder Stakeholder genau den Teil der Inhalte findet, den er für ein bestimmtes Bedürfnis genau in diesem Moment braucht.[7]

8. Unternehmenskommunikation in digitalen Zeiten ist aktiv, nicht nur reaktiv.

Wer seinen Kunden von Plattform zu Plattform hinterherläuft oder der Konkurrenz auf bereits ausgetretenen Pfaden hinterhertrampelt, befindet sich auch immer mindestens einen Schritt hinter den aktuellen Marktentwicklungen. „Die Disruptionen der vergangenen 10 Jahre sind nichts gegen das, was noch kommt", meint etwa der Ökonom und Journalist Holger Schmidt[8]. Das bedeutet auch, dass das, was wir jetzt unter Mobile verstehen und in diesem Buch vielfach beleuchten, längst nicht das Ende der Fahnenstange bedeutet. Folglich müssen sich Unternehmen auf den stetigen Wandel einstellen und ständig auf dem neuesten Informationsstand halten. Womöglich müssen sie den Nutzern ihrer Angebote eher voraus sein als ihnen nur zu folgen. Sie müssen auch etwas wagen oder etwas ausprobieren, das noch nicht zum Mainstream gehört. Das ist keine kleine oder banale Aufgabe. Eine durchdachte übergeordnete Strategie und klare Organisationsstrukturen sind unerlässlich. Die Anforderungen an Flexibilität in Strategie und Hierarchien sind zugleich höher denn je.

Nutzen Sie das Wissen aus diesem Buch, damit die Kommunikation Ihres Unternehmens in digitalen, mobilen Zeiten gelingen kann.

---

[6] Vgl. Miller, Jason: The New Era of the Hybrid Marketer, http://contentmarketinginstitute.com/2015/01/era-hybrid-marketer/, zuletzt abgerufen am 1. Oktober 2015
[7] Vgl. Eichmeier/Eck: Die Content-Revolution im Unternehmen: Neue Perspektiven durch Content-Marketing und -Strategie, Haufe, München 2014, S. 230 f
[8] Vgl. Schmidt, Holger: „Die Techs kommen", http://de.slideshare.net/HolgerSchmidt/die-techs-kommen-wie-internetfirmen-in-andere-wirtschaftszweige-eindringen-41515221, zuletzt abgerufen am 1. Oktober 2015

1.4

Social, Local, Mobile: Unternehmen als Brückenbauer in eine neue Realität

Dirk Liebich

Wir alle nutzen mobile Technologien, und zwar in immer stärkerem Ausmaß. Doch ungeachtet der allgegenwärtigen Smartphones: Viele, wenn nicht sogar die meisten Anwender verstehen gar nicht wirklich, was sie da eigentlich tun. Trotzdem oder vielleicht genau aus diesem Grund werden schon bald alle wesentlichen Lebensbereiche durch mobile Technologie bestimmt werden. Im Grunde aber irrt der Verbraucher durch diese neue Welt, ohne sich wirklich zurechtzufinden. Das führt dazu, dass Menschen sich ausspioniert fühlen und Angst haben, ihre Daten herauszugeben. Sie fürchten, betrogen und getäuscht zu werden, was de facto auch vorkommt.. All dies ist für Unternehmen, die den Anwender erreichen wollen, kontraproduktiv. Viele Unternehmer und Entscheider haben aber leider immer noch nicht verstanden, dass es ihre Aufgabe ist, den Nutzern Orientierung zu liefern. Dabei geht es nicht um mehr Technisierung, es geht um die sinnvolle, gegenseitige Erweiterung der Lebensbereiche. Es gilt zu überlegen, auf welchem Weg man den Verbraucher dahin bringen kann, dass er sich intuitiv aufgrund seiner Erfahrungen in dieser neuen digitalen, mobilen Welt zurechtfindet. Die Technik muss – und das kann sie leisten, wenn das Konzept vorhanden ist – schlauer werden und dem Menschen entgegenkommen. So können wir in unserer Welt bleiben und die Technik als Medium für die Erfüllung unserer Wünsche und als Erleichterung in unserer Arbeitswelt nutzen. Auf diese Weise werden wesentliche wirtschaftliche Komponenten, wie Zeit und Kosten, über die Virtualisierung reduziert, während gleichzeitig Angebote direkt und unmittelbar zum Verbraucher gelangen. Social, Local, Mobile: Unternehmen müssen in bestehenden Zusammenhängen, dort wo die Menschen sich aufhalten, ihre Zielgruppen erreichen, und sie müssen das über mobile Technologien schaffen. Was das bedeutet, welche Technologien es heute gibt und wo die Entwicklung hingeht: Davon handelt dieser Beitrag.

1. Definiton: Was bedeutet Social, Local, Mobile?

1.1 Social (sozial)
Der Mensch ist ein soziales Wesen, gewohnt in Gemeinschaft zu leben, zu agieren, Einfluss zu nehmen. Lernen findet in und über Gemeinschaft statt. Wir brauchen soziales Miteinander, um uns wohlzufühlen, um uns positiv entwickeln zu können. Social Networks stellen virtuelle Gemeinschaften dar.

1.2 Local (lokal)
Als Menschen leben wir an physischen Orten, in Städten, Gemeinden, in verorteten Gemeinschaften. Der Bezug zu uns bekannten Umgebungen lässt uns Vertrauen entwickeln und gibt uns Sicherheit. Ein sicherer Rückzugsort ist die Grundlage für unser Interesse an Neuem und für die Akzeptanz von Veränderung.

1.3 Mobile (mobil)
Im Zusammenhang mit diesem Buch scheint das Mobilgerät als vermutlich beste Näherung an das Thema. Mobil bedeutet aber auch die Möglichkeit, zu jedem Zeitpunkt an jedem Ort und in jedem Kontext Dinge ausführen und tun zu können.

2. Mobile als Brücke in eine neue (soziale, lokale) Realität

Wenn wir die vorherigen Definitionen betrachten, drängt sich das Mobilgerät als direkter Draht zum Individuum und als Bindeglied in die sozialen Netzwerke sowie die damit verbundene Möglichkeit, zusätzliche, kontextschaffende oder -ergänzende Informationen zu generieren, geradezu auf. Noch besteht aber eine zu große Diskrepanz zwischen dem, was die virtuelle Welt hervorbringt, und dem, was die Verbraucher an Grundwissen benötigen, um die Technologie zu nutzen - es entsteht ein exponentiell wachsendes Wissensdefizit.

Nur wenn es möglich wird, dass der Mensch das in der realen Welt Erlernte anwenden kann, wird er die Angst vor dem Unbekannten verlieren, und seine Neugierde auf Neues wird wachsen. Nur dann kann echter Dialog entstehen. Es gilt, die Erfahrungen aus der bestehenden Lebenszeit nutzbar zu machen, so dass Technologie auf natürliche Weise verstanden, bewertet und benutzt werden kann. Die meisten bisherigen Konzepte greifen hier leider zu kurz, weil sie zu vertriebsorientiert gedacht sind. Es herrscht immer noch vielfach die Auffassung: "Wenn ich nur laut genug trommle, erreiche ich genug Verbraucher." Dies führt in die Sackgasse. Es gilt die Richtigen mit den richtigen Botschaften am richtigen Ort zu erreichen und dabei auch noch ihr Vertrauen zu erlangen. Das aber kann nur gelingen, wenn die reale und virtuelle Welt stärker zusammenwachsen, eine schlüssige Verbindung eingehen.

2.1 Was macht eigentlich ein Mobilgerät aus?

Das Mobilgerät, heute häufig ein Smartphone, ist mittlerweile ein "Proxy", also ein Bindeglied, eine unmittelbare Schnittstelle zwischen Mensch und Realität. Diese kann virtueller oder realer Natur sein. Größe, Form und Funktion der Geräte sind zumeist durch physische Grundattribute des Menschen bestimmt. Solche Attribute sind etwa: die Größe der menschlichen Hand, unsere Fähigkeiten zur Hand-Auge-Koordination oder unser grundsätzliches Auffassungsvermögen. Als Bindeglied zwischen vielfältigen Sensoren, Software und Analysemethoden ist das Mobilgerät ebenfalls einer ständigen Transformation unterworfen. Es löst sich praktisch selbst auf. Als Beispiel seien die vielfältigen Formen wie Tablet, Phablet, in Kombination mit und ohne Stift, einfach- und doppelseitigen Displays und sogar die Verbindung mit digitalen Uhren und anderen Dingen des täglichen Alltags — etwa Wearables — herangezogen. Es geht letztlich immer nur darum, die besten, tauglichsten Kommunikationsmechanismen zu etablieren. Mit welchem Gerät und auf welche Weise das geschieht, ist zweitrangig.

Technik ergibt sich letztlich immer aus dem Bedürfnis, Mechanismen zu finden, um in immer besserer Weise den menschlichen Notwendigkeiten zu entsprechen. Die menschliche Physis als beschränkendes Element wird die Art und Weise, wie sich Handys entwickeln, weiterhin bestimmen. Wobei sich heute bereits Nanoroboter, die sich direkt in unserem Blutkreislauf befinden oder WiFi-unterstützte Kontaktlinsen, also unmittelbare Ergänzungen unseres Körpers, in direkter Reichweite befinden. Der Trend zum hybriden Menschen ist bereits wahrnehmbar und wird sich ohne Frage in stärkerer Weise in naher Zukunft ausprägen.

3. Angst als natürliche Hürde

Angst entsteht häufig, wenn es an Verständnis für etwas fehlt; wenn Zusammenhänge nicht erkannt werden können und wenn die persönlichen Abhängigkeiten damit unklar sind. Dadurch entsteht das Gefühl, dass das eigene Wohl in Gefahr ist. Dieser Urinstinkt ist extrem stark in uns ausgeprägt, denn nur so konnte uns die Evolution bis heute überleben lassen. Angst lässt uns entschlossen, aber auch irrational handeln und macht uns in vielen Fällen unkontrollierbar und wenig zugänglich.

Wie immer man es auch betrachten mag: Dieser zutiefst menschliche Mechanismus ist offenkundig keine gute Voraussetzung, um neuen Ideen Raum zu geben. Aber was bedeutet das mit Bezug auf unser Thema? Wenn wir den Verbraucher zu verstärkter Nutzung von Mobilgeräten, der freiwilligen Abgabe von persönlichen Daten und in den Dialog bewegen möchten, ist es zwingend notwendig, Aufklärung zu leisten. Wir müssen dem Menschen helfen, die Dinge zu verstehen. Es muss erkennbar sein, worum es geht, welche Auswirkungen das eigene Handeln mit sich bringt und warum in der Regel kein Grund zur Sorge besteht.

Nun ist dies leider einfacher gesagt als getan. Es geht nämlich nicht darum, aus jedem Nutzer einen IT-Experten zu machen. Es geht vielmehr um die Frage, welche Mittel zur Verfügung stehen, um Otto Normalverbraucher den Einstieg ins Verstehen zu gestalten. An dieser Stelle kann die Technik helfen. Es gilt, über die Hinzunahme von Technik geeignete Konzepte zu etablieren, die dem Endanwender erlauben, die eigene Lebenserfahrung zu nutzen. Das Gelernte aus der realen Welt kann so als Maßstab für die virtuelle Welt dienen.

Habe ich mir die Finger im realen Leben verbrannt, werde ich meine Hand nicht auf die virtuelle Herdplatte legen. Das Prinzip ist so simpel wie logisch, die Umsetzung jedoch durchaus vielschichtig und komplex. Doch hier liegt einer der Schlüssel für den Erfolg zukünftiger Strategien.

4. Was geschieht im Moment?

Der digitale Wandel der letzten Jahre hat zu einer grundlegenden Veränderung im Verbraucherverhalten geführt hat. Es ist eine Art elektrifiziertes kollektives Bewusstsein entstanden: Menschen nutzen die neuen Möglichkeiten, um sich online miteinander zu vernetzen, um in einer positiven Art und Weise fast synchron Dinge zu reflektieren. Das Gelernte auf der einen Seite wird automatisch zur Wissenskomponente auf der anderen, ohne dass jeder Einzelne sich Inhalte mühselig erarbeiten muss. So erschließt sich der Nutzer komplexe Sachverhalte in extrem kurzer Zeit. Der Einzelne kann Entscheidungen treffen, ohne dass er zuvor selbst fundierte Recherche betreibt.

4.1 Produkte und Marke werden unwichtig

Früher, in der „Vor-Social-Web-Zeit", haben die Unternehmen entschieden, welche Botschaften sie senden, und es war am Verbraucher, sich angesprochen zu fühlen oder nicht. Heute ist es tatsächlich so, dass sich die Unternehmen einer verbraucherseitigen, kollektiven Bewertung gegenübersehen und häufig gar nicht wissen, wie man damit umzugehen hat. Denn die Produkte werden nicht mehr gekauft, weil die Werbung so überzeugend wäre. Menschen kaufen Produkte, weil das Kollektiv eine positive Rückmeldung gegeben hat. Sie erkennen, ob das Produkt für sie relevant ist, ob es also ihr Problem löst, ohne es zuvor gesehen und ausprobiert zu haben. Produkt und Marke werden unwichtig. Relevanz und Inhalt im Kontext des Verbrauchers stehen jetzt im Mittelpunkt.

Diese Bildung von virtuellen Verbrauchergruppen hat zu komplexen Netzwerken mit einer nicht steuerbaren Eigendynamik geführt. Was die Wissenschaft als Emergenz bezeichnet – das Ganze ist mehr als die Summe der Teile –, macht die klassische Ansprache über Werbung fast unmöglich. Es gilt für die Anbieter, dies zu erkennen, um Marke und Produkt schnell und effizient auf die Änderungen einzustellen. Allerdings reicht es bei Weitem nicht aus, nur diese beiden Komponenten neu zu positionieren. Die immense Geschwindigkeit, mit der der Austausch unter den Nutzern stattfindet, macht eine Umgestaltung der inneren, operativen Prozesse notwendig. Ohne eine enge Verzahnung zwischen Verbrauchermarketing und den Planungsprozessen, ohne eine angepasste und leistungsfähige Kombination aus Mensch, Prozess und Technologie, kann die Anpassung nicht gelingen.

4.2 Einige Fakten

Die folgenden Statistiken sind dem Online-Magazin SearchMarketingDAILY[1] entnommen und geben Verbraucherrückmeldung aus den USA wieder, einem Land das im beschriebenen Bereich klar zu den Vorreitern gehört.

Etwa 87 Prozent aller Verbraucher sind der Überzeugung, dass ein personalisiertes Angebot die Chancen auf eine Steigerung weiterer Verkäufe deutlich erhöht. Von den teilnehmenden Konsumenten meinten weitere 75 Prozent, dass Amazon die fortschrittlichste Inhaltspersonalisierung zur Verfügung stellt, gefolgt von neun Prozent für Wal-Mart und acht Prozent für eBay.

Eines wurde in der Befragung sehr deutlich: Verbraucher erwarten vom Einzelhändler personalisierte Anzeigen und Inhalte. Diese helfen ihnen, die Dinge zu finden, nach denen sie suchen, wenn sie im Netz unterwegs sind. Eines wird daraus aber auch klar: Die Tatsache, dass Amazon bereits heute in der Lage ist, Massendaten für die Personalisierung zu verarbeiten, setzt andere Einzelhändler unter großen Druck. Denn im Prinzip wird die folgende Botschaft verbreitet: „Lieber Konsument, ich habe, was Du suchst, und ich habe es bereits für Dich herausgesucht, damit Du es anschauen kannst."

Da vielen Einzelhändlern schlicht die Daten für eine Personalisierung fehlen, bleibt ihnen nichts anderes übrig, als in groben Verbrauchergruppen und -Segmenten zu agieren, anstatt den Eins-zu-Eins-Dialog zu etablieren. Dies wird mittelfristig zum Problem, weil der Kunde die persönliche Note, die er von Amazon, Google und anderen gewohnt ist, nun auch von allen anderen verlangt.

4.3 Der Echtzeit-Kontext als Lösung

Wenn sich ein Echtzeit-Kontext um den Verbraucher aufspannen lässt, wofür spezifische Daten und deren Analyse wichtig und stimmig sein müssen, ist meine Realwelt an die virtuelle Welt angekoppelt. Dann habe ich das Ohr des Kunden, und dann kann ich liefern (wenn meine Prozesse dafür sorgen, dass ich liefern kann). Aber auch hier gilt es, den Prozess zu Ende zu denken. Denn Lieferung allein reicht nicht. Die Erfahrung muss ebenfalls stimmen.

5. Des Pudels Kern

In unseren gegenwärtigen Wirtschaftssystemen ist folgende Gesetzmäßigkeit die ökonomische Grundlage für jedes Unternehmen dieser Welt:

Unternehmen sind auf Wachstum ausgerichtet. Sie müssen wachsen, um am Markt bestehen zu können.

Dieses Wachstum in schwierigen, weil dynamischer werdenden Märkten nachhaltig zu gestalten, fordert Unternehmen in dieser neuen Zeit in zunehmendem Maße heraus. Eine Schlüsselkomponente in diesem Zusammenhang ist die Notwendigkeit, sich vom Mitbewerber abzuheben, verbunden mit dem Wunsch, den Zielkunden langfristig an die Marke und damit das Unternehmen zu binden. Um dies zu erreichen, kommen klassischerweise Marketing- und Kommunikationsmaßnahmen ins Spiel. Webseiten werden auf mobile Tauglichkeit umgebaut. Es werden dem Verbraucher schon jetzt mehr Apps an die Hand gegeben, als dieser sinnvoll verwalten, geschweige denn einsetzen kann.

[1] http://www.mediapost.com/publications/article/259860/amazon-strengthens-its-position-as-first-search-de.html?utm_source=newsletter&utm_medium=email&utm_content=headline&utm_campaign=86766

Der Wunsch der Unternehmen ist hierbei klar. Es mangelt jedoch häufig am geeigneten Konzept für die Umsetzung. Erschwerend kommt hinzu, dass der Verbraucher in der Regel nur über relativ wenig technische Kompetenz verfügt und auch keine Lust verspürt, seine Lebenszeit für die Beseitigung eines von ihm selbst ohnehin so nicht wahrgenommenen Mangels aufzuwenden. Im Ergebnis bleibt allzu oft für den potentiellen Kunden Verwirrung, Überforderung oder sogar Angst. Für die beteiligten Unternehmen wird im besten Fall Unternehmenskapital nutzlos eingesetzt, ohne die Möglichkeit der Rekapitalisierung.

5.1 Was bedeutet das in der Konsequenz?

Wenn mit mobilen Strategien, mobiler Optimierung und App-Entwicklung lediglich Kapital verschwendet wird, könnte die Konsequenz ja schlicht lauten, darauf zu verzichten. Aber so einfach ist es dann eben doch nicht. Unternehmen müssen sich weiterentwickeln und auf die Bedürfnisse der Nutzer einstellen, denn die gegenwärtigen Entwicklungen sind wesentlicher Bestandteil der stattfindenden Evolution. Allerdings gilt es, von vornherein ein möglichst vollständiges und auf das jeweilige Unternehmen und den Marktplatz zugeschnittenes Konzept zu entwickeln. Es geht letztlich um die Schaffung einer geeigneten Erfahrungswelt, gerne auch User Experience oder kurz UX genannt: eine Welt die sich flexibel am Interessenskontext des Individuums orientiert, dessen Fragen aufnimmt und beantwortet, Wünsche und Trends antizipiert und als Produkt vordenkt. Dabei muss sie stets den unmittelbaren, direkten Kontakt zum Kunden unterhalten. Auf diese Weise kann einerseits das notwendige Vertrauen in die Marke entstehen, und es können andererseits am Bedarf orientierte Produkte entwickelt werden.

6. User Experience: Die Instrumente

Im Folgenden finden Sie einige Mittel[2], um eine wie oben beschriebene Anmutung für den Verbraucher zu gestalten. Die Qualität der Ergebnisse hängt davon ab, auf welche Art und Weise die Daten erhoben, verarbeitet, gespeichert, verknüpft und analysiert werden. In allen Fällen ist ein hohes Maß an Kenntnissen in unterschiedlichen Bereichen (Technik und Fachwissen) und in Kombination notwendig, bevor man von aktionierbaren Mitteln sprechen kann.

- **Verbraucherdaten aus unterschiedlichen Quellen wie zum Beispiel vom Point of Sales (POS, also der Kasse), Kunden- oder Treuekarten, die in Kombination mit Verbraucherbewertungen von Online-Portalen und den mannigfaltig erhobenen demographischen Daten.** Diese lassen ein durchaus komplettes Bild entstehen. Durch ständig besser werdende Algorithmen und fast unbegrenzt zur Verfügung stehende Rechnerleistung kann auch der stark schwankenden Datenqualität begegnet werden. Alle diese Daten ermöglichen die Datenauswertung fast in Echtzeit, ohne die eine kontextbasierte Personalisierung nicht möglich ist. Hierfür muss nicht nur der Verbraucher mit seinem im Moment konkreten Wunsch explizit definiert werden. Es gilt auch kritische Komponenten wie Zeit, Ort und Situation mit einzubeziehen. All dies liefert weit mehr Informationen als mit klassischen Methoden der Zielgruppenanalyse möglich wäre.
- **Onlinemaßnahmen wie dynamische, adaptive und Geschichten erzählende Webseiten.** Nicht die statische Präsentation der Marke oder des Unternehmens steht hier im Vordergrund, sondern auf den Verbraucherkontext abgestimmte Inhalte. Diese nehmen Alltagsprobleme auf und bieten Lösungen auf Basis des eigenen Produktes.

[2] *Die Auflistung erhebt keinen Anspruch auf Vollständigkeit.*

- **Soziale Netzwerke.** Diese helfen beim Aufbau und der Sicherung eines idealerweise ständig wachse den Kundenstamms - einer Fanbase. Geschickt genutzt, lassen sich hier Multiplikatoren, Markenbotschafter etablieren, die uneigennützig und aus Überzeugung das Unternehmen oder die Marke vertreten. Vertrauen wird über Referenzen aufgebaut.
- **Mailings und Direktmarketing.** Diese Werkzeuge werden immer noch häufig eingesetzt und sind, wenn richtig gestaltet, auch weiterhin zielorientiert. Sie sind hilfreich als Mittel für den Dialog und für die Erstkontaktaufnahme. Allerdings besteht auch hier seit einiger Zeit die Notwendigkeit zur Personalisierung.

Mittendrin und überall dabei: das Mobilgerät als direktes und omnipräsentes Informations- und Kommunikationsinstrument zum und mit dem Verbraucher. Es ist das Bindeglied zwischen Social, Local und Mobile.

Die Herausforderung besteht nun darin, die ersten positiven Ansätze von Personalisierung durch immer besser integrierte und reifere Konzepte zu erweitern, jedoch ohne hierbei das Gefühl der Verletzung von Privatsphäre und Angst zu schüren. Dabei besteht die Schwierigkeit vor allem in der Komplexität der notwendigen Analysen sowie in der Tatsache, dass verschiedene Menschen die Grenzen zwischen Personalisierung und dem, was sie als Spionage empfinden, sehr unterschiedlich setzen. Die eben noch gewollte Personalisierung in Form eines zutreffenden Angebotes wird auf einmal als Eingriff in die Privatsphäre betrachtet und entsprechend geahndet - Stichwort: #shitstorm.

7. An der Schnittstelle der Welten

Wir sind nun also in der Lage, mit unseren potentiellen Kunden zu kommunizieren. Über die gespeicherten und analysierten Daten lernen wir jeden Tag mehr über deren spezifische Vorlieben. Wie aber lässt sich für die Nutzer eine nachhaltige Erfahrung gestalten, die nicht nur virtuell ist, sondern sich anfassen, bewerten und begreifen lässt – eine Erfahrung die denen aus der realen Welt nicht nachsteht und damit spannend und gleichzeitig motivierend bleibt?

Dazu muss man wissen, wie heutige Nutzungszenarien typischerweise aussehen. Lassen sie uns dazu ein Beispiel betrachten.

1. Das Individuum ist passionierter Läufer und schwitzt häufig. Da dies zum Teil als unangenehm empfunden wird, kommt die Frage nach bestmöglichem Umgang mit der Situation auf. #Context
2. Als Mitglied einer Community stellt unser Nutzer seine Frage an Gleichgesinnte und erhält eine ganze Reihe von guten Tipps. Darunter ist auch der Hinweis auf geeignete Laufhemden von spezifischen Marken. Da diese bereits durch die vertraute Nutzergruppe bewertet wurden, sind die wesentlichen Informationen vorhanden. **#Social, #Mobile**
3. Unsere Läuferin gibt den Produktnamen in eine Suchmaschine ein und landet auf einer Website. Hier gibt es neben Preis und Produktbeschreibung mit den dort vorhandenen Produktbewertungen eine weitere Möglichkeit die Rückmeldung der Community zu überprüfen. **#Social, #Mobile**
4. Die Entscheidung wird gefällt, das Produkt zwischendurch, unterwegs oder am Arbeitsplatz, mit dem Smartphone bestellt. Der erste Schritt ist getan. **#Mobile**
5. In Folge kommuniziert der Versender die Ankunftszeit an den Besteller (beispielsweise per SMS), während dem Kunden gleichzeitig alle Mittel für eine Meinungsänderung gegeben werden. Die Botschaft: "Du hast dich umentschieden? Kein Problem, schicke die Ware zurück. Du bist uns als Kunde langfristig wichtig." Denn für das Unternehmen zählt nicht der einzelne Verkauf, es sind die Verkäufe über die Zeit – und diese sind sehr davon abhängig, wie die Community den Service und die Dialoge

mit dem Anbieter bewertet. Selbst große Fast-Food-Ketten bewerten ihre Verbraucher nicht am einzelnen Einkauf, sondern über die Summe eines Jahres. **#Mobile**

6. Der Artikel kommt an, unser Nutzer probiert, mag ihn und meldet dies zurück. Er/sie ist enttäuscht und kommuniziert dies ebenfalls. **#Social, #Mobile**

Alle die beschriebenen Schritte erzeugen schon heute Unmengen an Daten und liefern für die Personalisierung wichtige Einblicke. Der beispielhafte Ablauf ist aber zumeist noch stark virtuell getrieben. Wie ließe sich das obige Szenario also stärker in die Realwelt bringen?

1. **#Kontext** - keine Änderung
2. ... zunächst alles wie gehabt - **#Social, #Mobile** Doch zusätzlich könnte die Fragestellun über eine geschickte Verbindung zwischen Community und lokalem Händlernetz direkt an den Händler in der Nähe weitergeleitet werden. Bereits jetzt sind viele Händler direkt in sozialen Netzwerken aktiv. Das ist aber nicht gemeint, Gemeint ist hier die transparente Verschmelzung des Kommunikationskanals über Technik. Das Handelssystem bietet nun geschickt eine Lösung an. Hierbei ist extrem wichtig keine Hürden aufzubauen. **#Social, #Mobile, #Local**
3. ... auch an dieser Stelle nichts wesentlich Neues - **#Social, #Mobile** Doch auch hier wäre mit einigem Aufwand eine zusätzliche lokale Einkopplung zu bewerkstelligen. Solche Ansätze gibt es bereits: zum Beispiel das Angebot von Laufgruppen seitens des spezialisierten Einzelhandels. Das schafft Community, Verbindung, Vertrauen und stärkt die Bindung zum Ort. **#Social, #Local**

Wenn Punkt 2 und 3 funktionieren, wird der Einkauf beim lokalen Händler des Vertrauens stattfinden. **#Social, #Local**

1. **#Mobile** - keine Änderung
2. **#Local** - keine Änderung
3. **#Social, #Mobile, #Local** – keine Änderung

Entscheidend ist es, sich über die einzelnen Mechanismen klarzuwerden. Nur wenn der vollständige Ablauf verstanden ist, lassen sich die Brückenbereiche definieren und konstruieren. Es gilt, gesamtheitlich und übergreifend zu denken. Probleme werden zu Nebenbedingungen einer Gleichung, die Kunden und Marke über neue Wege verbindet.

8. Die technischen Mittel für Lokalisierung und Personalisierung
Wie entscheidend es ist, Echtzeitkontext zu schaffen, und zwar mittels Erhebung von Zusatzinformationen wie Zeit, Situation und Lokation, haben wir bereits erörtert. Lassen Sie uns dazu einmal die derzeit bestehenden technischen Möglichkeiten, deren Einsatzbereiche und Einschränkungen zu betrachten.

8.1 Lokationstechnologien in freier Wildbahn
- **GPS:** Der Klassiker, das Global Positioning System oder die Satelliten-basierte Ortung, erlaubt die relativ genaue Verortung eines Individuums auf der Erde. Jedes halbwegs moderne Mobilgerät ist heutzutage mit einem leistungsfähigen Chip ausgestattet.
- **WiFi:** Die Verfügbarkeit von Wireless-Netzwerken, Routern oder auch Access Points im Umkreis kann als Navigations- und Verortungshilfsmittel herangezogen werden. Auch wenn der Grad der Präzision nicht so hoch wie bei der GPS Nutzung liegt, so ist sie für die Schaffung zusätzlicher Kontextinformationen durchaus hilfreich und wird heute bereits gern genutzt.

- **Geo-Suche:** Suchvorgänge und Suchbegriffe sind relativ genaue Determinanten des Standorts, beziehungsweise des Benutzerstandorts. Informationen wie Stadt, Land oder Postleitzahl im Zusammenhang mit zum Beispiel Wetter oder Restaurantanfragen lassen brauchbare Rückschlüsse zu.
- **Carrier IP oder Telefonanbieter ID:** Diese identifiziert ein Endgerät nicht zwingend nur gegenüber dem Provider. Die Information lässt sich auch in anderer Weise sinnvoll nutzen. Wenn auch nicht zwingend extrem präzise, handelt es sich um eine sehr konsistente Informationseinheit, die gerne als Benutzer-ID verwendet wird.
- **Registrar Information:** Diese erlaubt eine grundsätzliche Verortung des Benutzers über die verfügbaren Geo-Informationen des jeweiligen Provideranschlusses.
- **Inhaltsbezogenene, lokationsbasierte Information:** Sie geht von einer gewissen Anwendernähe zum lokalen Inhalt aus. Dies wären zum Beispiel Inhalte einer lokalen Zeitung oder andere nur lokal relevante Informationen im Internet.
- **Beacons:** Dies ist ein Instrument mit bekannter Lokation und der Möglichkeit zur direkten Verknüpfung mit Inhalten. Im Kern geht es um ein bereits seit längerem bekanntes Kommunikationsprotokoll, welches als Grundlage die in allen modernen Smartphones verbauten Bluetooth-Empfänger nutzt. Um die von Beacons im Nahbereich ausgestrahlten Informationen zu empfangen, braucht das mobile Gerät – Handy oder Tablet – die passende App, und bei dieser muss darüber hinaus vom Anwender noch die Benachrichtigungsfunktion freigeschaltet werden. Der interessierte Leser sei an dieser Stelle auf einen detaillierteren Artikel[3] zu dem Thema hingewiesen.

8.2 Einsatzmöglichkeiten und Wertschöpfung aus Unternehmenssicht

Doch welche konkreten Einsatzmöglichkeiten im Sinne unseres Ziels lassen sich nun daraus ableiten, und welche Wertschöpfung ist erreichbar?

Zumeist finden die aufgezeigten Techniken ihren Einsatz bei Marketing-Maßnahmen im Bereich des Benutzer-Targeting, beispielsweise innerhalb von Marken-Kampagnen. Bei letzteren geht es in der Regel primär darum, die Markenaffinität oder die Loyalität zur entsprechenden Marke zu erhöhen. Ziel ist es also nicht in erster Linie, den Benutzer direkt zum Kauf zu bewegen. Insofern werden die aufgeführten Lokationsinformationen genutzt, um Nachrichten an Nutzergruppen in spezifischen Regionen zu verteilen. Ein hohes Maß an Präzision ist bei dieser Art der Anwendung nicht notwendig.

Natürlich ist die Kombination aus lokaler Verortung über zum Beispiel Geo-Suche, Carrier-Info und der Einsatz von Beacons denkbar und sinnvoll. Letztere gestatten nicht nur die präzise Informationsvermittlung, sie sind mittlerweile auch von jedem Mobilgerät empfangbar.

Eine in diesem Zusammenhang auftretende Hürde ist derzeit allerdings die Tatsache, dass für jeden Anwendungsfall eine weitere, spezialisierte App benötigt wird und das führt zur Überforderung des Anwenders. Dieses Dilemmas werden sich die Ersteller von Mobilgerätbetriebssystemen über kurz oder lang annehmen müssen. Meine Vision an dieser Stelle ist relative klar: es wird zur App as a Service kommen. Hierbei stellen Apps nur noch spezielle Funktionen zur Verfügung. Wie und auf welche Weise diese dem Benutzer angeboten werden, wird stark vom Nutzungskontext abhängen und deshalb vom Betriebssystem definiert sein. Ähnliches geschieht bereits in der Interaktion eines Sprechers mit digitaten Assistenten wie Siri, Alexa und Cortana.

Aber zurück zum Punkt. Ein weiterer Einsatz für präzisere Lokationsinformationen, etwa aus GPS oder WiFi Spots, durchaus auch wiederum in Kombination mit Beacon-Technologie, sind alle Aktivitäten, die Social Sharing und/oder Markenaktivitäten unterstützen wollen. Wenn ich den physischen Standort meines Kunden kenne, kann ich ihm gezielt Inhalte zur Verfügung stellen, die ihm dort nützlich sind. Ich kann zudem Anreize für soziale Interaktion schaffen. Hier kann ich auch direkte Kaufanreize vor Ort bieten, etwa über Rabattkonzepte und Couponaktionen. Die aufgezählten Beispiele finden in der eine oder anderen Art bereits seit Jahren ihre Anwendung.

Wann immer direkte Informationen wie die Lokation innerhalb einer Kampagne eine Rolle spielen, sollten sich die Verantwortlichen allerdings auch über die Tatsache im Klaren sein, dass der Verbraucher jederzeit die Möglichkeit hat, seinen Standort nicht preiszugeben. In diesem Zusammenhang gilt es, die verschiedenen Möglichkeiten zur Sicherung der Privatsphäre auf Seiten des Konsumenten im Blick zu halten und in das jeweilige Kommunikationskonzept einzuarbeiten.

Auf den Punkt gebracht gilt folgendes: Je präziser ein Vermarkter in der Lage ist, die Bedürfnisse und Denkmuster der Verbraucher zu verstehen und vorherzusagen, desto besser kann er entscheidende Kaufanreize in den Momenten geben, in denen die Wahrscheinlichkeit für einen Einkauf oder die Nutzung einer Dienstleistung am größten ist. Auch Nachrichten werden besser auf die Verbraucher abgestimmt, wodurch sich wiederum Qualität der Kampagnen drastisch verbessern lässt. Eine zeitnahe und relevante Nachricht, die das Bedürfnis des Kunden aufnimmt und die im Moment der Entscheidung erscheint, wird die Wahrscheinlichkeit eines Einkaufs erhöhen.

8.3 Nutzung aus Verbrauchersicht

Von der Verbraucherseite aus betrachtet, sieht das Bild so aus: Die zuvor genannten Daten werden erzeugt, indem beispielsweise auf dem Mobilgerät nach Örtlichkeiten gesucht oder die Routenplanung genutzt wird. Nutzer von sozialen Netzwerken reichern ihre Postings mit der Angabe ihrer Position an, indem sie sich beispielsweise mittels Location Based Services oder in Facebook-Orte einchecken.

Warum verhalten sich Menschen so? Zum einen schaffen die Anbieter von Technologie, also etwa die Entwickler von Smartphones, immer mehr Möglichkeiten, sich zu verorten. Zum anderen teilen offenbar Benutzer sehr gerne ihrem sozialen Umfeld mit, wo sie sich gerade befinden. Über letzteres sollten wir einmal nachdenken, weil es sich auch hier um ein sehr realweltliches Phänomen handelt. Wir leben eben nicht in der virtuellen Welt, sondern in unserer Stadt, unserem Block, in unserer Gemeinde - wir sind soziale Wesen. Und genau hier können neue Möglichkeiten der Kommunikation entstehen.

Abschließend wäre das "Geosocial Networking" - frei übersetzt geosoziales Netzwerke(n) - als weiterer, in Teilen die bereits aufgeführten Mechnismen nutzend, zu erwähnen. Auch hierbei geht es im Kern um die Gestaltung virtueller Bereiche unter Berücksichtigung der Position. So lassen sich Menschen in unmittelbarer Nähe in Netzwerke einbinden, Veranstaltungen kommunizieren und finden und vieles mehr. Die Nutzerinteraktion wird hierbei primär im der Kontext der aktuellen Umgebung definiert. In einem Artikel der adweek[4] von 2012 ist in diesem Zusammenhang zu lesen, dass heutige Nutzer etwa zehnmal mehr Kontakte pflegen als noch deren Eltern.

[3] http://upload-magazin.de/blog/8511-ibeacon-und-die-zukunft-des-einkaufens/

9. Welche Veränderungen werden in der Zukunft möglich?

Wenn man die derzeitigen durch Technologie ausgelösten Veränderungen betrachtet, wird schnell klar, dass es den Unternehmen im Kern zunächst darum geht, Aufwand zu reduzieren – Zeit und Kosten. Bei Unternehmen stehen meistens primär wirtschaftliche Interessen im Mittelpunkt. Zur Veranschaulichung einige Szenarien, die sich ergeben können, wenn man die bestehenden Möglichkeiten nur ein klein wenig weiter denkt.

9.1 Beispiel Einzelhandel: Einkauf der Zukunft

Es geht um Ware, Verfallsdaten, Lagerraum und Kosten. In wenigen Jahren werden sich alle diese Dinge wegreduzieren und in die virtuelle Welt verlagern, mit entsprechend anderen Prozessen und zu anderen Kosten. Schon heute können durch Online-Shops und Online-Verkauf andere Lager- und Lieferkonzepte, zu wirtschaftlich deutlich besseren Konditionen, ermöglicht werden. Das Mobilgerät ist hier einmal mehr das Schlüsselinstrument. Es wird beim Einkauf der Zukunft eine wesentliche Rolle spielen. Indem es die Bestandsliste des Kühlschranks kennt, die Geschmacksvorlieben[5] der Familienangehörigen, Zeiten und Abläufe, wird es zum Vermittler zwischen den Welten, dem digitalen Butler. Die simple Frage: „Was sollen wir heute essen?" wird in Zukunft gezielt Rezepte hervorbringen, diese in Abhängigkeit der Personen in der Quantität berechnen und den entsprechenden Einkauf der fehlenden Artikel auslösen. Ein weiteres sehr aktuelles Szenario gibt es von einem der größten Suppenhersteller der Welt - Campbell's Soup - in Kombination mit Amazon's Alexa Smartdevice[6].

Heute nehmen wir in der Obst- und Gemüseabteilung Bananen, Äpfel und Birnen in die Hand. Bald schon wird man vermutlich ein hochaufgelöstes Bild und einen entsprechenden QR-Code mit dem Handy aufnehmen und den Einkauf darüber abwickeln. Kleinigkeiten sind hierbei noch zu lösen So ist es der Mensch gewohnt, Dinge über das physische Anfassen zu bewerten - die Haptik spielt also eine wesentliche Rolle. Damit reicht es nicht aus, im Webshop nur das Foto einer Banane zu sehen. Der Technik muss es gelingen, diese auch fühlbar zu machen. Stellen sich einmal vor, das Gehäuse Ihres Smartphones bestünde nicht aus Aluminium oder Kunststoff, sondern aus einem Material, das wahlweise die Oberflächenstruktur eines jeden Körpers annehmen kann. So kann es die Haptik eines jeden Körpers einfach und zielgerichtet transportieren, sich also wahlweise wie eine Nuss, Banane oder Birne anfühlen. Das liest sich vielleicht auf den ersten Blick utopisch. Tatsächlich sind wir solchen Szenarien schon viel näher, als viele wissen.

9.2 Beispiel Gesundheitssektor: die intelligente Unterhose

Heute gehe ich zum Arzt, wenn ich mich unwohl fühle. In Zukunft werde ich Kleidung tragen, die mich auffordert, zum Arzt zu gehen. Der Termin hierfür wird automatisch vereinbart und in meinem Kalender eingetragen. Bei Bedarf kann zunächst auch nur eine Live-Konferenz mit dem behandelnden Arzt stattfinden. Schon heute gibt es erste Konzepte, welche die über Mobilgeräte erhebbaren Vitaldaten direkt mit einem dynamischen Versicherungsmodell koppeln.

In nicht allzu ferner Zukunft tragen wir Unterwäsche, über die der Arzt oder die Versicherung unsere Vitaldaten abfragen kann. Die Nutzung und die damit einhergehende Veränderung unterliegen ab diesem Zeitpunkt nur noch unserer Vorstellungskraft. Erste Konzepte mit Bewegungssensoren am Handgelenk wurden bereits eingeführt und werden teilweise sogar von der Krankenkasse bezahlt.

---

[4] http://www.adweek.com/socialtimes/geosocial-networking-whats-in-it-for-the-user/90731

In allen Fällen aber gilt, dass dies nur gelingen kann, wenn beide Seiten das deutliche Empfinden haben, dass sie profitieren, und wenn es gelingt, schnell und unaufwändig zusammenzukommen.

Das Interesse der Nutzer an solchen Neuerungen scheint jedenfalls vorhanden zu sein. In sozialen Netzwerken werden bereits heute Diagnosen ausgetauscht und diskutiert. Ein Beispiel dafür ist die "Quantified Self"-Bewegung, in der Menschen alle nur erdenklichen körperlichen Daten erfassen und auswerten[7]. Es kommt zu direkten Bewertungen von Institutionen wie Händlern, Ärzten, Gesundheitseinrichtungen, Versicherungen und vielem mehr. Menschen nutzen das Instrument Mobilgerät nicht nur für die Eigendiagnose und die damit verbundene Recherche. Das soziale Netzwerk liefert die notwendige Untermauerung. Unser Handy kann alles Weitere erledigen, von der automatischen Terminvereinbarung bis hin zur Routenplanung zum im Kalender verwalteten Termin.

Selbst die bereits heute vorhandenen Möglichkeiten, die die Technologie bietet, sind noch lange nicht ausgeschöpft. Das gilt sowohl für die Nutzung durch den Verbraucher als auch für die Services, die Unternehmen damit verknüpfen könnten.

10. Die dunkle Seite der Macht

Wo Systeme von Menschen erdacht und erstellt werden, entstehen Schwachstellen. Wenn Schwachstellen auftauchen und menschlicher Egoismus im Spiel ist, dann kommt es auch zu negativen Auswirkungen. So sehr wie Betrug im realen Leben ein Bestandteil ist, genau so ist er auch in der virtuellen Welt vorhanden – von einfachen Betrügereien über komplexe Attacken auf den heimischen Rechner bis hin zum Identitätsdiebstahl. Die Auswirkungen sind mitunter nur ungleich dramatischer und der Umgang damit um einiges komplexer als in Vor-Internet-Zeiten.

Deswegen arbeiten die Anbieter von Technologie an Schutzmechanismen. Aber nur wenige dieser Mechanismen greifen im Augenblick wirklich. Noch viel gibt es zu tun. An dieser Stelle besteht wohl der größte Aufklärungsbedarf, um dem entstehenden Markt nicht in der Frühphase die Energie zu entziehen. Hier ist der wohl kritischste Einsatzbereich in der Aufklärung des Endanwenders zu sehen. Dieser muss voll und ganz in der Lage sein, seine Geschicke zu lenken und seine Daten zu kontrollieren, ohne in ständiger Angst vor Diebstahl, Betrug und Missbrauch zu leben. Die Zeit wird zeigen, inwieweit hier Technologie einen Fortschritt bringen kann. Aus Sicht des Unternehmens ist es wichtig, diese andere Seite stets im Auge zu behalten und in den zu etablierenden Konzepten zu verankern.

11. Fazit

Für Unternehmen gilt es zu erkennen, dass die derzeitigen Veränderungen bestenfalls den Anfang einer massiven Umwälzung bedeuten und dass es an ihnen liegt, ob sie die Verbraucher mit über die Brücke in eine neue Realität nehmen können, oder ob sie sie bereits am Weg verlieren. Doch wohin wird die Entwicklung gehen? Jeder Trend, wie positiv auch immer er sein mag, ist zunächst immer nur ein Versuch, eine Neuerung zu etablieren. Erst die Zeit zeigt, ob sich eine neue Technologie, ein neues Angebot durchgesetzt hat, ob vielleicht sogar eine Verhaltensänderung bei den Nutzern eingetreten ist. Für neue Ideen bestehen hohe Freiheitsgrade.

---

[5] *Es gibt erste tragfähige Konzepte das menschliche Geschmacksempfinden zu digitalisieren. Das amerikanische Unternehmen Vivanda hat Flavor'Print(R) unlängst vorgestellt. Hierbei wird die persönliche Preferenz durch 33 Aromen und 17 Texturen ausgedrückt. (Offenlegung: Der Autor dieses Beitrags ist an dem Unternehmen beteiligt.)*

[6] *http://adage.com/article/cmo-strategy/campbell-s-ready-serve-recipe-ideas-amazon-echo/300812/*

Doch dabei muss sehr sensibel darauf geachtet werden, ob und wie die Anwender Schritt halten können. Der Anwender, der Kunde ist es, der in diesem Ökosystem die Evolution verkörpert. Er entscheidet über die Fortschreibung oder den Untergang einer neuen Technologie.

Wenn dies verstanden ist, werden wesentliche Notwendigkeiten schnell klar. Der Grundgedanke bei allen Aktionen (Marketing, Kommunikation, Planung ...) sollte immer vom Streben nach Langfristigkeit, Nachhaltigkeit und allseitigem Vorteil geprägt sein. Wer nach schnellem Gewinn strebt, wird untergehen. Ein einmal beschädigter Ruf lässt sich eben nur schwer wieder herstellen. Verspieltes Vertrauen ist nicht so leicht zurückzugewinnen. Fast scheint es so, als wenn alte Tugenden aus der Echtwelt in der virtuellen Welt eine wahre Renaissance feiern.

[7] http://qsdeutschland.de

2. PLATTFORMEN, INHALTE, SERVICES

2.1

Aus der Praxis: Tipps und Tricks für den Alltag in den beliebtesten Social Media-Kanälen

Paul Baumann

An irgendeinem Punkt stehen Sie vor dem Schritt, die erarbeitete Social Media-Strategie in der Praxis umzusetzen. Oder Sie sind schon länger im Social Web aktiv und der Erfolg stellt sich bisher nicht ein? Meine praktischen Tipps sollen dabei helfen, mit diesen Herausforderungen umzugehen. Ich gebe dabei kanalübergreifende Tipps für die aktuell meisten unternehmenrelevantesten Kanäle: Facebook, Instagram und YouTube.

Auch die besten praktischen Tipps können eine Social Media-Strategie aber natürlich nicht ersetzen. Bevor man startet sollten Sie sich ganz genau überlegen, wie Sie mit Ihrem Unternehmen warum und auf welchen Kanälen aktiv werden möchte. Wenn hier bei der Strategie Fehler gemacht werden, kann auch eine perfekte praktische Exekution diese nicht korrigieren. Umgedreht kann eine gute Strategie nur erfolgreich sein, wenn die Kanäle operativ korrekt bedient werden.

1.1. Kanalübergreifende Tipps

1.1.1. Informiert bleiben und vernetzen

Bei allen Tipps in diesem Kapitel dürfen Sie nicht vergessen: Kaum ein Bereich ändert sich so schnell wie das Social Web. Wenn man dort beruflich aktiv ist, muss man sich proaktiv über Neuerungen informieren und vor allem auch viel ausprobieren, lernen und besser machen. In der Liste auf dieser Seite habe ich einmal aus meiner Sicht gute Informationsquellen für die tägliche Recherche aufgelistet.

Art	Quelle	Link
Blog	mobile zeitgeist	www.mobile-zeitgeist.de
Blog	allfacebook	www.allfacebook.de
Blog	Facebook Marketing Blog	www.thomashutter.com
Podcast	BVCM Social Media Podcast	www.bvcm.org/category/podcast/
Podcast	mobile zeitgeist Podcast	www.mobile-zeitgeist.com/?s=Podcast
Verzeichnis	Barcamps Verzeichnis	www.barcamps.net
Verband	BVCM	www.bvcm.org

Zudem sollten Sie die extreme Vernetzungsfreudigkeit der Social Media-Branche für sich nutzen und sich mit anderen vernetzen, die vor denselben Herausforderungen stehen wie Sie. In allen großen Städten gibt es beispielsweise regelmäßige Social Media Stammtische. Der Bundesverband für Community Management (www.bvcm.org) ist hier eine gute erste Anlaufstelle. Auf der Webseite findet man auch einen Kalender mit vielen Stammtischen. Auch der Besuch von Barcamps ist empfehlenswert, da man hier sehr gute Kontakte knüpfen sowie viele offene Erfahrungsberichte aufnehmen kann. Es gibt zudem zahlreiche Facebook-Gruppen, in denen sich Social Media Manager austauschen und über Ihre Erfahrungen offen berichten. In diesen Gruppen kann man auch häufig Fragen stellen und findet Ansätze zur Problemlösung.

1.2 Kanalübergreifend: Community Management - das Herzstück jeder Social Media-Strategie

Ein gutes Community Management ist mein erster Tipp, der für alle Kanäle gleichermaßen gilt. Sie können nicht erwarten, dass Kunden für Ihre Botschaften empfänglich sind – wenn Sie sich nicht für die Botschaften der Kunden interessieren. Die Frage, wie Sie auf die Fragen und Kommentare Ihrer Nutzer reagieren, ist also eine der zentralen Fragen in der Praxis. Folgende Dinge sollte man beim Community Management in der Praxis beachten.

- Legen Sie eine gemeinsame Tonalität und Regeln für die Beantwortung der Kommentare fest. Wie sollen die Mitarbeiter reagieren? Wie werden die Kunden angesprochen? Welche Tonalität wird verwendet? Diese Regeln sorgen auch dafür, dass auch bei mehreren Mitarbeitern eine gemeinsame Sprache gesprochen wird. Beachten Sie dabei die Konventionen des jeweiligen Netzwerks.
- Definieren Sie Ansprechpartner aus den verschiedenen Bereichen, zu denen Fragen auftauchen können. Informieren Sie diese Ansprechpartner über die speziellen Anforderungen von Social Media-Kundenservice (beispielsweise die schnellen benötigten Reaktionszeiten) und pflegen Sie das Netzwerk dieser Ansprechpartner.
- Auch positives Feedback ist Feedback. Geben Sie nicht nur Kritik oder Fehler an die internen Kollegen weiter, sondern auch positive Anmerkungen. Das führt zu einer höheren Verbindung zu den Social Media-Kanälen und sorgt auch dafür, dass die nächste vielleicht kommende Kritik dann ernster genommen wird.
- Schaffen Sie Eskalationswege und Systeme, die Ihnen ermöglichen, bei dringenden Fällen schnell und jederzeit Antworten zu erhalten.
- Die Arbeit eines Community Managers ist eine besondere Herausforderung. Im Gegensatz zum klassischen Kundenservice ist die Unterhaltung zugänglich für die gesamte Öffentlichkeit und das führt zu einem hohen Druck für Mitarbeiter - und bedeutet eine besonders hohe Wichtigkeit guter Qualität beim Beantworten der Fragen. Führen Sie daher regelmäßige Feedbackrunden durch, die einen offenen Dialog über schwierige und positiv gelaufene Konversationen ermöglicht und die Mitarbeiter dazu bewegt, das mögliche Wirken von Antworten und Reaktionen regelmäßig zu reflektieren.
- Definieren Sie Regeln, ab welchem Punkt eine Unterhaltung aus der Öffentlichkeit in einen eins-zu-eins-Dialog gelagert werden muss. Spätestens wenn Kundendaten ausgetauscht werden ist dies wichtig und auch rechtlich notwendig. Schaffen Sie Möglichkeiten, diesen privaten Dialog für den Kunden möglichst einfach zugänglich zu machen, beispielsweise über die private Nachrichtenfunktion des jeweiligen Netzwerks (wenn vorhanden), einen Chat oder über eine spezielle E-Mail-Adresse.

- Beachten Sie die speziellen Anforderungen an den Kanal. Auf Twitter erwarten die Nutzer eine schnellere Reaktion als auf YouTube.
- Wenn Sie mit einem erhöhten Volumen von Anfragen rechnen und die Social Media-Arbeit mit mehreren Mitarbeitern organisieren möchten, ist es absolut empfehlenswert, ein Engagement-tool zur Unterstützung der täglichen Arbeit zu verwenden. Eine Übersicht relevanter Tools finden Sie in Tabelle 1.

Anbieter	Tool	Link
247GRAD	247GRAD CONNECT	www.247grad.de/
BIG	BIG CONNECT	www.big-social-media.de
brightONE	Social Com	www.brightone.de
Buzzrank	Buzzrank Connector	www.buzzrank.de/connector/
Dimelo	Social Media Contact Center	www.dimelo.de
Expion	Expion	www.expion.com
Facelift	Facelift	www.facelift-bbt.com/de/
Falcon Social	Falcon Social	www.falconsocial.com
Hootsuite	Hootsuite Pro	www.hootsuite.com/de/
Lithium	Lithium Social Web	www.lithium.com
Maloon	Social Hub	maloon.de/de
Meltwater	Meltwater Media Intelligence Platform	www.meltwater.com
Sprout Social	Smart Inbox	www.sproutsocial.com/features

1.2. Facebook

Wenn man über Social Media spricht, ist der erste Anlaufpunkt noch immer Facebook. Basierend auf den Nutzerzahlen ist Facebook mit 28.000.000 aktiven Benutzern das größte Netzwerk in Deutschland. Im Folgenden erhalten Sie praktische Tipps für das alltägliche Social Media-Management auf Facebook.

Die Wichtigkeit von Bildern bei Facebook hat in der Vergangenheit stark zugenommen. Auch die Qualität der Fotos, die auf Facebook gepostet werden, hat sich im privaten Umfeld (vor allem durch bessere Smartphonekameras) sowie bei Unternehmensprofilen stark verbessert. Um in diesem Content-Wettbewerb mithalten zu können, müssen Sie Fotos produzieren, die einen nicht zu werblichen Eindruck machen und trotzdem professionell und passend zu Ihrer Marke sind. Das ist eine große Herausforderung und Sie sollten in jedem Fall genügend Ressourcen einplanen, um in diesem Bilder-Wettbewerb mithalten zu können. Zudem ist es wichtig, eine generelle Bildstrategie festzulegen. Das betrifft beispielsweise potenzielle Elemente, die sich in allen Fotos wiederholen – sowie auch Anforderungen an die Bildsprache, die sich idealerweise wie ein roter Faden durch die geposteten Fotos zieht. Ihre Bilder sollten die Kunden einladen, sich mit dem jeweiligen Beitrag zu beschäftigen, und müssen dabei trotzdem zur Marke passen.

Besonders im letzten Jahr haben zudem Videos auf Facebook stark an Popularität gewonnen – nicht zuletzt weil Facebook das Format selbst sehr stark nach vorne bringen möchte. Das resultiert in einer steigenden Reichweite von Videopostings im Vergleich zu Bild- oder Textbeiträgen sowie in hohen Abrufzahlen, da Videos in vielen Fällen beim Scrollen durch die Timeline automatisch abgespielt werden. Beim Erstellen von Videocontent sollten Sie bedenken, dass die Nutzer in vielen Fällen mobil unterwegs sind. Das bedeutet:

- Die Videos sollten nicht zu lang sein, sondern kurzweilige Unterhaltung bieten.
- Durch die eventuell niedrigen Datenraten kann das Video in verschiedenen Qualitäten beim Endkonsumenten abgespielt werden. Das bedeutet, dass wichtige Informationen auch bei einer niedrigen Videoqualität lesbar sein müssen.
- Die meisten Videos werden durch die mobile Nutzung auf einem kleinen Bildschirm abgespielt - auch das muss bei der Gestaltung des Inhalts bedacht werden.
- Die meisten Nutzer werden den Ton Ihres Videos nicht hören. Arbeiten Sie daher bei wichtigen Informationen mit Untertiteln.

Nicht zu vergessen sind Textbeiträge oder Linkbeiträge ohne Bild oder Video – die je nach Seite durchaus gute Reichweiten erzielen können. Wie auch beim Community Management ist es bei der Erstellung von Beiträgen zudem ebenfalls wichtig, klare Regeln für eine einheitliche Ansprache zu finden, zu definieren und umzusetzen. Bedenken Sie zudem auch bei anderen Beitragstypen, dass die Mehrzahl der Nutzer Ihren Beitrag mobil sehen werden.

Prinzipiell sollten Sie auf eine gute Verteilung der verschiedenen Content-Typen achten – also auf einen guten Mix aus Video, Text, Bild und Link. Bei der Content-Distribution ist die beste Empfehlung: Sammeln Sie eigene Erfahrungen. Wie viele Beiträge pro Tag am besten funktionieren oder zu welchen Uhrzeiten die Beiträge am besten funktionieren, hängt stark von Ihrer Zielgruppe und natürlich auch Ihren Inhalten ab. Für die meisten Unternehmen werden allerdings 1-3 Beiträge pro Tag gut funktionieren, die am besten zudem gut über den Tag verteilt distribuiert werden. Arbeiten Sie zudem wenn möglich auch mit dem Wochenende und ungewöhnlichen Zeiten, testen Sie also beispielsweise einmal einen Beitrag am Sonntag um 20 Uhr. Klassischerweise sind dort viele Unternehmen nicht sehr aktiv und Sie haben oftmals bessere Chancen, eine höhere organische Reichweite mit Ihrem Content zu erhalten.

Zudem sollten Sie in jedem Fall ein gewisses Budget für Facebook Ads einplanen, um Ihre Reichweite für wichtige Inhalte durch zusätzliche bezahlte Reichweite zu erhöhen. Schon mit vergleichsweise kleinen Budgets kann man aktuell hier noch viel erreichen.

1.2. YouTube
YouTube als Videoplattform wird bei der Nennung von Social Media Plattformen oftmals vergessen - dabei ist es mittlerweile eine der wichtigsten Kanäle im Netz. Prinzipiell bedeutet ein Engagement auf YouTube natürlich ein nicht unerhebliches Investment, da die Erstellung von gutem Video-Content durchaus mit

Aufwand und auch nicht unerheblichen Kosten verbunden sind. Dennoch kann sich ein Engagement auf YouTube für die meisten Unternehmen durchaus lohnen.

Auf keinem anderen Kanal benötigt man aus meiner Sicht eine so gute Content Strategie wie auf You-Tube. Zum einen ist die Content-Erstellung mit einem hohen Aufwand verbunden, zum anderen benötigt sie einen höheren Vorlauf als bei anderen Kanälen. Auch sollte den Videos ein Konzept zu Grunde liegen, damit auch die Zuschauer verstehen, warum sie einen Kanal regelmäßig besuchen oder sogar abonnieren sollen.

Da auch YouTube mittlerweile stark über mobile Geräte konsumiert wird, gelten im Prinzip die Tipps zu Facebook-Videos aus dem vorherigen Unterkapitel – allerdings etwas abgeschwächt. Im Gegensatz zu Facebook können die Videos durchaus etwas länger sein, jedoch nicht mehr als zehn Minuten.

Generell sollte Content auf YouTube entweder unterhaltend oder informativ sein – idealerweise beides. Dabei empfehle ich stets die Nutzerperspektive einnehmen: Ein Unternehmensfilm mag für interne Kollegen und eventuell Bewerber interessant sein - bei Endkunden werden Sie damit kein Interesse wecken. Auch bei der Art des Videos sollten Sie bedenken, welche Zielgruppe Sie erreichen möchten und wie der ideale Content für diese Zielgruppe aussieht. Ein klassischer Werbefilm wird auf YouTube keinen Erfolg haben. Nutzen Sie zudem die auf YouTube verfügbaren speziellen Funktionen für Texteinblendungen und Links.

Die richtige Content-Distribution ist auf YouTube besonders wichtig. Im Gegensatz zu Facebook oder Instagram werden Sie gerade zu Beginn den allergrößten Anteil Ihrer Reichweite nicht durch Views Ihrer Abonnenten erhalten, sondern über die YouTube-Suche oder die Einbindung auf einer externen Webseite. Folgendes sollten Sie bei der Distribution beachten:

- Planen Sie die Uploads in einer Regelmäßigkeit ein, damit die interessierten Nutzer eine klare Information darüber erhalten, wann mit dem nächsten Video zu rechnen ist. Regelmäßige Uploads sorgen außerdem dafür, dass Ihr Kanal einen aktiven Eindruck hinterlässt.
- Verteilen Sie die Videos auf Ihren anderen Kanälen, egal ob über einen Beitrag bei Facebook oder die Einbindung in Ihre Webseite.
- Verwenden Sie in der Beschreibung und dem Titel des Videos die richtigen Keywords. Die richtigen Keywords sind die Begriffe, die die Kunden klassischerweise suchen würden. Das Verwenden der richtigen Begriffe ist dabei ausschlaggebend für die Auffindbarkeit der Videos auf YouTube selbst.
- Achten Sie beim Upload darauf, alle Funktionen zu verwenden. Allein die Definition eines passenden Video-Vorschau-Bildes kann die Abrufzahlen stark positiv beeinflussen.
- Auch auf YouTube empfiehlt sich der Einsatz von Werbeanzeigen, falls Sie die Reichweite Ihrer Videos erhöhen möchten. Wenn Sie es durch ein packendes erstes Video schaffen, den Nutzer in Ihrem Kanal zu halten, fallen für die daraufhin anfallenden organischen Views oder sogar ein Abo keine weiteren Kosten an.

1.3. Instagram

Instagram hat sich in den vergangenen Jahren zum aufstrebensten Social Network entwickelt. Vor allem jüngere Zielgruppen sind mittlerweile auf dem Kanal sehr aktiv und in hoher Anzahl zu finden. Für Unternehmen bietet Instagram besondere und neue Herausforderungen, weil eine klassische Content-Wiederverwertung – die auf Facebook oder Twitter zumindest möglich ist – auf Instagram definitiv nicht funktionieren wird.

Instagram ist eines der ersten mobile-only Netzwerke und war lange Zeit nur über Smartphones bedienbar. Nutzer verwenden den Dienst fast ausschließlich über mobile Endgeräte, was beim Erstellen der Fotos berücksichtigt werden muss. Im Gegensatz zu Facebook kann man bei Instagram-Fotos keine große Detailansicht öffnen und hereinzoomen, das Bild muss also auch auf kleineren Geräten gut erkennbar sein. Sie sollten sich mit Ihren Inhalten in jedem Fall an die Bildsprache anpassen, die sich auf Instagram etabliert hat. Das bedeutet, dass beispielsweise Werbebilder auf Instagram schlecht funktionieren werden. Ihre Fotos sollten authentisch und dem Kanal angemessen sein. Die Filter sorgen dabei durch die Veränderung der Farbwerte dafür, dass es schwer fällt, eine hohe Wiedererkennbarkeit der Marken zu gewährleisten. Hier kann durch eine wiederkehrende Bildsprache und klare Regeln für die Verwendung von Filtern gegengesteuert werden.

Auf Instagram empfiehlt sich zudem Content Curation von User Generated Content, also das mögliche Wiederverwenden von Inhalten die von den Nutzern erstellt werden. Hierbei muss natürlich die Rechtslage beachtet werden. Sie benötigen von Nutzern die Erlaubnis, um Fotos verwenden zu dürfen. Wenn Nutzer Inhalte zu ihren Produkten oder Unternehmen erstellen, sollten Sie diesen Content zudem auch beobachten und idealerweise sogar wenn passend darauf reagieren.

Wie bei allen anderen Kanälen empfiehlt sich eine regelmäßige und möglichst gleichmäßige Verteilung der Beiträge. Auf Instagram gibt es im Gegensatz zu Facebook noch keinen Algorithmus, der Beiträge filtert. Das bedeutet, alle Ihre Beiträge werden allen Abonnenten angezeigt. Die Zeit des Beitrags oder Optimierung nach einem möglichen Algorithmus spielt also hier eine stark untergeordnete Rolle. In jedem Fall sollten Sie bei Ihren Beiträgen allerdings sinnvolle Hashtags verwenden und die Sprachkonvention von Instagram beachten.

1.4. Twitter

Twitter gibt es schon seit 2006 und zählt damit zu der älteren Generation der Social Networks. Trotz seiner langen Existenz und der extremen Popularität in Amerika hat Twitter in Deutschland weiterhin noch nicht den Durchbruch in der breiten Masse geschafft. Dennoch kann Twitter je nach Einsatzszenario durchaus ein attraktiver Kanal sein, vor allem weil die dort aktiven Nutzer oftmals Multiplikatoren sind und Twitter durch seinen öffentlichen Charakter auch schnell dafür sorgen kann, dass dort diskutierte Themen den Weg in die Medienlandschaft finden. Viele TV-Sender haben Twitter beispielsweise mittlerweile auch in Deutschland entdeckt - der passende Hashtag zur Sendung ist keine Seltenheit mehr und bringt das Netzwerk in der Wahrnehmung der Öffentlichkeit durchaus nach vorne.

Die Stärken von Twitter liegen in der Schnelligkeit des Netzwerks. Punkten können Sie auf dem Kanal also mit relevanten und vor allem aktuellen Inhalten. Besonders Events eignen sich hervorragend, um auf Twitter darüber zu berichten. Im Gegensatz zu den anderen Social Networks kann man eigentlich nicht zu viel twittern, darum kann das Netzwerk auch gut als Liveticker verwendet werden.

Zudem verwenden viele Unternehmen Twitter auch als reinen Service-Kanal. Hier sollten Sie zusätzlich bedenken, dass die geforderten Antwortzeiten auf Twitter durchaus kürzer sind als auf vielen anderen Kanälen.

Viele Unternehmen spezialisieren ihren Twitter-Kanal auf ein spezielles Thema, sei es die genannte Event-Berichterstattung, Service oder der Abverkauf von Restposten und die Bewerbung von Sonderangeboten bei vielen Onlineshops. In jedem Fall benötigen Sie bei Twitter oftmals einen langen Atem und viel Geduld.

Neben der angeforderten Aktualität stellt besonders die Begrenzung der Tweets auf 140 Zeichen eine Herausforderung dar, gerade bei der Erklärung besonderer Sachverhalte. Sie sollten zudem die Twittercards (https://dev.twitter.com/cards/overview) nutzen, falls Sie mit Bildern oder Videos arbeiten.

Fazit

Egal ob auf Twitter oder den anderen Netzwerken bleibt zum Schluss die Wiederholung des bereits oben erwähnten wichtigsten Hinweises: Vernetzten Sie sich und informieren Sie sich. Die Social Media-Welt ist so komplex und vielfältig wie noch nie, es kommen immer mehr Netzwerke hinzu und die vorhandenen Anbieter bieten stetige neue Funktionen an. Nur wenn Sie hier am Ball bleiben, sich informieren, ausprobieren und sich mit anderen austauschen können Sie erfolgreich bleiben.

2.2

Mehr als Cat Content und Selfies - Erfolgreiches Instagram Marketing für Unternehmen

Jan Firsching

1. Instagram ist das perfekte mobile Netzwerk

Kaum ein anderes soziales Netzwerk steht so für "Social goes Mobile" wie Instagram. Instagram ist "mobile first" und holt seine Nutzer dort ab, wo sie die meiste Zeit verbringen - auf ihrem Smartphone. 400 Mio. aktive Nutzer hat Instagram im September 2015 vermeldet. Alleine durch diese Zahl wird klar, dass "mobile only" Netzwerke keine Nische mehr sind, sondern den Kern von Social Media bilden.

Während Facebook, Twitter, Pinterest und Co. sich zu mobilen Netzwerken gewandelt haben, ist Instagram von Beginn an eine mobile App. Die Desktop-Version von Instagram ist lediglich eine Ergänzung. Aus diesem Grund beziehen sich auch sämtliche Inhalte dieses Kapitels auf Instagram als mobile App. Instagram ist so eng an Smartphones gebunden - oder besser - ohne Smartphones gäbe es Instagram nicht.

Diese Verbindung sehen wir nicht nur bei den veröffentlichten Fotos und Videos. Wir sehen sie bei der Navigation, bei den Interaktionsmöglichkeiten und beim Nutzerverhalten. Instagram ist das perfekte mobile und soziale Netzwerk.

Die Entwicklung, die Instagram seit dem ersten Foto im Jahr 2010 genommen hat, ist beispiellos. Sie steht für den Smartphone Boom und durch steigende Nutzerzahlen spielt Instagram seit mehreren Jahren auch eine immer wichtigere Rolle für Unternehmen. Wer seine Kunden mobil erreichen möchte, muss sich mit Instagram befassen. Man könnte auch sagen: An Instagram führt kein Weg mehr am Social Media Marketing vorbei.

Die Zeiten, in denen Instagram ein Nischen- oder Special Interest Netzwerk war, sind endgültig vorüber. Instagram hat sich rasant entwickelt, ist aber immer noch für viele Unternehmen eine große Unbekannte. Warum Instagram für Unternehmen zur entscheidenden Plattform avancieren könnte, zeigt die Entwicklung der letzten Monate, bei der auch Facebook eine entscheidende Rolle spielt.

Der Siegeszug von Instagram

760 Mio. Euro hat Facebook für Instagram im April 2012 auf den Tisch gelegt. Zu diesem Zeitpunkt war Instagram eine der erfolgreichsten Foto-Apps für iOS und die lang ersehnte Android Version wurde gerade veröffentlicht.

Anfangs wurde Facebook belächelt. Experten und Investoren haben bei dem Preis den Kopf geschüttelt. Drei Jahre später hat niemand mehr Zweifel an der Entscheidung und die Übernahme von Instagram hat sich zur wichtigsten Investition seitens Facebook entwickelt.

2012 war Facebook mobil stark aufgestellt, aber noch weit von der heutigen Präsenz entfernt. Instagram hatte 80 Mio. Nutzer. Eine beachtliche Zahl, die zu diesem Zeitpunkt aber noch deutlich hinter den aktiven Nutzern von Twitter, Tumblr und sogar Google+ lag. Wie viel Potenzial Instagram aber noch hatte, war Zuckerberg und Co. schon zu diesem Zeitpunkt klar. Alleine durch die Android Version sollten sich die Nutzerzahlen schnell verdoppeln. Je mehr Nutzer ein Netzwerk hat, umso interessanter wird es auch für Unternehmen. Da jetzt beide dominierenden mobilen Betriebssysteme abgedeckt wurden und mit Facebook ein mächtiger Partner mit an Bord war, wurde schnell klar: Instagram wird ein fester Bestandteil der Social Media Landschaft werden.

Innerhalb von drei Jahren konnte Instagram seine Nutzerzahlen verfünffachen. In 2015 ist Instagram nach Facebook das reichweitenstärkste soziale Netzwerk. Nur mobile Messenger wie WhatsApp können auf eine höhere Anzahl aktiver Nutzer verweisen. Instagram ist "Social goes Mobile" und für Unternehmen ist jetzt der Zeitpunkt, sich mit Instagram zu befassen oder die bisherigen Aktivitäten zu analysieren und zu optimieren.

Die Unternehmen sind da

Wenn ein Unternehmen in 2015 auf Instagram aktiv ist, dann liegt die Early Adopter Phase schon mehrere Jahre zurück. Instagram gehört zu Social Media wie Facebook. Die Geschwindigkeit bei der Adaption erinnert an die Vergangenheit von Facebook.

Nahezu alle großen internationalen Unternehmen sind auf Instagram aktiv und verfügen über Millionen von Followern.

Erfahrungen, die auf Facebook gesammelt wurden, können für das Instagram Marketing eingesetzt werden. Somit agieren Unternehmen nicht mehr so unbedarft wie es beim Durchbruch von Facebook der Fall war. Besonders die Fashion-, Beauty- und Automobilbranche hat Instagram schon längere Zeit tief in den eigenen Kommunikationsmix integriert.

In einer Vielzahl von integrierten Kampagnen finden wir Hashtags wieder. Während Hashtags früher von Unternehmen in Verbindung mit Twitter erwähnt wurden, hat jetzt Instagram das Ruder übernommen und Hashtags bei Unternehmen endgültig etabliert.

National Geographic hat über 31 Mio. Follower auf Instagram und hat genau verstanden, wie eine gute Bildsprache, qualitativ hochwertige Fotos und der Instagram Communitygedanke miteinander harmonieren. National Geographic kommt im Vergleich auf 37 Mio. Facebook Fans. Schaut man sich aber die Interaktionen an, dann hat Instagram Facebook schon lange überholt. Eine Entwicklung, die man nicht nur bei National Geographic sehen kann.

Instagram ist der Meister der Interaktionen und schafft es wie kein anderes soziales Netzwerk, seine Community zu aktivieren - und das jeden Tag. Interaktionen sollten nicht das primäre Ziel beim Social Media Marketing sein, sie zeigen aber welche Möglichkeiten für Unternehmen bestehen. Die Community ist gierig nach guten Inhalten und hierzu zählen auch Unternehmensinhalte. Der Erfolg tritt allerdings nur ein, wenn Unternehmen Instagram und seine Nutzer verstanden werden. Viele Unternehmen hatten bereits auf Facebook Probleme, sich dem Social Media Gedanken und Verhalten anzunehmen. Auf Instagram steht der Community-Ansatz noch stärker im Vordergrund. Darum dreht sich alles auf Instagram und hiervon ist auch der Erfolg von Unternehmen abhängig.

Unternehmen müssen Instagram verstehen

Unternehmen müssen Social Media verstehen. Sie müssen sich aber auch den einzelnen Facetten und Besonderheiten einzelner Netzwerke annehmen. Viele Mechaniken und Inhalte, die auf Facebook funktionieren, verpuffen auf Instagram. Umgekehrt performen erfolgreiche Instagram Fotos nahezu immer auch auf Facebook. Instagram hat einen höheren Qualitätsanspruch als Facebook. Zwar ist dieser auch auf Facebook angestiegen, auf Instagram steht die Qualität und der Erfolg von Inhalten aber nochmals in einem anderen Zusammenhang.

Das A und O für eine erfolgreiche Instagram Präsenz ist die eigene Bildsprache.

Bildsprache als Erfolgsgarant des Instagram Marketing

Instagram lebt von Fotos und Instagram ist ein mobiles Netzwerk. Deswegen rücken Smartphone Fotos immer stärker in den Vordergrund. Für Unternehmen ist das eine radikale Änderung, was die Erstellung von Inhalten betrifft. Stockfotos, Photoshop und Corporate Design Guidelines rücken bei Instagram in den Hintergrund, beziehungsweise haben nicht das Gewicht, welches sie auf Facebook und erst recht nicht auf der eigenen Webseite haben. Dabei geht es nicht um Selfies und süße Bilder von Hundewelpen und Katzenbabies. Es geht darum, qualitativ hochwertige Inhalte zu veröffentlichen. Diese Inhalte können und müssen für Instagram auch mit Smartphones erstellt werden.

Das stellt für viele Unternehmen eine vollkommen andere Herangehensweise dar. Nicht das Unternehmen gibt vor, wie Inhalte auszusehen haben. Instagram, Smartphones und die Nutzer geben vor, wie Inhalte erstellt werden müssen. Die Kunst liegt darin, den Zeitgeist von Instagram zu treffen, ohne dabei einen Qualitätsverlust bei den Inhalten zu erleiden. Branding und Logos haben auf Instagram Fotos nichts zu suchen. Instagram lebt von der Inszenierung. Die Inszenierung von Marken, Produkten, Personen und Situationen. Produktfotos sind überhaupt kein Problem auf Instagram. Im Gegenteil, sie erzielen häufig die meisten Interaktionen.

Es geht darum, wie das Produkt inszeniert und in die Instagram Bildprache übertragen wird. Wie würden Kunden ein Produkt fotografieren? Wie können diese Inszenierungen professionalisiert und an das eigene Unternehmen angepasst werden? Wer diese beiden Fragen für sich beantworten kann und positives Feedback in Form von Interaktionen erzeugen kann, befindet sich auf einem guten Weg.

Auch der Einsatz von Filtern stößt häufig auf Ablehnung. Foto-Filter gehören zu Instagram wie das 140-Zeichenlimit zu Twitter. Durch Filter kann den eigenen Fotos eine zusätzliche individuelle Note verliehen werden, welche den Wiedererkennungswert im Instagram Feed steigern kann.

Welcher Filter funktioniert und wie Produkte inszeniert werden müssen, ist nicht mit einer allgemeingültigen Faustregel zu erklären. Jedes Unternehmen muss für sich herausfinden und verstehen, welche Bildsprache auf Instagram funktioniert. Grundsätzlich gilt, Instagram unterscheidet sich von anderen sozialen Netzwerken. Inhalte, die auf Facebook und Twitter funktionieren, haben es auf Instagram häufig schwer. So sollten im ersten Schritt definiert werden, was macht unsere Facebook Inhalte aus und wie sieht eine erfolgreiche Adaption und Anpassung der eigenen Strategie auf Instagram aus.

Instagram ist nicht Facebook

Unternehmen profitieren von ihren Erfahrungen, die sie auf Facebook gesammelt haben. Jetzt gilt es, diese Erfahrungen auf Instagram umzumünzen.

Wie sich Instagram zu Facebook unterscheidet, wird schon bei den Content-Formaten deutlich. Instagram steht für mobile und somit spielen Texte, Links und längere Videos keine Rolle. Besser gesagt gibt es keine Link-Posts und Videos haben eine maximale Länge von 15 Sekunden. Das ist keine

Einschränkung, sondern eine logische Entscheidung, die sich auf den mobilen Konsum von Inhalten konzentriert.

Ein weiterer großer Unterschied sind die Feeds an sich. Während sich der Facebook News Feed individuell aufbaut, Stichwort News Feed Algorithmus, ist der Instagram Feed chronologisch angeordnet. Das macht es für Nutzer einerseits einfacher, alle Inhalte zu verfolgen, es gibt aber auch keinen quantitativen Ausschluss. Wenn die eigenen Instagram Follower also viele Inhalte abonniert haben, steigt auch die Wahrscheinlichkeit in der Masse unterzugehen. Für Unternehmen hat das Vor- und Nachteile. Einerseits können Follower theoretisch alle Inhalte sehen, andererseits werden auch alle Inhalte von Wettbewerbern (andere Unternehmen, Prominente, Fotografen, Freunde) zu 100 % im Feed ausgespielt. Die Konkurrenz ist somit durchaus größer als auf Facebook. Speziell durch die steigende Anzahl von Nutzern, veröffentlichten Fotos und aktiven Unternehmen.

Der aber wohl entscheidende Unterschied liegt in der Wahrnehmung der Inhalte. Der Fokus auf die Inhalte ist stärker als auf Facebook, wo Nutzer durch verschiedene Bereiche und Features abgelenkt werden.

Auf Instagram gilt es wie auf Facebook, sich von anderen Inhalten abzugrenzen - nicht textlich oder mit einer spannenden Linkvorschau, sondern rein visuell. Wenn Facebook die persönliche Tageszeitung ist, dann ist Instagram das persönliche Fotoalbum, welches von einem selbst, Freunden, Unternehmen und Interessen bestimmt wird.

Content Strategie für erfolgreiches Instagram Marketing

Zum Thema Instagram Content Strategie könnte wahrscheinlich ein eigenes Buch geschrieben werden. Wer sich aber an ein paar Eckpfeilern und Kriterien orientiert und die Funktionsweise von Instagram versteht, wird schnell zu einer guten Lösung kommen.

Wie bei jeder Content Strategie gilt auch auf Instagram: Welches Ziel verfolge ich? Welche Inhalte sind für meine Zielgruppe relevant? Wie müssen die Inhalte aufbereitet werden? Welche Ziele verfolgen Unternehmen auf Instagram?

Instagram galt in seiner Anfangszeit als Brandinginstrument. Instagram bietet aber noch wesentlich mehr und immer mehr Stimmen besagen, Instagram kann auch auf den Abverkauf einzahlen. Zwar nicht über Links und unmittelbaren Traffic, aber über die Inszenierung von Produkten.

Was bei Anzeigen der Ad-Recall ist, also die Erinnerung an Anzeigen, Produkte und Dienstleistungen, ist auf Instagram der Content-Recall. Nutzer sehen ein Foto mit einem Produkt, gehen aus diesem Grund zu Google und werden so auf die Unternehmensseite oder in Online-Shops überführt. Somit ist Abverkauf durchaus auch ein für das Instagram Marketing relevante Ziel. Dieses Ziel wird nicht über Klicks erreicht, es sei denn es kommen Instagram Anzeigen zum Einsatz.

Auch wenn Interaktionen kein übergeordnetes Ziel einer Social Media Strategie sind, sind sie essentieller Bestandteil der eigenen Aktivitäten. Besonders wenn es um Branding, Kundenbindung und Image geht. Ziel der Instagram Inhalte ist somit die regelmäßige Generierung von Interaktionen, um in der Folge die "echten" Marketingziele zu erreichen.

Welche Inhalte sind für die Zielgruppe relevant?

Wurden die Ziele definiert, geht es darum die zu den Zielen passenden Inhalte zu erstellen und sie an die Anforderungen von Instagram anzupassen. Sowohl Branding als auch Abverkauf hängen eng mit der Inszenierung der eigenen Marke und noch mehr der eigenen Produkte zusammen. Es geht nicht darum, sich zu verstellen, sondern authentisch und mit einer starken Bildsprache zu agieren.

Wie angemerkt, lebt Instagram von der Visualität. Mit langen und erklärenden Texten kann nicht gearbeitet werden. Sämtliche Inhalte müssen eine bestimmte Emotion vermitteln und den Nutzern sofort ins Auge springen. Sie müssen den Daumen beim Scrollen stoppen!

Instagram ist ein schnelles und modernes Netzwerk und genau das müssen auch die Inhalte erfüllen.

Wie müssen Instagram Inhalte aufbereitet werden?

Lange Zeit stand Instagram für quadratische Fotos. Bezogen auf die Größe und Darstellung war die quadratische Darstellung das richtige Format. Instagram hat diesen Pfad verlassen und ermöglicht auch die Veröffentlichung von Fotos und Videos im Querformat. Welches Format sollte nun gewählt werden?

Quadratische Fotos stehen für Instagram und machen den Charme des Netzwerkes aus.

Desweiteren sind sie für die mobile Darstellung besser geeignet als Fotos im Querformat. Da Inhalte im Idealfall exklusiv für Instagram produziert werden, sollten sie auch im ursprünglichen Instagram Format veröffentlicht werden. Das heißt aber nicht, dass die Originalaufnahme quadratisch sein sollte. Im Gegenteil, die Aufbereitung und Fokussierung auf bestimmte Bildelemente sorgt für den besten Content.

Neben dem Format ist die Perspektive ein entscheidender Faktor. Gemeint sind keine Selfies, sondern die smartphone-typische Inszenierung. Auf Instagram Fotos sieht man beispielsweise häufig, wie Personen Produkte in der Hand halten. Oder man sieht Füße, Beine und weitere einzelne Körperteile.

Instagram ist "trendy" und der Moment der Aufnahme ist entscheidend. Es geht nicht darum Fotos "zu stellen", sondern im richtigen Moment auf den Auslöser zu drücken. Der Moment und die Inszenierung von Produkten auf Instagram ist entscheidend. Produkte müssen in verschiedenen Szenerien fotografiert und präsentiert werden. Genau das wollen Instagram Follower von Unternehmen sehen - schöne und aktuelle Fotos von Produkten. 65% der erfolgreichsten Instagram Fotos von Unternehmen enthalten Produkte und keine Personen.[1]

Aus diesem Grund müssen Unternehmen analysieren, in welchen Situationen ihre Produkte besonders gut zur Geltung kommen und wie die Instagram Community auf verschiedene Inszenierungen reagiert. So kann ermittelt werden, was die Follower sehen möchten und wie Nutzer selber die eigenen Produkte auf Instagram präsentieren.

Instagram Features verstehen und richtig einsetzen

Unternehmen und die verantwortlichen Mitarbeitern müssen sämtliche Instagram Funktionen kennen und wissen, wie sie für die Verbreitung von Inhalten eingesetzt werden. Dabei gilt es nicht nur, die Funktion an sich zu verstehen, sondern auch wie instagram Nutzer diese Funktion einsetzen. So werden beispielsweise Markierungen als Push-Notifications eingesetzt, um Freunde auf Fotos aufmerksam zu machen. Die Markierung wird selten mit einem inhaltlichen Kommentar verwendet. Es geht nur darum, Freunden eine Benachrichtigung zukommen zu lassen.

Gleiches gilt für den Einsatz von Hashtags auf Instagram. Wie funktionieren Hashtags, welche Hashtags werden häufig benutzt und was bedeuten diese Hashtags überhaupt.

Die Funktionsweise von Instagram Hashtags

Instagram hat Hashtags endgültig etabliert. Während Hashtags auf Twitter hauptsächlich für aktuelle Themen und Diskussionen verwendet werden, stehen Instagram Hashtags für Interessen und verhalten sich wie kleine Communities. Diese Interessen können auch Unternehmen für sich einsetzen. Prinzipiell gilt: Alle veröffentlichten Inhalte sollten mit Hashtags versehen werden!

Dabei gilt es individuell zu ermitteln, welche Hashtags die Reichweite von Inhalten stärken, welche verwandten Hashtags es gibt und wie eigene "Branded Hashtags" etabliert werden können.

Bei der Verwendung von Hashtags sollten Unternehmen aber auch nicht übertreiben. Hashtags wie #Like4Like und #Follow4Follow mögen die Interaktionen steigern, reduzieren aber die Wertigkeit der eigenen Fotos. Gleiches gilt, wenn ein Foto mit über zehn Hashtags versehen wird. Diese Strategie wirkt aufdringlich und verwässert zusätzlich die eigenen Unternehmens-Hashtags.

Als Faustregel sollten drei bis sechs Hashtags je Bild oder Video verwendet werden. Ich empfehle pro erstelltem Fotos einen reichweitenstarken Hashtag, einen thematisch verwandten und spezielleren Hashtag, sowie einen "Branded Hashtag" zu verwenden. So platziert man seine Inhalte in den relevanten Interessengebieten und stärkt gleichzeitig einen eigens kreierten Hashtag.

Am Beispiel des Hashtags #Fashion wird die Verwendung deutlich:
Über 200 Mio. Fotos wurden mit dem Hashtag #Fashion[2] versehen. Somit ist dies einer der am häufigsten verwendeten Hashtags. Je häufiger ein Hashtag verwendet wird, umso größer ist die Wahrscheinlichkeit, dass eigene Fotos in der Bilderflut untergehen. Aus diesem Grund sollten Fotos mit weiteren verwandten Hashtags ergänzt werden.

- #Fashion über 207 Mio. Fotos
- #fashionaddict 1,5 Mio. Fotos
- #fashionlover 1, 3 Mio. Fotos
- #fashiontrends 350.000 Fotos
- #fashion + Kombination mit Unternehmensname oder Kampagnenclaim

An den Beispielen wird klar- je spezieller und exakter ein Hashtag wird umso seltener wird er verwendet. Es zeigt sich aber auch, dass längere Hashtags häufig zum Einsatz kommen. Diese Situation müssen Unternehmen für sich nutzen, um einerseits bei den stärksten Hashtags aufzutauchen und gleichzeitig Inhalte in Nischen zu platzieren.

Interessenbezogene Hashtags werden mit unternehmenseigenen Hashtags ergänzt. Bei der Ermittlung von eigenen Hashtags gibt es zwei generelle Ansätze:

[1] https://www.olapic.com/want-to-kill-it-on-instagram-post-product-pics/; (22.09.2015)

Kampagnen-Hashtags auf Instagram

Manchmal hat man den Eindruck, dass eine Kampagne ohne Hashtag nicht mehr möglich ist. Wir sehen Hashtags auf Plakaten, in Zeitschriften, in Facebook Titelbildern, in TV Spots und in Newslettern. Bei der Wahl eines Kampagnen-Hashtags muss immer überprüft werden, ob der Hashtag bereits verwendet wird und in welchem Zusammenhang Nutzer den Hashtag benutzen. Das ist wichtig um Fehlinterpretationen zu vermeiden und um ein sauberes Monitoring aufzusetzen. Gibt es bereits Tausende von Inhalten zu einem Hashtag, gehen Inhalte mit Kampagnenbezug unter und können nur schwer gefiltert werden.

Was sich anbietet sind Wortkombinationen, die sich aus der Kampagnenbotschaft und dem Markennamen zusammensetzen. Die Wahrscheinlichkeit, dass Nutzer solch einen Hashtag bereits verwenden, ist sehr gering. Desweiteren stellt der Hashtag sofort einen Bezug zur Marke her. Das Monitoring eines solchen Hashtags ist unproblematisch, da der Hashtag nicht versehentlich und in einem anderen Zusammenhang genutzt wird.

Entscheidet man sich für einen Hashtag ohne Unternehmensbezug, sollte er klar formuliert, einprägsam und individuell sein. Beispiele hierfür sind #umparkenimkopf von Opel, oder #WeilWirDich-Lieben von der Berliner BVG. Beide Hashtags enthalten keinen Markennamen, werden aber sofort mit der Kampagne in Verbindung gesetzt. Generell gilt, dass Kampagnenhashtags eine gewisse Zeit brauchen, bis sie sich etablieren und sich in den Köpfen der Nutzer verankern. Je länger und konsequenter ein Kampagnen-Hashtag gespielt wird, umso erfolgreicher wird der Hashtag sein.

Unternehmenshashtags gibt es aber nicht nur für Kampagnen, sondern auch für weitere Instagram Inhalte, die losgelöst von Kampagnen veröffentlicht werden.

Unternehmenshashtags auf Instagram

Bei der Verwendung eines Unternehmenshashtags liefern Nutzer die beste Inspiration. Ausgangspunkt sollte immer eine Hashtag-Suche auf Instagram sein. Nutzer gehen meist pragmatisch vor und setzen einfach für den Markenamen einen Hashtag. #Starbucks, #Nike, #Rossmann, #Audi und so weiter. Weniger bekannte Marken sollten anfangs den eigenen Namen mit einem Hashtag versehen, um Sichtbarkeit in der Suche zu generieren. Das langfristige Ziel sollte aber darin bestehen, einen eigenen Unternehmenshashtag zu generieren, der sich neben dem Markennamen bei den eigenen Followern etabliert.

Das wohl bekannteste und beste Beispiel ist #justdoit von Nike. Der Hashtag wird sofort mit der Marke in Verbindung gesetzt, ist losgelöst von Kampagnen und wird regelmäßig von Nutzern verwendet. Es ist also durchaus eine Überlegung wert, ob der eigene Claim nicht auch der geeignet Hashtag ist. Weitere Möglichkeiten sind Wortkombination und der Einsatz von Produktnamen als Hashtag. Egal für welchen Ansatz man sich entscheidet, wichtig ist die konsequente Nutzung des Hashtags. Wenn Marken den Hashtag nicht regelmäßig verwenden, warum sollten es dann die Nutzer machen?

Bei eigenen Hashtags gibt es kein Limit. Passt der Hashtag zu Produkten, Eigenmarken, Themenwelten und dauerhaften und wiederkehrenden Aktionen, können mehrere Hashtags etabliert und verwendet werden. Ein gutes Beispiel ist der Hashtag #dm_einfachschoen, welcher von der Drogeriekette DM über einen langen Zeitraum gespielt wird. Nutzer, die den Hashtag bereits kennen, können ihn sofort einordnen und andere Nutzer sehen an den mittlerweile über 12.000 Fotos, was hinter dem Hashtag steckt.

Eigene Hashtags sind ein wichtiger Bestandteil der Instagram Strategie. Sie filtern eigenen Inhalte, stärken Interessen sowie Produkte und prägen sich über einen längeren Zeitraum in den Köpfen der eigenen Follower ein.

Es gibt mehr als Hashtags: Einsatz von Instagram Markierungen

Neben Instagram Hashtags sind Markierungen (Tags) die am häufigsten genutzte Funktion. Nutzer verwenden Tags, um Freunde in Fotos und Kommentaren zu markieren. Aber welchen Sinn haben Markierungen für Unternehmen?

Instagram Markierungen eignen sich hervorragend dafür, auf andere Accounts aufmerksam zu machen. Gibt es beispielsweise einen zentralen Account und weitere Accounts für Produkte und Aktionen, können diese Instagram Profile mittels einer Markierung verlinkt werden. So kann der zentrale Account für die Kommunikation und Verbreitung weiterer Instagram Profile eingesetzt werden.

Eine weitere Einsatzmöglichkeit findet man bei Instagram Kampagnen wieder. Hier geht es nicht um die Kommunikation von Accounts, sondern man setzt Markierungen ein, um Nutzer an die Hand zu nehmen und beispielsweise durch einen Konfigurator oder virtuellen Produktkatalog zu führen. Bekannte Beispiele hierfür kommen von Mercedes-Benz und Hyundai. Mercedes-Benz hat die Markierungen für einen Instagram Auto-Konfigurator eingesetzt und Hyundai hat mittels Markierungen Nutzer durch ein mehrstufiges Quiz geschleust. Bei beiden Ideen handelt es sich um Kampagnenansätze. Nach Ablauf der Kampagne sind die einzelnen Accounts wertlos, da sie lediglich als Verlinkung gedient haben und keine Rolle bei der Instagram Strategie spielen. Dennoch kann über solche eine Mechanik Aufmerksamkeit generiert und Nutzern kurzweilig Unterhaltung geboten werden.

Die Macht der Instagram Ortsangaben

Wenn es um "Social goes Mobile" geht, spielen auch immer Ortsangaben eine wichtige Rolle. Unternehmen nutzen dies nahezu auf keinem sozialen Netzwerk. Aber besonders auf Instagram sind Ortsangaben ein effizientes Mittel, um zusätzliche Sichtbarkeit für eigene Inhalte zu generieren.

Um den Mehrwert von Ortsangaben zu verstehen, müssen wir uns nochmals vor Augen halten, wann Instagram bei seinen Nutzern zum Einsatz kommt, beziehungsweise in welchen Situationen Inhalte erstellt werden. Sie werden mit dem Smartphone erstellt und Menschen haben das Bedürfnis, ihr Leben und ihren Alltag zu dokumentieren. Dazu zählt auch, Freunden mitzuteilen, wo man sich aufhält und wo das Foto oder Video entstanden ist. Bei Unternehmen gibt es keinen Unterschied. Wird ein Foto an einer besonderen Location, in einer bestimmten Stadt oder auf einem Event erstellt, sollten die Inhalte mit der Ortsangabe versehen werden.

Ortsangaben funktionieren wie Hashtags. Sie sind verlinkt, sie sind Bestandteil der Instagram Suche, steigern die Sichtbarkeit und verlängern die Halbwertszeit von Inhalten. Wenn es also Sinn macht, ein Foto mit einer Ortsangabe zu versehen, dann sollten Unternehmen nicht zögern und von dem Feature

Gebrauch machen. Instagram Inhalte mit einer Ortsangabe sorgen im Durchschnitt für mehr Interaktionen als Fotos ohne Ortsangabe. Wie bei den Hashtags gilt aber auch bei den Ortsangaben, dass sie nur dann zum Einsatz kommen sollten, wenn es Sinn macht und sie zum veröffentlichten Inhalt passen.

Reichweitenaufbau auf Instagram
Wie bei allen sozialen Netzwerken stellen sich die meisten Unternehmen die Frage: Wie baue ich Reichweite und eine qualitative Followerschaft auf? Auf Instagram herrscht die gleiche Situation, nur gibt es noch keine Anzeigen wie z.B. Page Like ADs auf Facebook, die den Aufbau von Followern unmittelbar unterstützen. Also wie kann der Aufbau funktionieren?

Instagram lebt vom Mediamix und von der engen Anbindung zu Facebook. Für Unternehmen sind natürlich die veröffentlichten Inhalte der entscheidende Faktor, aber speziell zum Start eines Accounts sollte das Profil auch in anderen Kanälen kommuniziert werden. Instagram muss als sozialer Kanal auf der Webseite erkennbar sein. Wer einen Unternehmensblog führt, sollte Instagram Fotos über das Embed-Feature in Blogbeiträge integrieren, um zusätzliche Sichtbarkeit und Reichweite aufzubauen.

Weitere Möglichkeiten wären Facebook Anzeigen, die auf Instagram verweisen und zum "Folgen" animieren. Diese Methode sieht man häufig, da viele Unternehmen schon über eine Fanbasis auf Facebook verfügen. Wenn dieser Weg gewählt wird, ist die Kommunikation der Unterschiede zwischen Instagram und Facebook entscheidend. Warum soll ich einem Unternehmen auch auf Instagram folgen? Welche Inhalte gibt es auf Instagram, die ich auf Facebook nicht zu sehen bekomme?

Desweiteren bietet es sich zum Start des Accounts an, eine Hashtag-Kampagne durchzuführen und Nutzer zum Teilen von Fotos auf Instagram zu animieren. Durch diesen Ansatz findet die erste Verbreitung eines Unternehmenshashtags statt und es wird zusätzlich für Aufmerksamkeit durch Markierungen des eigenen Accounts gesorgt.

Das entscheidende Instrument ist und bleibt aber der eigene Content. Diese Regel gilt für alle sozialen Netzwerke - denn Content ist immer noch King.

Kein Erfolg ohne messbare Ergebnisse
Guter Instagram Content muss sich natürlich auch bezahlt machen. Was Statistiken betrifft, ist Instagram aber bei weitem noch nicht so gut aufgestellt wie Facebook, YouTube und Twitter. Dennoch sollten Unternehmen die Performance ihrer Inhalte genau verfolgen, um einerseits die Content Strategie zu verbessern und zweitens um zu analysieren, wie Follower auf die eigenen Inhalte reagieren.

Folgende Statistiken sind aktuell für Instagram entscheidend:

* **Interaktionen:** Messung der absoluten Interaktionen. Wie viele Nutzer interagieren mit meinen Inhalten? Hierzu zählen Likes (Herzen) und Kommentare.

Ich empfehle die Messung der absoluten Interaktionen und nicht die der Interaktionsrate. Interaktionsraten sollten immer im Verhältnis zur tatsächlichen Reichweite gemessen werden. Da Instagram aber keinen Statistiken zur Reichweite ausgibt, beziehen sich Interaktionsraten auf die Followerzahlen. Das Problem hierbei ist, dass mit steigenden Followerzahlen in vielen Fällen die Interaktionsrate sinkt. Das verzerrt die Aussagekraft der Interaktionsrate und vereinfacht nicht gerade die Kommunikation von Kennzahlen innerhalb des eigenen Unternehmens.

- **Follower:** Followerzahlen sind nicht für den Erfolg entscheidend. Da der Instagram Feed aber noch nicht gefiltert wird, haben sie eine höhere Relevanz als Facebook Fanzahlen.
- **Hashtags:** Die Messung von Hashtags ist für Hashtag Kampagnen und Unternehmenshashtags unerlässlich. Während Kampagnenhashtags meist nur für einen kürzeren Zeitraum relevant sind, sollten Unternehmenshashtags konsequent beobachtet und analysiert werden. Neben den sichtbaren Kennzahlen hat Instagram natürlich auch Auswirkungen auf den Abverkauf, die Steigerung von Suchanfragen und auch der Traffic kann über Instagram gesteigert werden. Traffic?
- **Traffic:** Instagram unterstützt nur in der Biografie eine einzige Verlinkung. Über passende und aktivierende Bildbeschreibungen können Nutzer zur eigenen Biografie geführt und zum Klick auf den hinterlegten Link animiert werden. So entsteht Traffic und dieser Traffic sollte auch gemessen werden.

Durch die Öffnung der Instagram Anzeigenplattform haben sich auch die Möglichkeit zur Erfolgsmessung und der KPIs verändert.

It's all about reach. Is it? - Instagram Anzeigen

Instagram bietet Unternehmen auch ohne Anzeigen hervorragende Möglichkeiten für das Social Media Marketing. Dennoch haben Unternehmen einen Zugang zu Instagram Anzeigen wieder und wieder gefordert. Im September 2015 war es dann soweit und Instagram hat sein Self-Service Tool für alle Unternehmen geöffnet.

Da Instagram Anzeigen mit den gleichen Targetingoptionen wie Facebook Anzeigen versehen werden können, stehen Unternehmen vielfältige Optionen zum gezielten Reichweitenaufbau und zur exakten Kundenansprache zur Verfügung.

Instagram Anzeigen können hervorragend für den Aufbau von Followern und Interaktionen eingesetzt werden. Sie unterstützen aber auch weitere Anzeigenziele. Hierzu zählen:

- **Webseitenklicks:** Was über normale Instagram Inhalte nicht möglich ist, wird zur Stärke von Instagram Anzeigen. Alle Instagram Anzeigen können mit einer Call-to-Action versehen werden. Diese Call-to-Actions sind klickbar und können Nutzer direkt auf die Webseite eines Unternehmens führen. Da dies die einzige Möglichkeit für die unmittelbare Generierung von Traffic ist, erfreuen sich Instagram Anzeigen mit Webseiten-Verlinkung großer Beliebtheit und tauchen immer häufiger im Instagram Feed auf.
- **App Installationen:** Instagram Anzeigen können auch für die Steigerung von App Installationen eingesetzt werden. Über einen weiteren Call-to-Action Button können Nutzer direkt in die App Stores geleitet werden.
- **Video Views:** Fotos sind das dominante Content-Format auf Instagram. Über Anzeigen können Unternehmen nun aber auch gezielt die Aufrufe von Videos steigern. Interessant ist hierbei eine Verlängerung von Videoanzeigen auf Facebook. Instagram Videos verfügen auch über eine Auto-Play Funktion, welche die Anzahl der Views zusätzlich steigert.

Durch eine immer höhere Anzahl von aktiven Unternehmen werden sich Anzeigen auf Instagram analog zu Facebook etablieren. Es wird nur wenige Unternehmen geben, die zukünftig komplett auf Instagram Anzeigen verzichten werden. Sie sind nicht für den Erfolg entscheidend, sie gehören aber zur Instagram Strategie und jedes Unternehmen sollte über die Möglichkeiten der Instagram Anzeigenplattform informiert sein.

Blick in die rosige Zukunft von Instagram

Die Entwicklung von Instagram ist noch lange nicht am Ende und 400 Mio. aktive Nutzer sind erst der Anfang. Ein Blick in die Glaskugel ist immer schwierig, aber ich halte 1 Mrd. Instagram Nutzer für die Zukunft nicht für unrealistisch. Instagram ist der kleine Bruder von Facebook und bei der Entwicklung der letzten Monate gibt es viele Parallelen zu Facebook. Der Fokus auf die mobile Nutzung ist dabei der große Vorteil von Instagram. In Kombination mit den Erfahrungen, die Facebook gesammelt hat, steht Instagram vor einer rosigen Zukunft.

Entscheidend wird sein, wie Unternehmen Instagram nutzen werden. Wie aggressiv sie Anzeigen einsetzen und wie hoch die Qualität der Unternehmensinhalte sein wird. Noch ist der Instagram Feed ungefiltert. Steigende Nutzerzahlen sorgen automatisch auch für immer mehr Inhalte. Irgendwann wird der Feed aus allen Nähten platzen. Somit wäre ein Algorithmus für Instagram die logische Konsequenz.

Wann und ob solch ein Filter kommen wird, hängt von den Reaktionen der Nutzer ab.

Denn Nutzer bestimmen die Zukunft von Instagram - und nicht die Unternehmen.

2.3

Messenger im unternehmerischen Einsatz
Klaus Zell

1. Rechtliche Ausgangssituation

Deutschland besitzt mit dem Bundesdatenschutzgesetz (BDSG) sehr weitreichende Vorschriften, die sich darum kümmern, dass mit personenbezogenen Daten der Bürger sinnvoll, transparent und nachvollziehbar umgegangen wird. Abgeleitet wird dieses nationale Datenschutzgesetz von der EU-Datenschutzrichtlinie 95/46/EG, die die EU-Mitgliedstaaten in nationales Recht umsetzen mussten. Im Rahmen der EU-Datenschutzreform soll es zukünftig eine Datenschutz-Grundverordnung geben, die dann ohne nationale Umsetzung gültig sein soll. Zweck des BDSG ist es, den Einzelnen davor zu schützen, dass er durch den Umgang mit seinen personenbezogenen Daten in seinem Persönlichkeitsrecht beeinträchtigt wird.

Das BDSG hat mit dem Volkszählungsurteil des Bundesverfassungsgerichts (BVerfG) von 1983 einen grundgesetzlichen Bezug. Nach der Interpretation des BVerfG hat jeder Bürger das Recht, grundsätzlich selbst über die Preisgabe der zu seiner Person gehörenden Daten zu entscheiden. Man nennt das die informationelle Selbstbestimmung.

Das BDSG ist ein Auffanggesetz. Es kommt nur zur Anwendung, wenn keine Vorschriften ausserhalb des BDSG den Sachverhalt regeln. Beispiele für solche Vorrangnormen sind unter anderem die Sozialgesetzbücher (SGB), das Betriebsverfassungsgesetz (BetrVG), das Telekommunikationsgesetz (TKG) oder das Telemediengesetz (TMG).

Begriffsbestimmungen des BDSG

Das BDSG verwendet einige Begrifflichkeiten, die man kennen sollte und die nachfolgend kompakt dargelegt werden. Der Gesetzestext ist teilweise umfangreicher.

Personenbezogene Daten sind Einzelangaben über persönliche oder sachliche Verhältnisse einer bestimmten oder bestimmbaren natürlichen Person.

Automatisierte Verarbeitung ist die Erhebung, Verarbeitung oder Nutzung personenbezogener Daten unter Einsatz von Datenverarbeitungsanlagen.

Erheben ist das Beschaffen von Daten über den Betroffenen.

Verarbeiten ist das Speichern, Verändern, Übermitteln, Sperren und Löschen personenbezogener Daten.

Nutzen ist jede Verwendung personenbezogener Daten, soweit es sich nicht um Verarbeitung handelt.
Anonymisieren ist das Verändern personenbezogener Daten derart, dass die Einzelangaben über persönliche oder sachliche Verhältnisse nicht mehr oder nur mit einem unverhältnismäßig großen Aufwand an Zeit, Kosten und Arbeitskraft einer bestimmten oder bestimmbaren natürlichen Person zugeordnet werden können.

Pseudonymisieren ist das Ersetzen des Namens und anderer Identifikationsmerkmale durch ein Kennzeichen zu dem Zweck, die Bestimmung des Betroffenen auszuschließen oder wesentlich zu erschweren.

Verantwortliche Stelle ist jede Person oder Stelle, die personenbezogene Daten für sich selbst erhebt, verarbeitet oder nutzt oder dies durch andere im Auftrag vornehmen lässt.

Besondere Arten personenbezogener Daten sind Angaben über die rassische und ethnische Herkunft, politische Meinungen, religiöse oder philosophische Überzeugungen, Gewerkschaftszugehörigkeit, Gesundheit oder Sexualleben.

Situation für Unternehmen
Unternehmen in Deutschland unterliegen als „nicht-öffentliche Stellen" dem BDSG. Daneben unterliegen auch öffentliche Stellen des Bundes und der Länder dem BDSG. Nicht-öffentliche Stellen sind natürliche und juristische Personen, Gesellschaften und andere Personenvereinigungen des privaten Rechts.

Damit besteht für Unternehmen die Pflicht, mit sämtlichen personenbezogenen Daten, die im Rahmen der unternehmerischen Tätigkeit anfallen, sorgfältig und gesetzeskonform umzugehen. Nicht-öffentliche und öffentliche Stellen haben, um dieser Pflicht nachkommen zu können, ggf. einen Datenschutzbeauftragten zu bestellen. Details dazu regelt das BDSG.

Damit gelten für Unternehmen weitreichende Vorschriften, wenn es um den Umgang mit personenbezogenen Daten jeglicher Art geht.

Im laienhaften Umgang ist oft nicht klar, was mit personenbezogenen Daten gemeint ist. Dass ein Name und ein Geburtsdatum personenbezogen sind, ist meist klar. Dabei handelt es sich dann um eine bestimmte Person. Etwas abstrakter wird es beispielsweise bei einem Auto-Kennzeichen oder einer Kostenstelle (auf der sich nur eine Person befindet). Das sind dann personenbezogene Daten einer bestimmbaren Person.

Situation für Privatpersonen
Privatpersonen unterliegen hinsichtlich des Umgangs mit personenbezogenen Daten nicht dem BDSG. Schlussendlich leitet Privatpersonen beim Umgang mit personenbezogenen Daten ihrer Kontakte nur noch der gesunde Menschenverstand (und natürlich alle sonstigen Gesetze, die sich aber nicht ausdrücklich mit dem Datenschutz beschäftigen müssen).

2. Aktuelle Situation und betriebliche Übung
Am 03. September 2015 vermeldete Jan Koum (Gründer der Whatsapp Inc.) die erreichte Marke von 900 Millionen monatlich und weltweit aktiver Whatsapp Nutzer (Deutschland über 30 Millionen). Wer in sein persönliches Umfeld schaut, der wird dort kaum noch Menschen antreffen, die keinen Messenger nutzen. In den allermeisten Fällen wird dies Whatsapp sein. Interessanterweise haben alle bekannten Probleme hinsichtlich Sicherheit, Datenschutz und dem Umgang mit den Kommunikationsdaten dem Höhenflug von Whatsapp bis heute keinen Abbruch getan. Selbst der Aufschrei von vielen Whatsapp-Nutzern, als Facebook Whatsapp im Februar 2014 für sagenhafte 19 Milliarden Dollar übernommen hat, dass nun aber „Schicht im Schacht sei" und jetzt zu einem anderen „siche-

ren" Messenger gewechselt wird, war letztendlich nur konsequenzloses Getöse. Whatsapp vermeldet auch seit der Übernahme regelmässig neue Rekordzahlen.

Mit dieser fast übermächtigen Marktdurchdringung ist es nur eine logische Konsequenz, dass Whatsapp, in welcher Ausprägung auch immer, auch in den Unternehmen landet. Mitarbeiter sehen natürlich auch für ihre geschäftliche Kommunikation die vermeintlichen Vorteile, die ein Messenger bietet, besonders auch im weltweiten Einsatz. Und ihre geschäftlichen Kontakte nutzen natürlich privat ebenfalls Whatsapp und fragen dann danach, ob man Whatsapp nicht auch für den geschäftlichen Kontakt nutzen könnte. Wäre ja klasse, hätte man einen „direkten Draht" zueinander. Aber durch das unkontrollierte „Infiltrieren" der Unternehmenskommunikation mit Diensten wie Whatsapp durch die Mitarbeiter selber, treten erst mal nur beim Mitarbeiter vermeintliche Vorteile (z. Bsp. der bereits erwähnte „direkte Draht") auf. Aus Sicht der Unternehmen sieht die Welt diesbezüglich aber völlig anders aus und die gedachten Vorteile könnten zum Nachteil werden (z. Bsp. eben wieder auch der „direkte Draht", den man so direkt auf persönlicher und individueller Ebene eventuell gar nicht will und auch nicht dauerhaft bedienen kann).

Die allermeisten Unternehmen sind sich dieser Problematik durchaus bewusst. Sie sind sich aber auch bewusst, dass eine Lösung oder zumindest eine Regelung dieser konkreten Anforderungen nicht ganz einfach ist.

Deshalb üben sich nicht wenige Unternehmen in einer Art „Vogel-Strauss-Politik". Sie halten oftmals ihre „Policies" zur Nutzung von Unternehmenskommunikation, speziell auch der Smartphones, so offen und schwammig, dass der Nutzer still und leise dann doch „seinen" Whatsapp-Client installieren kann um mit „seinen" Kunden, Lieferanten, etc. zu kommunizieren. So kenne ich die aktuelle Situation aus den Beschreibungen etlicher Unternehmen.

Diese Gesamtsituation stellt nicht nur für die Unternehmen selber eine problematische Kommunikationskultur dar - sie bringt, mangels klarer Regeln, auch die Mitarbeiter unter Umständen in Schwierigkeiten (z. Bsp. hinsichtlich Arbeitszeitregelungen, Worklifebalance, etc.). Ähnliches kennt man heute in diesem Zusammenhang auch mit dem BYOD-Hype (Bring your own Device), den ebenfalls viele Unternehmen stillschweigend versuchen auszusitzen.

3. Anforderungen an Kommunikation in Unternehmen

Wir alle, als Privatpersonen, müssen uns zu den Anforderungen an unsere Kommunikation mit ihren Inhalten im Prinzip wenig Gedanken machen. Wir müssen unsere Kommunikation nicht aufbewahren und wir müssen uns auch nicht darum kümmern, dass unsere wirtschaftliche Existenz gegebenenfalls auf dem Spiel stehen könnte, wenn unsere Kommunikation ausgespäht wird.

In Unternehmen sieht dies anders aus. Dort werden eine Vielzahl an Anforderungen an „Kommunikation" mit ihren Mitteln und Medien gestellt, bevor sie überhaupt eingesetzt und genutzt werden kann. Und das gilt sowohl für Kommunikation innerhalb der Unternehmen als auch für Kommunikation mit externen Stakeholdern.

Will ein Unternehmen, welches einen Betriebsrat hat, beispielsweise Microsoft Lync (zukünftig: „Skype for Business") einführen und nutzen, dann muss zunächst ein Übereinkommen mit dem Betriebsrat gefunden werden. Denn Lösungen wie Lync bieten eben durch ihre Funktionen auch Mittel und Möglichkeiten zur Leistungs- und Verhaltenskontrolle. Ein Missbrauch seitens der Unternehmen ist deshalb grundsätzlich nicht auszuschliessen. Deshalb kann hier auch eine Mitbestimmungspflicht nach dem Betriebsverfassungsgesetz bestehen.

Darüber hinaus hat Kommunikation (bzw. ihre Inhalte) in Unternehmen meist keinen nur flüchtigen Charakter, wie das im privaten Umfeld in der Regel der Fall ist, sondern sie unterliegt sehr oft jahrelang anhaltenden Bedingungen. Beispielsweise muss Kommunikation (bzw. deren Inhalt), wenn sie bestimmten Klassifizierungen entspricht, ggf. nach verschiedenen Gesetzen unterschiedlich lange aufbewahrt werden.

Beispiele dafür sind: Kommunikation (-sinhalte), die als Geschäftsunterlagen zu verstehen sind und damit Geschäftsvorgänge dokumentieren, die handels- oder steuerrechtlich eine Relevanz haben. Gesetzliche Grundlagen dafür finden sich unter anderem in § 257 HGB, § 147 AO und § 14b UStG. Aber auch in weiteren branchenspezifischen Regelungen finden sich entsprechende Aufbewahrungspflichten. Beispiele sind Vorschriften im Bereich der Pharmaindustrien, im Bereich der Lebensmittelindustrien, in Bereichen des Gesundheitswesens, etc..

4. Risiken der Messenger-Kommunikation

Datenschutz

Unternehmen haben dafür zu sorgen, dass die für ihren Unternehmenssitz gültigen Datenschutzvorschriften, wie alle anderen Gesetze, eingehalten werden. Für Unternehmen mit rechtlichem Sitz in Deutschland ist deshalb im wesentlichen das BDSG zu beachten.

Der Datenschutz berücksichtig sämtliche personenbezogene Daten, die das Unternehmen erhebt, verarbeitet und nutzt und damit in seiner Obhut hat. So gilt das für personenbezogene Daten der eigenen Mitarbeiter genauso wie für Kunden, Lieferanten und alle anderen Menschen, die einem Unternehmen ihre Daten überlassen oder an die das Unternehmen auf anderen legalen Wegen gelangt.

Nutzt ein Unternehmen Datenverarbeitung, die mit personenbezogenen Daten umgeht, dann hat das Unternehmen zu prüfen und zu gewährleisten, dass diesen gesetzlichen Anforderungen Rechnung getragen wird. Zur elektronischen Datenverarbeitung gehören – wenn sie offiziell im unternehmerischen Einsatz genutzt werden – natürlich auch Messenger, die auf Hardware des Unternehmens betrieben werden.

Verarbeitet ein Unternehmen personenbezogene Daten ausschliesslich unternehmensintern, wie dies beispielsweise der Fall sein kann beim Einsatz einer Software zur Zeiterfassung oder beim Einsatz einer unternehmensinternen „Messenger"-Lösung wie Microsoft Lync, dann sind in die Verarbeitung der relevanten Daten keine Dritte involviert. Die Verantwortung und die Umsetzung einer gesetzeskonformen Erhebung, Verarbeitung und Nutzung liegt ausschliesslich beim Unternehmen selber.

Nutzt das Unternehmen zur Erhebung, Verarbeitung und Nutzung der Daten einen externen Dritten, so muss mit diesem nach § 11 BDSG vertraglich eine sogenannte Auftragsdatenverarbeitung (ADV) vereinbart werden. Denn auch dann, wenn ein Dritter technisch die betroffenen personenbezogenen Daten verarbeitet, bleibt der Auftraggeber, also das Unternehmen, in vollem Umfang für die Einhaltung der Vorschriften zum Datenschutz verantwortlich. Der Auftraggeber hat darüber hinaus in geeigneter und regelmässiger Form zu überprüfen, ob der Auftragnehmer alle erforderlichen technischen und organisatorischen Massnahmen hinsichtlich des Datenschutzes umsetzt und einhält.

Über die ADV muss dann weiterhin detailliert geregelt und festgelegt werden, wie und von wem die beinhalteten personenbezogenen Daten verarbeitet werden dürfen.

Weiterhin ist von der nach BDSG verantwortlichen Stelle (in der Regel der Auftraggeber) die grundsätzliche Rechtmässigkeit der Verarbeitung im Rahmen einer Vorabkontrolle zu prüfen. Dies ist vor allem dann erforderlich, wenn nach § 4d BDSG „spezifische Risiken für die Rechte und Freiheiten der Personen beinhaltet sein können". Dabei ist ggf. auch die Schutzpflicht der Persönlichkeitsrechte nach den §§ 1 und 2 des Grundgesetzes (GG) zu berücksichtigen.

Sinngemäss gelten die obigen Aussagen für alle Auftragnehmer (im Rahmen einer ADV), die ihren Sitz im Bereich der Gültigkeit der EU-Datenschutzrichtlinie 95/46/EU haben.

Befinden sich die Auftragnehmer ausserhalb der EU (beispielsweise in den USA), so wie Whatsapp (Facebook), wo es bekanntermassen keinen mit Deutschland bzw. der EU vergleichbaren Datenschutz gibt, dann wird die ganze Sache wesentlich problematischer, denn das BDSG und auch die EU-Datenschutzrichtlinie verbieten zunächst einmal die Übertragung personenbezogener Daten in Staaten, die keinen Datenschutz mit einem EU-vergleichbaren und EU-abgestimmten Standard bieten.

Speziell für die Verarbeitung personenbezogener Daten eines europäischen Unternehmens durch einen „Dienstleister" in den USA hat die Europäische Kommission mit den USA vor längerer Zeit ein Abkommen geschlossen, welches einen vergleichbaren Datenschutz für die Verarbeitung in den USA gewährleisten sollte. Dieses Abkommen nennt sich „Safe Harbor"-Abkommen. „Safe Harbor" steht aber schon immer dahingehend in der Kritik, dass us-amerikanische Unternehmen diesem Abkommen natürlich gerne beitreten, ohne die damit verbundenen Auflagen allzu ernst zu nehmen. Denn im Zweifelsfall ist die EU für ein Unternehmen wie Microsoft, Apple, Facebook, IBM, Dropbox, etc. sehr weit weg, wogegen der us-amerikanische „Patriot Act" für besagte Unternehmen sehr konkrete Auswirkungen haben kann. Speziell die Whatsapp Inc. ist im übrigen nicht mal dem „Papiertiger" des „Safe Harbor"-Abkommens beigetreten.

Im übrigen ist inzwischen der Generalanwalt des EuGH der Ansicht, dass das „Safe Habor"-Abkommen mit den USA ungültig sei. Diese Ansicht kommt nicht von ungefähr.

Wie also kann ein deutsches Unternehmen überhaupt zu einer rechtmässigen Verarbeitung personenbezogener Daten durch Dritte kommen?

Eine erste mögliche Voraussetzung ist die Verarbeitung im Rahmen einer gesetzlichen Grundlage (z. Bsp. Nutzung der personenbezogenen Daten eines Mitarbeiters im Zusammenhang mit der Abrechnung von Sozialversicherungen). Eine weitere mögliche Voraussetzung ist die Einwilligung des Betroffenen. Soll die Verarbeitung in den USA stattfinden, dann ist mit dem Auftragnehmer eine einzelvertragliche Vereinbarung im Sinne einer ADV zu treffen, die für die Verarbeitung den EU-Standard des Datenschutzes garantiert.

Dies würde jetzt unter diesen Betrachtungen bedeuten, dass ein Unternehmen, welches Whatsapp als Kommunikationslösung im Rahmen der internen und externen Unternehmenskommunikation einsetzen will, die Einwilligung aller möglicher Betroffener (die, die im Adressbuch des jeweiligen Smartphones mit ihren Kontaktdaten beinhaltet sind und das im Rahmen der Whatsapp-Installation auf die us-amerikanischen Whatsapp-Server hochgeladen wird) einholen müsste und darüber hinaus mit der Whatsapp Inc. eine entsprechende „ADV" vereinbaren müsste.

Alles in allem hinsichtlich seiner Umsetzungchancen ein nicht sehr realistisches Szenario. Zumindest ist kaum vorstellbar, dass die Whatsapp Inc. eine entsprechende Vereinbarung eingehen würde. Ohne die entsprechenden Regelungen bliebe die Whatsapp-Nutzung in einem gesetzlichen und datenschutztechnischen Graubereich.

Damit stellt sich der Einsatz von Whatsapp in einem Unternehmen als recht problematische und schwer lösbare Aufgabe in Sachen des Datenschutzes der potentiell Betroffenen dar.

Datensicherheit
Die Datensicherheit hinsichtlich unternehmenskritischer Daten hat zunächst weniger einen gesetzlichen Hintergrund als vielmehr die überlebensnotwendigen Interessen eines Unternehmens, wichtige Daten des Unternehmens keinen Dritten unabsichtlich und unberechtigt zur Verfügung zu stellen. Ein mögliches Stichwort in Sachen Datensicherheit ist das Thema der Ausspähung und Industriespionage. Ein Unternehmen muss sich vor dem Einsatz neuer und moderner Kommunikationsmittel, die das Internet als Übertragungsweg nutzen, generell Gedanken machen, welches Risiko der Ausspähung in diesem Zusammenhang bestehen könnte und welchen Risikoanteil man bereit ist zu tragen.

Ob ein Unternehmen ggf. unternehmenswichtige (Kommunikations-) Daten einem us-amerikanischen Messenger (Whatsapp) anvertrauen will, der in erster Linie mal den us-amerikanischen Gesetzen und Zugriffen unterliegt, muss jedes Unternehmen für sich selber bewerten und entscheiden. Unbestritten ist aber die Gefahr der Ausspähung gegeben.

Sonstige gesetzliche Anforderungen
Und last but not least muss sich jedes Unternehmen für seine interne und externe Unternehmenskommunikation auch dazu Gedanken machen, wie es beispielsweise handels- und steuerrechtlichen Aufbewahrungspflichten entsprechender „Dokumente" bzw. Kommunikationen nachkommen kann. Mit Kommunikation, die auf einem Messenger wie Whatsapp abläuft, ist dieser Pflicht nur schwer nachzukommen.

5. Rechtliche und technische Bewertung von Whatsapp

Wie funktioniert Whatsapp
Ein ganz wesentlicher Aspekt, der die bekannte Funktion und den durchaus geschätzten Komfort von Whatsapp bietet, ist die Nutzung des (gesamten) Adressbuchs auf dem jeweiligen Smartphone durch die Whatsapp Inc.. Der Dienst Whatsapp basiert technisch ausschliesslich auf der jeweiligen Mobilfunk-Rufnummer des Kontakts. Über den ständigen Abgleich aller Mobilfunk-Rufnummern, die Whatsapp bekannt sind, kann der Dienst die Whatsapp-Kontaktlisten aktualisieren. Whatsapp kann allerdings nie verifizieren, ob sich hinter den Rufnummern wirklich die Personen befindet, die man glaubt dort zu wissen (im Gegensatz dazu kann Threema eine solche Überprüfung leicht durchführen – Stichwort: rot/gelb/grün - Status).

Damit Whatsapp die Whatsapp-Kontakteliste erstellen und aktuell halten kann, wird im Moment der ersten Installation der App das Adressbuch des Smartphones auf die us-amerikanischen Whatsapp-Server kopiert. Whatsapp sagt zwar, dass nur die jeweiligen Kontakte-Namen und die zugehörigen Mobilfunk-Rufnummern genutzt werden. Es ist allerdings schwer vorstellbar, dass sich Whatsapp die Mühe macht, diese Selektion der Adressbuchdaten auf den zig verschiedenen Smartphones selber durchzuführen. Ein kompletter Upload des Adressbuchs würde diese Arbeit technisch wesentlich einfacher machen. Whatsapp steht im übrigen schon immer in der Kritik, im Umgang mit diesen hoch sensiblen Kontakte-Daten recht lax zu sein.

Solange dann die App auf dem Smartphone genutzt wird, wird auch ein ständiger Abgleich des Adressbuchs durchgeführt. Wer seine „Zusammenarbeit" mit Whatsapp beenden möchte, erreicht dies nicht damit, dass er nur die App löscht. Vor dem Löschen der App muss man in der App die Funktion „Meinen Account löschen" auswählen und erst danach die App selber löschen.

Was Whatsapp aber dann mit den Adressbuchdaten auf den Whatsapp-Servern macht, das weiss nur Whatsapp selber. Es gibt dahingehend Vermutungen, dass diese Daten eben nicht umgehend gelöscht werden.

Die Kommunikation zweier Whatsapp Kontakte, von einem Smartphone zum anderen, geht immer über die Whatsapp-Server in den USA. Whatsapp steht ebenfalls schon immer in der Kritik, weil diese Kommunikation nicht bzw. nicht nachvollziehbar verschlüsselt wird. Es ist davon auszugehen, dass die gesamte Kommunikation über die Whatsapp-Server ausgespäht werden kann (Stichwort: PRISM). Whatsapp erwähnt zwar seit geraumer Zeit eine Ende-zu-Ende-Verschlüsselung (E2E) für Android. Die soll bisher aber tatsächlich nur für Kommunikation zwischen Android-Geräten zum Tragen kommen. Der Nutzer hat darüber aber keinerlei Information und kann nicht nachvollziehen ob und wann die Verschlüsselung aktiv ist. Ob und ggf. wann diese Verschlüsselung aktiv ist weiss nur Whatsapp selber. Bei Kommunikation mit und unter den anderen Plattformen (Apple, Windows Phone, etc.) steht (noch) keine E2E-Verschlüsselung zur Verfügung.

Wo liegen Schwachstellen

Wesentliche Schwachstellen aus Datenschutzsicht ist zum einen der Umgang mit den Adressbüchern, die auf die Whatsapp Server synchronisiert werden und ist zum anderen das Problem der fragwürdigen (und nur unter Android vorhandenen) E2E-Verschlüsselung. Man muss davon ausgehen, dass Whatsapp jedem (Android-) Client jederzeit signalisieren kann, ab sofort immer unverschlüsselt zu senden. Apple und Windows Phone Geräte können aktuell generell ihre Kommunikation nicht verschlüsseln.

Bewertung

Der Autor bewertet vor diesem Hintergrund die Kommunikation per Whatsapp in Unternehmen sowohl aus Sicht des Datenschutzes als auch aus Sicht der Datensicherheit als problematisch.

Schlussendlich muss sich jedes Unternehmen selber mit der Risikobewertung beschäftigen, denn es gibt zu diesem Thema kein einfaches „schwarz" oder „weiss". Und auch die Gesetze zum Datenschutz hinken der realen Praxis meist weit hinterher. Und damit tut sich auch die Rechtsprechung sehr schwer damit, in jeder Beziehung einen erkennbaren roten Faden zu spinnen, an dem man sich als Unternehmen orientieren könnte.

6. Threema als Alternative

Wir sehen bis hierher die vielfältigen Probleme, die der Einsatz von Whatsapp in Unternehmen hervorbringen kann. Die interessante Frage dazu ist, ob es Alternativen gibt, die diese angesprochenen Probleme nicht haben.

Dazu muss man sagen, dass es Empfehlungen von Fachleuten gibt, die vor allem aus Datenschutzgründen vom Einsatz „öffentlicher" (Instant-) Messenger (wie z. Bsp. Whatsapp, Facebook Messenger, Hike, Line, Telegram, WeChat, etc.) generell abraten. Sie raten dann ggf. zu einer reinen unternehmensinternen Messenger-Infrastruktur. Dies würde aber nicht das Kommunikationsbedürfnis mit externen Kontakten befriedigen, denn die wären damit ausgeschlossen. Ausserdem ist die Realisierung einer solchen Infrastruktur ihrem Aufwand nach nicht zu unterschätzen.

Technisch gesehen gibt es natürlich auch sichere (oder sicherere) Messenger. Der „Marktführer" im Bereich der sicheren Messenger ist aktuell wohl Threema aus der Schweiz. Threema weist einen mit Whatsapp vergleichbaren Komfort in der Installation und Nutzung auf. Daneben gibt es noch einige weitere mehr oder weniger sichere Alternativen (wie z. Bsp. Hoccer, ChatSecure, myEnigma, Textsecure, etc.). Allen gemein ist meist der Umstand, dass sie nicht mehr wirklich benutzerfreundlich sind, was ihre Installation und Bedienung angeht. Sie sind diesbezüglich auf jeden Fall meist sehr weit vom Komfort von Whatsapp oder Threema entfernt – und haben, bis auf Threema, auch deshalb kaum eine nennenswerte Verbreitung.

Wie funktioniert Threema

Threema hat als sichere Alternative zu Whatsapp einige entscheidende Vorteile. Threema kommt aus der Schweiz und wird auch dort betrieben und unterliegt damit dem europäischen Datenschutz, denn die Schweiz hat ein vergleichbares Datenschutzniveau wie die EU und wird deshalb von der EU anerkannt.

Threema kann vom Nutzer, wenn er das möchte, vollständig anonym genutzt werden. Dafür nutzt Threema eine einmalige dem Nutzer zugeordnete Threema-ID und nicht wie Whatsapp die Mobilfunk-Rufnummer des Nutzers. Neue Threema Kontakte kommen deshalb in diesem Fall ausschliesslich über den Austausch der Threema-ID zustande. Die Threema-ID bleibt damit auch bei einem Wechsel der Mobilfunk-Rufnummer gültig und erhalten und ist damit von der Mobilfunk-Rufnummer völlig unabhängig.

Wenn der Nutzer aber, vergleichbar wie bei Whatsapp, den Komfort nutzen möchte, dass neue Kontakte automatisch in der Threema Kontakteliste erscheinen, dann kann der Nutzer ebenfalls einen Adressbuch-Sync aktivieren, der diese Funktion dann bietet. Die übertragenen Adressbuchdaten werden, anders als bei Whatsapp, zur Übertragung „gehasht" (verschlüsselt) und dann zusätzlich mit SSL gesichert an die Threema-Server übertragen. Nach dem, was zur Technik von Threema bekannt ist, hat Threema damit keine Möglichkeit, Einblick in diese Daten zu nehmen.

Nachrichten bzw. Chats, die auf dem jeweiligen Smartphone liegen werden ebenfalls verschlüsselt, wenn der Nutzer dafür eine Passphrase setzt (Android). Unter iOS muss dafür eine PIN in den Systemeinstellungen gesetzt werden. Möglichst mit deutlich mehr als 4 Stellen.

Die meisten Messenger wie Whatsapp, Telegram oder iMessage bieten den jeweiligen Betreibern technische Möglichkeiten, die Nachrichten im Zweifelsfall mitlesen zu können. Threema schliesst das durch die eingesetzte (Verschlüsselungs-) Techniken aus.

Wo liegen Schwachstellen

Nach heutigem Kenntnisstand hat Threema keine bekannten technischen Schwachstellen und kann deshalb als sicher bezeichnet werden - so dass Threema als Messenger für den Einsatz in Unternehmen durchaus in Frage kommen könnte. Dem Datenschutz und der Datensicherheit könnte damit auf einem sinnvollen Niveau Genüge getan werden.

Was natürlich bleibt sind die Probleme, die der Einsatz eines solchen Messengers mit Hinblick auf Aspekte wie die oben schon genannten Aufbewahrungspflichten mit sich bringt. Diese Probleme werden auch in diesem Fall nicht gelöst.

Bewertung

Ein Messenger wie Threema kann im unternehmerischen Einsatz einen Teil der Probleme, die Whatsapp mit sich bringt, lösen. Allen voran die Probleme des Datenschutzes und der Datensicherheit. Andere Probleme wie beispielsweise mögliche Aufbewahrungs- und Dokumentationspflichten können auch mit Threema (oder einem anderen Messenger) nicht gelöst werden.

7. Messenger im Unternehmen

So sehr wir heute den Einsatz von Messengern im privaten Umfeld schätzen (und die damit verbundenen Probleme hinsichtlich unserer eigenen persönlichen und personenbezogenen Daten meist ignorieren), so problematisch kann die Nutzung von Messengern im Unternehmenseinsatz werden und damit mehr Probleme schaffen als vermeintlich gelöst werden.

Die Gesetzeslage und die Rechtsprechung ist in diesen Belangen meist auch keine grosse Hilfe, denn die Experten streiten sich selbst darüber, welche Gesetze denn nun überhaupt in so einem Fall zum Tragen kommen, wenn solche Software eingesetzt wird. Manche sehen die Verantwortungen eher beim Nutzer und dem einsetzenden Unternehmen, andere sehen sie eher beim „verarbeitenden" Diensteanbieter wie Whatsapp. Eine grundsätzliche Frage in diesem Zusammenhang ist die, ob das deutsche Unternehmen für die Datenverarbeitung von Whatsapp wirklich verantwortlich ist oder ob die Whatsapp Inc. dafür zu sorgen hat, dass allen für den Auftraggeber gültigen Gesetzen Rechnung getragen wird.

Es gibt dafür leider keine einfache Blaupause. Wer einen solchen Einsatz plant, der sollte sich als Unternehmen vorher ausgiebig mit dem Thema beschäftigen und sich umfassend zu den Risiken sowie Möglichkeiten einen Überblick verschaffen und daraus eine eigene Meinung bilden – zu der man dann im Zweifelsfall auch stehen können muss. Wer das ganze Thema im Unternehmen einfach „laufen lässt", der macht es sich als verantwortliches Unternehmen zu einfach und riskiert im schlechtesten Fall Konsequenzen. Von Image-Problemen wegen eines laxen Umgangs mit personenbezogenen Daten bis hin zu gesetzlichen Repressalien.

8. Whatsapp im B2C-Einsatz

Heute hört und diskutiert man häufig den Einsatz von Whatsapp für die direkte B2C Kundenansprache. Immer wieder, vor allem aus marketinglastigen Quellen, wird sowas empfohlen oder zumindest als „moderne" Ansprache der Kunden dargestellt.

Davon kann, nein, muss man heute aber eindringlich abraten! Und zwar aus mehreren Gründen.

Grund Nummer 1: Wer Whatsapp installiert stimmt mit dieser Installation den, bis heute trotz Gerichtsurteil leider nur in englisch vorhandenen, Nutzungsbedingungen der Whatsapp Inc. zu. In diesen Nutzungsbedingungen („Terms of Service", Punkt 3, Abs. A (i) ff.) wird ausdrücklich bestimmt, dass Whatsapp ausschliesslich privat genutzt werden darf. Auch das Dazwischenschalten eines Dienstleisters, wie es heute in diesen Fällen meist empfohlen wird, ist nach diesem Passus mehr als fragwürdig. Auch die Zugriffsvergabe auf den eigenen Account (beispielsweise einem Dienstleister), ist nach Abs. A (ii) verboten. Bereits damit ist zum heutigen Stand die Frage nach einer Nutzung im B2C-Umfeld final beantwortet. Eine derartige Nutzung widerspricht unmissverständlich den Whatsapp Nutzungsbedingungen.

Grund Nummer 2: Nach dem Gesetz gegen den unlauteren Wettbewerb (UWG) § 7 Abs. 2 Nr. 3 liegt mit der Kontaktaufnahmen ggf. eine unzumutbare Belästigung vor. Das bedeutet in der Konsequenz, dass ein Unternehmen einen potentiellen Interessenten nie aus eigener Motivation kontaktieren darf. Für eine erste Kontaktierung ist deshalb immer zuerst eine ausdrückliche Zustimmung des Adressaten erforderlich. Und für die „ganz Schlauen", die auf die Idee kommen, ihre Sender-Identität zu verschleiern, gibt es den § 7 UWG, Abs. 2, Nr. 4 a, wonach diese Verschleierung ebenfalls untersagt ist.

Grund Nummer 3: Wer (IT-) Lösungen im geschäftlichen Umfeld einsetzt, der muss in der Regel auch nach SLAs (Service-Level-Agreements) verlangen. Also nach einer entsprechenden Dienstleistungsvereinbarung, die dem „Dienste"-Nutzer beispielsweise eine konkrete „Leistung" und eine konkrete Verfügbarkeit garantieren. Wer das nicht tut handelt schon im Sinne seines eigenen Geschäftsinteresses „fahrlässig".

Damit dürfte der Fall „Whatsapp in der B2C Ansprache" klar sein: Von einer derartigen Whatsapp-Nutzung ist zum heutigen Zeitpunkt eindeutig und eindringlich abzuraten.

Und wer sich jetzt als Unternehmen doch dazu hinreissen lässt, Whatsapp in der B2C Ansprache einzusetzen, der riskiert ggf. auch seinen guten Ruf als verlässlicher und verantwortlicher Partner. Dies passiert spätestens dann, falls ihm Whatsapp in der Betriebsphase, wenn schon nennenswerte Anzahlen an Kunden als Kontakte aufgenommen worden sind, den eigenen Account sperrt und die „schöne" Kundenansprache damit unverhofft „gestorben" ist (vgl. dazu auch das rigorose Sperren von Whatsapp Accounts, die Drittanbieter-Clients verwendeten). Sowas macht dann sicherlich keinen guten Eindruck bei Kunden und Interessenten.

Und zum Schluss der B2C Betrachtung noch ein nicht zu vernachlässigender „Schönheitsfehler" dieses gesamten Szenarios: Jeder Interessent, der über eine Whatsapp-Kommunikationslösung angesprochen werden soll, muss dafür die Mobilfunkrufnummer des kontaktierenden Unternehmen in sein Adressbuch mit aufnehmen. Das dürfte für viele Anzusprechenden bereits das erste „Problem" sein (Stichwort: Adressbuch-„Hygiene").

9. Zusammenfassung

Vor dem Hintergrund unserer schnellen und schnelllebigen Kommunikation und den damit verbundenen Kommunikationsmöglichkeiten ist es gerade für Unternehmen heute sehr schwer, allen Anforderungen – von einer komfortablen Kommunikaktionsmöglichkeit für die Mitarbeiter bis zu den damit verbundenen gesetzlichen Anforderungen – gerecht zu werden. Man muss sich mit den Themen beschäftigen und am Ende dann trotzdem eine Entscheidung in Unsicherheit treffen. Diese getroffenen Entscheidungen müssen in einer „Dauerregelschleife" immer wieder überprüft und ggf. auch angepasst werden.

Die Experten haben auf diese Themen oft einen sehr unterschiedlichen Blick. Den einzigen „richtigen" Blick gibt es heute leider nicht. Der Autor hat bei der Nutzung von Messengern in Unternehmen seinen Fokus vor allem auch auf den Aspekten des Datenschutzes all derer, die technisch involviert sein können (z. Bsp. alle, die in einem Smartphone-Adressbuch stehen) und auf der Datensicherheit der nutzenden Unternehmen, die auf unternehmenswichtige und -kritische Daten ein besonderes Augenmerk haben sollte. Die Betrachtungsmöglichkeit, dass ein Unternehmen, welches Whatsapp einsetzt, nicht für die Verarbeitung der damit involvierten personenbezogenen Daten verantwortlich ist und diese Verantwortung weitgehend beim verarbeitenden Diensteanbieter wie der Whatsapp Inc. liegen soll (vgl. dazu auch die geführten Diskussionen um das TKG und TMG), kann der Autor nicht teilen. Seinen Ausführungen liegt eine weitgehende Verantwortung der Unternehmen zugrunde, die derartige Kommunikation gegenüber ihren „Kontakten" einsetzen und nutzen wollen.

10. Handlungsempfehlung

Als wesentliche Handlungsempfehlung kann der Autor jedem Verantwortlichen in einem Unternehmen nur nahelegen, sich aktiv mit diesen Anforderungen und Herausforderungen zu beschäftigen. Dazu gehören heute Themen wie BYOD und natürlich auch der Einsatz von Messengern. Am Ende muss jedes Unternehmen unter Abwägung von Chancen und Risiken eine individuelle Ausprägung zur Nutzung finden – und diese auch vertreten können.

Das schlechteste was Unternehmen in diesen Angelegenheiten tun können, ist nichts zu tun und eine „Vogel-Strauss-Politik" zu betreiben.

Es ist heutzutage „fahrlässig", einem Mitarbeiter ein Smartphone in die Hand zu drücken, welches keinen definierten Nutzungspolicies des Unternehmens unterliegt. Dazu zählt dann unter anderem eben auch, dass ein Nutzer nicht nach eigenem Belieben und Gutdünken Apps auf dieses Gerät installieren kann.

Das Unternehmen muss sich zum Umgang mit den auf so einem Gerät gespeicherten (personenbezogenen) Unternehmensdaten Gedanken machen und muss diese dann auch – entsprechend seiner Verantwortung – in technische und organisatorische Massnahmen umsetzen.

Hinsichtlich des Einsatzes von Whatsapp zur direkten Ansprache von B2C Kunden und Interessenten, so wie unter Punkt 8, ist aus den genannten Gründen und zum aktuellen Zeitpunkt abzuraten.

11. Ausblick

Wer die letzten zehn Jahre hinsichtlich der Veränderungen der Kommunikationsmöglichkeiten und -mittel anschaut, dem wird schnell klar, dass die nächsten zehn Jahre mindestens genauso herausfordernd werden. Und ich glaube, wir sind uns sogar einig, dass die Herausforderungen im Rahmen der „Digitalen Revolution" und „Industrie 4.0" noch viel grösser werden, als sie das in der Vergangenheit waren. Diese „Revolution" hat gerade erst begonnen!

Wir alle sind deshalb gefordert – als Privatperson und natürlich auch als Verantwortliche und Mitarbeiter in einem Unternehmen. Wir müssen uns frühzeitig mit den entsprechenden Aufgaben beschäftigen, denn Mitarbeiter tragen sie uns aus ihrem privaten Umfeld sehr schnell in die Unternehmen. Wer sich darauf nicht einstellt, der wird als Unternehmen vor unerwünschte Tatsachen gestellt.

Und hat dann schnell eine unkontrollierbare Kommunikationsinfrastruktur und -kultur im Haus. Mit allen Nachteilen.

2.4

Customer Care in mobilen Diensten: Status und Ausblick
Florian Stöhr

Vorbemerkungen

Der Kundenservice spielt in vielen Firmen im Geflecht der Abteilungen schon beinahe traditionell eine untergeordnete Rolle. Haben beispielsweise Vertrieb, Entwicklung, Produktion und Marketing eine dem Kauf vorgelagerte Rolle, wird der nachgelagerte Kundenservice eher als notwendiges Übel angesehen. Im Fokus steht bei vielen Firmen daher die Vermeidung von Kundenkontakten und damit auch Kosten. Leider ist häufig zu beobachten, dass dies weniger durch die Perfektionierung der eigenen Produkte, Dienstleistungen oder Prozesse erreicht werden soll, sondern durch eine schon fast als Vergrämung zu bezeichnende Verkomplizierung der Kontaktaufnahme. Warteschleifen werden in Kauf genommen, ebenso gruselige Computermenüs oder gar kostenpflichtige Servicenummern. Wenn der Kundenkontakt dennoch zustande kommt, wird großer Wert auf die Effizienz der Abarbeitung gelegt. Am Telefon durch die Einhaltung klarer Leitfäden, im schriftlichen Kontakt durch weich gewaschen Textbausteine.

All das geschieht, obwohl eigentlich jeder weiß, wie wichtig die Kundenzufriedenheit beim Service im Zusammenhang mit zukünftigen Einkäufen ist. In Deutschland sehr langsam, aber in den letzten Jahren stetig verstärkt, kann daher auch eine Veränderung festgestellt werden. Der Trend geht weg von langsamen, unkomfortablen und standardisierten Serviceprozessen. Dies wird von den Unternehmen getrieben, die gerade auch durch die breite Öffentlichkeit von Bewertungsportalen und Social Media Kundenservice-Anfragen merken, dass Service ein sehr schlagkräftiges Marketingmittel sein kann, besonders bei abnehmender Effektivität anderer Kanäle. In schlagkräftigen und innovativen Unternehmen verändert sich die grundsätzliche Denkweise zum Thema Kundenservice: Der Kunde entscheidet inzwischen selbst, welchen Service er über welchen Kanal bekommen möchte. Größter Treiber der Veränderungen im Service sind also die Kunden selbst, die inzwischen ein neues Verständnis von Service emanzipieren. Zwei große Trends sind dabei zu beobachten:

*   Der Wunsch nach individuellem und gutem Kundenservice, der eine genau auf das Bedürfnis des Kunden zugeschnittene Problemlösung und Unterstützung bietet. Eine große Rolle für die steigende Wichtigkeit spielte hier der Social Media Kundenservice. Er zeigte einerseits den Kunden, dass ein fallabschließender „One-Face-to-the-customer"-Service möglich ist, andererseits stieg die Notwendigkeit schneller und leistungsfähiger Schnittstellen und Prozesse in den Kundenserviceorganisationen.
*   Der Trend nach einfachem und schnellem Kundenservice, realisiert durch möglichst geringe Medienbrüche, aber vor allem auch durch eine maximale Automatisierung der Prozessschritte und damit einhergehend umfangreiche Self-Service-Möglichkeiten. Kunden erkennen, dass es für sie viel effizienter ist, Einstellungen selbst vorzunehmen als dies von einem Kundenberater machen zu lassen.

Gut und Individuell

Dialog 2.0
Social Media, Chat

Klassischer Customer Care
Langsam, unkomfortabel, standardisiert

Automatisierung
Apps, Onlinefilalen

Schnell und einfach

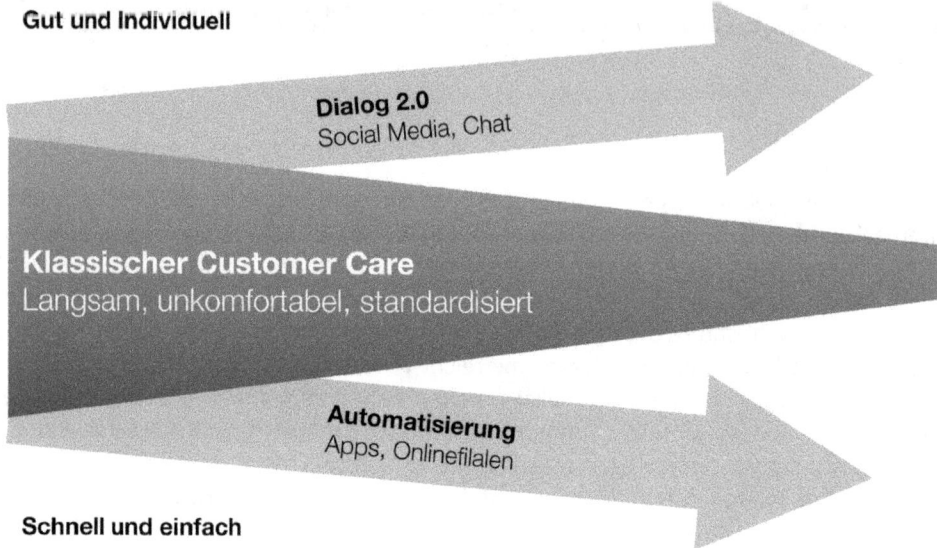

Bei beiden Trends ist die mobile Revolution ein absoluter Treiber. Zwar sind beispielsweise Kundenportale schon lange im Web verfügbar, durch die Verbreitung von mobilen Endgeräten ist ihre Nutzung aber komfortabler geworden, nicht nur, aber gerade auch wenn sie in eigenen Applikationen bearbeitet werden können. Auch der Zugriff auf Zusatzinformationen des Kunden ist durch Smartphones wesentlich leichter geworden. Insbesondere Standortinformationen können Serviceprozesse erheblich beschleunigen und tragen zur Automatisierung bei.

Mobile Kundenkommunikation

Die Vorteile der Servicekommunikation über ein mobiles Endgerät sind allein schon durch die Nutzungsstatistiken offensichtlich, die bereits an mehreren Stellen dieses Buchs genannt wurden. Wenn das Mobiltelefon so zu unserem Leben dazugehört, dann gehört selbstverständlich auch der mobile Service dazu. Dennoch stellt sich die Frage, wie Kommunikation zwischen einem Unternehmen und dem Konsumenten stattfinden soll. Es gibt darauf keine pauschale Antwort, weil jedes Unternehmen seinen eigenen Maßanzug für die perfekte mobile Unterhaltung finden muss.

Call

Die sicherlich klassischste mobile Kommunikationsform darf, wenn auch nur kurz, hier sicherlich nicht fehlen. Die richtige Konfiguration einer Hotlinenummer auf einer Website zu gewährleisten, so dass diese mit einem Klick zum Anruf führt, ist vermutlich der am einfachsten zu realisierende Interaktionsanker im mobilen Web. Die synchrone Kommunikation über Sprache ist hierbei allerdings nicht nur auf das Telefonat im Mobilfunknetz beschränkt. Durch die Nutzung von VOIP über den Datenkanal können Zusatzinformationen übertragen werden, außerdem werden Gebühren bei den Kunden durch die Nutzung des WLANs gespart, was z.B. bei Auslandsaufenthalten zu einer erhöhten Kundenzufriedenheit führt.

Messenger / SMS

Wo sich bis vor einigen Jahren offene Communitys explosionsartig verbreiteten, steht bei vielen heute eher die geschlossene private Kommunikation im Vordergrund. Für viele Menschen der Zwischengeneration der heute 45-60jährigen stellen Messenger den Start in die mobile digitale Welt dar. WhatsApp wuchs innerhalb von nur 21 Monaten von 200 auf 700 Millionen aktive Nutzer an, das ist ein um vier Monate schnelleres Wachstum als Facebook.

Konsequenter Weise folgt die professionelle Kundenkommunikation häufig der persönlichen Kommunikation. Dort wo sich Kunden bereits privat tummeln, fordern sich auch eine hohe Erreichbarkeit der Unternehmen ein. Es ist völlig klar, dass das Kundenservice-Angebot in Standard-Messengern in den nächsten Jahren weiter zunehmen wird. Allerdings wird es bis dorthin noch ein weiter Weg sein.

Herausfordernd ist häufig die technische Umsetzung, so gibt es heute für WhatsApp noch keine „weiße" Schnittstelle, die zukunftssicher in die häufig komplexe IT-Struktur im Kundenservice integrierbar wäre. In größeren Einheiten ist es selbstverständlich keine Lösung, Handys auszuteilen und damit Servicefälle abzuarbeiten.

Auch ob die Messenger-Dienste rechtlich „professionelle" Kommunikation überhaupt zulassen, ist in jedem Einzelfall zu prüfen, WhatsApp schließt sie beispielsweise aus. Nun ist eine Sperrung zwar vermutlich eher unwahrscheinlich, aber allein die theoretische Möglichkeit ist dem Aufbau einer seriösen Kundenservice-Strategie eher wenig zuträglich.

Im Hinblick auf den deutschen Datenschutz ist Bewertung von WhatsApp zur Kommunikation mit Konsumenten komplex und nicht eindeutig. Der Rechtsanwalt Dr. Carsten Ulbricht fasst in einem Blogbeitrag zusammen:[1] „Während sich das Angebot einer Erreichbarkeit über Whatsapp bei Beachtung der aufgeführten Voraussetzungen durchaus rechtskonform aufsetzen lassen dürfte, ist etwa die werbliche Ansprache von Kunden auf Whatsapp oder das Verlagern der kompletten Kommunikation mit einzelnen Kunden auf einen entsprechenden Kanal, der in datenschutzrechtlicher Hinsicht immer wieder diskutiert wird, durchaus problematisch."

Aber auch die SMS als Standardtechnik ist noch nicht passe. Selbst innovative Startups wir GoButler! setzen auch heute noch auf die gute alte SMS. Das ist überraschend aber logisch, weil die technischen Hürden auf Seiten der Kunden absolut gering sind. Durch das Aufkommen der kostenlosen Messenger werden SMS von den Mobilfunkanbietern sowieso immer häufiger als Flatrate in die Verträge mit aufgenommen.

Chat

Neben der SMS ist auch Chat schon eine sehr alte Kommunikationstechnologie. Die Verbreitungszahlen der Chatangebote von Unternehmen steigen in den letzten Monaten aber stetig an. Dies hat mehrere Gründe, von denen der fehlende Medienbruch sicherlich der gewichtigste ist. Die Menschen sind heute am Rechner auf der Suche nach Hilfe oder Produkten, sie wünschen es, auch direkt dort mit einem Unternehmen in Kontakt zu treten. Das gilt sowohl für das klassische Web, als auch für die mobile Verbreitung.

[1] http://www.rechtzweinull.de/archives/1742-whatsapp-recht-faq-zur-zulaessigkeit-der-kundenkommunikation-ueber-mobile-messenger.html

Im Gegensatz zu den Standard-Messengern sind Chatsysteme auf das Unternehmen zugeschnitten. Die Funktionalitäten sind dabei sehr unterschiedlich ausgeprägt. Gerade, wenn der Chat in eine App integriert werden soll, ist der Evolutionsgrad der Software entscheidend. Die Anbindung über eine HTML-Seite in einem App-Tab mag sehr einfach zu realisieren sein, ist aber nicht potentialausschöpfend. Die Nutzer werden beispielsweise eine Pushfunktion erwarten, gerade wenn der Chat in Nebenzeiten nicht synchron sein kann. Dies bedarf eines SDKs, das in die App integriert werden kann. Aber auch die Übertragung der Nutzer-ID vom mobilen Endgerät ist vorteilhaft, um direkt mit den Kundendaten arbeiten zu können.

Auch sollte man sich bewusst sein, wofür man einen mobilen Chat einsetzten möchte. Am naheliegensten ist sicherlich der Servicechat, bei dem es um die Lösung eines beliebigen Problems des Nutzers geht.

Aber auch Sales kann mit einem aktiven Chatangebot befeuert werden, wenn die Chatsoftware intelligent genug ist, auch den richtigen Kunden für einen Chat zu identifizieren. Intelligenz bedeutet hier beispielsweise die Kalkulation eines Kundenwerts unter Berücksichtigung des aktuellen Warenkorbs, der Klickstrecke, dem Status im Kaufprozess und natürlich der Kaufhistorie des Kunden. Möglich ist auch ein Chatangebot, wenn es im Kaufprozess ein Problem gibt, beispielsweise wenn eine Zahlungsauswahl nicht verfügbar ist.

Die Bearbeitungsdauer von Anfragen im Chat ist naturgemäß länger als am Telefon. Durch die Möglichkeit der Mehrfachbearbeitung von Vorgängen, abhängig von der Komplexität des Themas, aber dennoch ein sehr kostengünstiges Instrument des Kundenservice.

Videochat

Die Möglichkeit der Verbindungsaufnahme durch einen Videochat hat sich bislang noch nicht in der Breite durchsetzen können. Die mobile Revolution kann hier durch die Rücknahme technischer Herausforderungen in der Anwendung den Schlüssel darstellen. Durch die Einbindung von Videolösungen in eine App ist es erstmals ohne größeres technisches Hintergrundwissen möglich, eine Videoverbindung zu einem Kundenberater aufzubauen.

Grundsätzliche Vorbehalte Videochats gegenüber bleiben davon unberührt. Möchte man sein Gegenüber im Rahmen einer Serviceanfrage überhaupt sehen? Gerade das deutsche Verständnis von Privatsphäre und Datenschutz wird bei dieser Vorstellung stark strapaziert. Die nur einseitige Übertragung des Bildes kann hier eine Lösung sein. Auch für den Dienstanbieter sind die Kosten in diesem Kanal tendenziell höher als beispielsweise am Telefon, jedenfalls wenn man gewisse Ansprüche an ein Serviceerlebnis hat.

Dennoch ist die Wahrscheinlichkeit groß, dass uns die Möglichkeit zum Videochat in Zukunft, gerade bei beratungsintensiven Anwendungsfällen, bei denen ein Vertrauensverhältnis notwendig wird, häufiger über den Weg laufen wird.

Der Videochat bleibt dabei nicht nur auf ein höheres Vertrauensniveau in der Kommunikation beschränkt. Gerade im Kundenservice gibt es auch Vorteile bei erklärungsbedürftigen Produkten, weil durch eine Videoverbindung eine Schritt-für-Schritt-Anleitung sehr einfach möglich ist. Beispielsweise kann es beim Aufbau einer DSL-Anlage leicht zu Verkabelungsschwierigkeiten kommen, die durch einen Videochat viel schneller und effizienter gelöst werden können als durch ein klassisches Telefonat. Der Servicetechniker kann also eine Art virtuellen Besuch ohne Anfahrtskosten durchführen.

Video-Legitimierung

Seit dem BaFin-Rundschreiben 1/2014 ist die rechtssichere Legitimierung eines Kunden über einen Videochat möglich. Damit gibt es erstmals eine echte Alternative zum umkomfortablen und fehleranfälligen PostIDENT-Verfahren, das besonders für die Kontoeröffnung bei Banken genutzt wird. Auch hier zeigt sich wieder die Überlegenheit von mobilen Endgeräten gegenüber Laptops und Computern, da die technische Hemmschwelle zur Nutzung der Videotechnologie durch die enge Verknüpfung von Hard- und Software viel geringer ist. Da die von der Bafin geforderte Regel, die auch die Fälschungsüberprüfung der Ausweisdokumente verlangt, wird bei den meisten Softwareanbieteren zum Beispiel in der App automatisch zwischen den verschiedenen Kameras des Handys hin- und hergeschaltet.

In Zukunft sind auch noch andere Anwendungsszenarien denkbar, die von Altersverifikationen bis hin zur Buchung von Mietwagen ein sehr breites Spektrum von bislang notwendiger stationär vorhandener Serviceinfrastruktur abdecken können.

B2B

Viele Unternehmen mit einem eigenen Außendienstnetz teilen ihre Kunden in verschiedene Kategorien ein, differenziert zum Beispiel nach möglichem oder realem Umsatz. Gerade bei C-Kunden mit einem geringen Kundenwert kann es sinnvoll sein, Besuche eines Außendienstmitarbeiters durch eine komfortable mobile Lösung zu ergänzen oder gar zu ersetzen. So kann eine eigene App zur Bestellung (Strichcode-Scan) und als Kontaktmöglichkeit über Videochat zu einem Mitarbeiter in einem Servicecenter auch eine effiziente Betreuung dieses häufig nicht potentialausschöpfend genutzten Kundenklientels ermöglichen.

Service-Apps

Die eigene App

Es gibt sehr viele unnötige Apps auf dieser Welt. Apps, die keinen Mehrwert bieten. Apps, die nur entstanden sind, damit das Unternehmen eben auch eine App hat. Die Entscheidung, ob eine eigene Applikation wirklich Sinn macht, will daher gut überlegt sein. Service kann hier in vielen Branchen und Anwendungsfällen das entscheidende Puzzleteil sein, um einen wirklichen Mehrwert darstellen zu können. Allerdings nur dann, wenn die Serviceprozesse so komplex sind, dass sie nicht auf einer mobilen Webseite abgebildet werden können.

Auch der Zugriff auf Nutzerdaten kann die eigene App rechtfertigen. Ein Login-Prozess oder eine Authentifizierung über die Mobiltelefonummer ist häufig bei einer App nur ein einziges Mal notwendig und steigert damit fast automatisch die Nutzung der App.

Aber im Zentrum muss selbstverständlich immer ein spürbarer Mehrwert für den Nutzer stehen. Dieser kann auch durch die tiefe Integration in das Mobiltelefon befeuert werden und diese ist sinnvollerweise nur mit einer eigenen App möglich.

Nutzung aller technischen Möglichkeiten der Endgeräte

Vielleicht kennen sie das Bild, welche Geräte der Neunziger inzwischen durch das Mobiltelefon abgelöst wurden? Vom Walkman bis zum Autoatlas, vom Pager bis zur Taschenlampe. Handys sind die Schweizer Taschenmesser unserer Zeit geworden. Und genau diese technischen Möglichkeiten können auch den Kundenservice über diese Geräte enorm bereichern.

Eine Airline kann den Nutzer durch die Standortinformationen am Flughaten sicher zur vorgesehen Lounge lotsen und ihn per Pushnachricht informieren, wenn es Zeit wird, zum Gate zu gehen. Die App der Krankenkasse bekommt Informationen über die Bewegungsinformationen und die Veränderungen des Ruhepulses, wenn der Nutzer ihn über die Kamera des Geräts regelmäßig misst. Das Mobilfunkunternehmen kann das Gerät als mobilen Hotspot freischalten, wenn der Festnetzanschluss beim gleichen Anbieter gerade gestört ist. Der Fußballverein kann Tipps zur Anreise geben, weil er der die Bewegungsdaten anderer Nutzer genau weiß, welche Strecken überlastet sind. Der Retailer spielt im Shop personalisierte Werbung aus, wenn er die Bluetooth-ID vom letzten Besuch erkennt. Die Versicherung bekommt die Unfallfotos direkt aus dem Smartphone-Speicher. Das Spektrum der Ideen erscheint hier endlos.

Zugriff auf Service-Communitys

Generelle Kundenserviceanfragen sind meist schon einmal zuvor gestellt werden. Werden sie im Web beantwortet, sind sie durch eine Suchmaschine für Andere auffindbar. Ist die Antwort ergiebig genug, ergibt sich hier eine relativ einfache Möglichkeit der Kontaktvermeidung im Kundenservice. Um dennoch die Informationshoheit zu behalten, spielen bei vielen B2C-Unternehmen mit hohem Kontaktvolumen Service-Communitys immer häufiger eine Rolle im Kundenservice. Kunden können dort Fragen an das Unternehmen stellen, die entweder von anderen Kunden oder Mitarbeitern beantwortet werden.

Service-Communitys sind aufgrund ihrer Forenstruktur relativ komplexe Webseiten. Selbstverständlich müssen sie für mobile Endgeräte gut nutzbar sein und in eine eventuell vorhandene Corporate App integriert werden.

Fazit

Die mobile Revolution beeinflusst den Kundenservice nachhaltig. Mit unseren mobilen Endgeräten können wir in Zukunft genau denjenigen Service abrufen, den wir brauchen und wollen - von der qualitativ hochwertigen Videoberatung bis hin zur schnellen einer Zusatzoption in einer Corporate App. Und obwohl die Zahl der Kanäle steigen wird, eröffnen sich genau dadurch auch Möglichkeiten, den gesamten Kundenservice effizienter zu gestalten.

2.5

Die Macht des Live Streamings: Viel mehr Reichweite dank Periscope, Meerkat und Co.

Björn Tantau

Am Anfang war die Website und zu Beginn der zivilen Nutzung des Internets Mitte der 1990er Jahre war das für die meisten Menschen eine tolle Sache. Ab sofort konnte man nicht nur via E-Mail kommunizieren – es war auch möglich, sich selbst, seine Firma oder die eigenen Produkte einer breiten Öffentlichkeit zu präsentieren. Damals konnte sich noch niemand vorstellen, dass es 20 Jahre später kein Problem sein würde, mit einem tragbaren Telefon von praktisch jedem Ort der Welt aus eigene Fernsehsendungen zu machen.

Um nichts anderes geht es beim Phänomen Live Streaming: eigene Fernsehsendungen, um noch mehr Menschen zu erreichen, als es über die klassischen Kanäle seit 1995 möglich ist. Doch Live Streaming mit Periscope oder Meerkat ist grundsätzlich keine Neuigkeit. Schon 2005 wurde YouTube gegründet und auch YouNow gibt es schon seit 2011.

Problem: erst in den vergangenen Jahren sind die mobilen Bandbreiten beim Internetverkehr größer geworden und die Preise gesunken. Vier Gigabyte Datenvolumen sind heute bei einem durchschnittlichen Mobilfunkvertrag keine Seltenheit mehr. Das war nicht immer so: noch vor zehn Jahren musste man für wenige Stunden mobile Internetnutzung mehrere hundert Euro bezahlen.

Live Streaming dank technischer Entwicklung auf Erfolgsspur

Die Kombination aus immer besseren mobilen Endgeräten – wobei der Fokus bezogen auf Periscope und Meerkat natürlich auf Smartphones liegt – und höheren Bandbreiten beim mobilen Datentraffic haben dafür gesorgt, dass das Thema Live Streaming seit Anfang 2015 einen extremen Schub erlebt. Dies ist das Ergebnis einer Entwicklung, die 2005 mit der Gründung von YouTube und der späteren Übernahme durch Google losgetreten wurde. Jahrelang wurde gepredigt, dass der Durchbruch von Bewegtbild im Internet kurz bevor stünde (ähnlich wie beim mobilen Internet) – doch gefühlt ist erst seit 2014 richtig Schwung in die Sache gekommen.

YouTube sorgte dafür, dass sich die User im Internet auf einer reichweitenstarken Plattform via Bewegtbild mitteilen konnten. Es dauerte nicht lange, bis Firmen und professionelle Einzelanbieter merkten, dass sich mit diesem Kanal nicht nur die eigene Reichweite verbessern, sondern auch Geld machen ließ. Ohne diese Entwicklung gäbe es heute keine „Let's Player" – und auch viele andere Genres in YouTube würde man vergeblich suchen.

Wo es im Internet früher im besten Fall animierte Banner gab, sind jetzt auch bei Werbemitteln in vielen Fällen Videos viel präsenter. Auch das ist eine Folge der Marktdurchdringung, für die YouTube mitverantwortlich ist. Am deutlichsten aber hat YouTube den Usern gezeigt, dass eine „Karriere" im linearen TV nicht mehr notwendig ist – wer talentiert ist und guten Content zu bieten hat, wird auch via YouTube zum Star.

Google+ Hangouts haben den Weg gebahnt

Als dann vor einigen Jahren Google+ gelaunched wurde, tauchten die ersten Google+ Hangouts auf. Lange bevor es Periscope und Meerkat gab, wurden in den USA bereits Hangouts genutzt, um via

Google+ echte Fernsehsendungen zu produzieren – die teilweise auch schon live gesendet und nicht nur aufgezeichnet wurden. Durch diese ersten Formen des (teilweise schon) mobilen Live Streamings stieg die Akzeptanz des Formats und in den Folgejahren kamen immer mehr Menschen auf den Geschmack.

Google+ konnte sich nicht durchsetzen und so wurden auch die Hangouts nie so populär, wie sie es hätten werden können. Neue Anwendungen wie „Blab" haben diese Lücke mittlerweile gefüllt, obwohl sich selbst YouTube mit dem Thema Live Streaming noch schwer tut. Während Apps wie Periscope und Meerkat vor allem in den USA einen fulminanten Siegeszug antraten, stand und steht YouTube bis heute eher für den Konsum von Inhalten, die aufgezeichnet werden.

Für YouTube ist das auch sinnvoll, weil man sich dort auf die Fahnen geschrieben hat, das klassische TV zu beerben. Einen ähnlichen Plan verfolgen Anbieter wie Netflix oder Amazon Prime mit deren Streaming-Angeboten. Dabei werden zwar überwiegend „nur" echte TV Produktionen gezeigt, der Komfort für die User steht aber im Vordergrund. Die Möglichkeit, sich das eigene Programm zusammenzustellen, wann immer und wo immer man selbst will, beginnt schon heute, den gewohnten TV Konsum nachhaltig zu verändern.

Konsumentenverhalten ändert sich drastisch

Live Streaming, wie es von Periscope oder Meerkat angeboten wird, beschleunigt diesen Prozess. Mehr noch: weil es nicht nur „große Player" sind, die Live Streaming anbieten, treten auch immer mehr Nischenthemen in den Fokus der User. Wer zum Beispiel gern angelt, kann sich via Live Streaming von einem passionierten Angler irgendwo auf der Welt zeigen lassen, wie man besser Fische fängt. Und genau das ist auch der Punkt, der Live Streaming letztendlich für jeden interessant macht, der nützliche, sinnvolle oder ganz einfach praktische Inhalte verbreiten will.

Hintergrund: durch den sich ändernden TV Konsum sind die „Zuschauer" nicht länger bereit, ein „aufgetischtes" Programm zu schauen. Besonders drastisch wird das sichtbar, wenn es um schlechte Inhalte geht. Und wo das klassische TV immer mehr versagt, steigen die Chancen, dass Anbieter wie Periscope und Meerkat noch populärer werden. Wer sich ein individuelles Programm nach seinen eigenen Vorlieben zusammenstellen kann, wird den Urheber dieser Inhalte deutlich mehr zu schätzen wissen.

Für Content Anbieter spielt das Thema Branding eine große Rolle, aber natürlich lässt sich per Live Streaming auch die Reichweite massiv erhöhen. In Kombination sorgen beide Elemente dafür, dass sich die „Kundenbindung" massiv verbessern lässt – und interessanterweise haben das (zumindest in den USA) auch schon die Anbieter linearer TV Inhalte erkannt.

„Digitaler Backstage Pass" lockt User

So ist es inzwischen durchaus üblich, dass TV Produktionen „backstage" via Live Streaming oder zumindest per Snapchat begleitet werden. Der „Blick hinter die Kulissen" ist immer schon interessant gewesen und wenn ein berühmter Talkmaster aus den USA seine Late Night Show produziert, dann kann es sehr spannend sein, wenn man als Zuschauer nicht nur das fertige Produkt konsumiert, sondern auch dabei ist, wie es entsteht – denn das ist einer der Reize, die Live Streaming so attraktiv machen.

Wie bei allen Formen des Marketings funktioniert aber auch Live Streaming nicht ohne eine Strategie. Je besser vorher bekannt ist, was erreicht werden soll, desto optimaler können auch entsprechende

Maßnahmen ergriffen werden. Vor allem für Marken und größere Unternehmen ist das sehr wichtig, weil es hier oft lange Entscheidungswege gibt.

Eine vorab festgelegte und gut durchdachte Strategie sorgt dafür, dass einzelne Maßnahmen besser durchgeführt werden können – vor allem wenn alle am Entscheidungsprozess beteiligten Personen auch in das „Endprodukt" integriert werden (auch die Geschäftsführung). Die folgenden sieben Möglichkeiten für Live Stream Marketing mit Periscope, Meerkat und Co. zeigen, was schon heute für Unternehmen und Brands machbar und sinnvoll ist.

1. Eigene Produkte präsentieren

Auf den ersten Blick ein ganz simples Beispiel, welches aber eine große Wirkung hat: wer zum Beispiel via Twitter schon eine ordentliche Reichweite hat und dort die richtige Zielgruppe erreicht, kann via Periscope genau diese User mit einem Live Stream über eigene (neue) Produkte informieren. Ein Live Stream mit Periscope kann proaktiv via Twitter geteilt werden – so bekommt die eigene Community auf Twitter mit, dass ein solcher Live Stream mit Infos über neue Produkte gestartet wird.

Bei Meerkat ist die Verknüpfung mit Twitter sogar noch intensiver, denn hier ist es im Gegensatz zu Periscope nicht möglich, eine Entkopplung vorzunehmen. Es kommt lediglich darauf an, wie gut man den Live Stream bewirbt – was natürlich auch mit anderen sozialen Netzwerken oder auch E-Mail Newslettern möglich ist.

So kann zum Beispiel auch ein konkreter Sendetermin genannt werden, zu dem die Übertragung startet. Die Aufmerksamkeit für ein neues Produkt ist dann sehr hoch!

2. Feedback von Kunden einholen

Wer es ganz genau wissen will, der achtet schon während des eigenen Live Streams auf das Feedback des Publikums. Via Periscope kann positive Zustimmung zum Beispiel in Echtzeit von den Zuschauerinnen und Zuschauern mit Herzen ausgedrückt werden, die man beim Live Stream sofort sieht.

Gleiches gilt für Kommentare der User – auf die selbstverständlich reagiert werden kann. Mehr noch: in manchen Fällen ist es sogar unerlässlich, sofort zu reagieren, wenn zum Beispiel konkrete Fragen kommen.

Wird dieses Feedback dann nicht beantwortet, kann es zu Verstimmungen beim Publikum kommen – und so lässt sich dann auch nicht so leicht Vertrauen und Transparenz aufbauen, was grundsätzlich mit einem Live Stream problemlos möglich ist.

3. Auf Sonderangebote hinweisen

Und wenn es schon um Produkte geht, dann können auch gleich Sonderangebote beworben werden. Was auf den Blick sehr nach aggressiver Werbung klingt, ist bei genauerer Betrachtung ein cleverer Schachzug. Wer sich einen bestimmten Live Stream anschaut, hat in der Regel auch ein gesteigertes Interesse an den dort verbreiteten Inhalten.

In einem solchen Umfeld bietet es sich an, auf spezielle Aktionen und Sonderangebote aufmerksam zu machen, weil die Zielgruppe schon im richtigen Kontext aktiv ist – indem sie den Live Stream konsumiert. Diese Vorgehensweise ist vergleichbar mit TV Shopping, wo der gleiche Effekt wirkt:

es ist unwahrscheinlich, dass sich jemand eine Show anguckt, von der bekannt ist, dass dort Waren oder Dienstleistungen verkauft wird, obwohl diese Person gar kein Interesse an eben diesen Waren und Dienstleistungen hat.

Und auch die Verknüpfung, um einen Verkaufsprozess mittels Sonderangebot anzustoßen, ist beim Live Streaming mit einem Kanal für TV Shopping vergleichbar. Telefonnummern und auch Internetadressen können in der Regel nur audiovisuell verbreitet werden, nicht aber per Link – wie man das von klassischer Online Werbung gewohnt ist. So gesehen ist es sehr zu empfehlen, Live Streaming via Periscope und Meerkat für den Verkauf oder zumindest die Promotion von speziellen Produktaktionen und Sonderangeboten zu nutzen.

4. Vertrauenswürdigkeit und Transparenz zeigen und steigern

Natürlich muss es aber nicht immer nur darum gehen, etwas zu verkaufen. Grundsätzlich ist Live Streaming vor allem über ein mobiles Endgerät sehr dazu geeignet, in der eigenen Zielgruppe Vertrauen und Transparenz aufzubauen. Am einfachsten lässt sich bewerkstelligen, indem man nützliche und praktische Inhalte kommuniziert.

Wie auch in vielen anderen digitalen Kanälen ist es per Live Stream möglich, sich als Autorität und Kapazität in einem thematisch relevanten Umfeld zu positionieren. Einziges Problem: Um diesen Status zu erreichen, muss man seiner Zielgruppe immer wieder neue Inhalte bieten. Die Themen müssen sich dabei nicht zwingend verändern, aber es ist wichtig, dass immer wieder wechselnde Aspekte berücksichtigt werden, die die Zielgruppe an eine Marke, ein Produkt oder auch eine Person bindet.

Letztendlich geht es um Storytelling und Content Marketing. Gute Inhalte müssen entsprechend für die Zielgruppe aufbereitet werden und einen echten Mehrwert bieten. Durch eine auf den Urheber bezogene Story kommt eine Verbindung zustande, die die Inhalte nicht nur nützlich, sondern auch einzigartig machen. Diese Elemente sind der Schlüssel für den Aufbau von Transparenz und Vertrauenswürdigkeit.

5. Frage- und Antwort-Runden veranstalten

Wer für ein bestimmtes Themengebiet zu einer Autorität werden und sich einen Namen machen will, kann nicht ohne dieses Element für mehr Reichweite arbeiten. Nicht nur in Bezug auf Live Streams gibt es wenige Strategien, die sich mehr lohnen. Mit einer Frage- und Antwort-Runde schlägt man gleich zwei Fliegen mit einer Klappe: im ersten Schritt holt man sich die Autorität, wenn man über das richtige Fachwissen verfügt und dieses Wissen entsprechend kommunizieren kann. Zweitens bindet man sein Publikum an sich, weil mit der Zeit deutlich wird, dass es regelmäßig nützliche Fakten gibt – die für andere einen Mehrwert darstellen.

Problem: diese Strategie braucht viel Zeit, vor allem dann, wenn man vorher noch überhaupt keinen Namen hat. Auch das fällt letztendlich aber in die Kategorie Content Marketing, denn der Aufstieg einzelner Personen zu Autoritäten, die für bestimmte Nischen wichtig sind und hoch angesehen sind, passiert nicht über Nacht. Es ist ein langfristiger Prozess.

Aus diesem Grund ist eine strategische Planung auch hier notwendig. Wer Themen im Voraus plant und genau kommuniziert, wann neue Frage- und Antwort-Runden stattfinden, hat einen Vorteil und kann sein Publikum besser binden. Mit der Zeit ergeben sich neue Themen dann sogar direkt aus der eigenen Community, weil es immer mehr User geben wird, die konkrete Fragen haben und dieses Fragen entsprechend öffentlich kommunizieren. Ein großer Pluspunkt, weil das die Recherche für neue Themen sehr viel einfacher macht.

6. Kunden und Geschäftsführung zusammenbringen

Eine erweiterte Variante von Frage- und Antwort-Runden ist es, Kunden und Geschäftsführung direkt miteinander zu verbinden. Marketingtechnisch ist das ein cleveres Vorgehen, denn es zeigt dem Publikum, dass auch die Chefetage eines Unternehmens verstanden hat, worum es heutzutage im Internet geht: je transparenter sich zum Beispiel ein CEO gibt, desto eher wird das Publikum auch auf ihn reagieren.

Neben mehr Transparenz sorgt ein solches Vorgehen auch dafür, dass das Vertrauen in die Geschäftsführung steigt. Der bleibende Eindruck beim Publikum: die Bedürfnisse der Kunden werden zumindest ernster als bei vielen anderen Unternehmen genommen. Sofern ein CEO dann auch noch mit fachlichem Wissen punkten kann und aktiv auch auf kontroverse oder unbequeme Fragen eingeht, steigt das Ansehen immer weiter.

Das Ergebnis dieser Strategie ist nicht zwingend sofort sichtbar, doch darum geht es auch nicht in erster Linie. Wichtig ist, dass solche Vorgänge überhaupt angestoßen werden, damit man in positiver Erinnerung und im Gespräch bleibt. Dieser Effekt lässt sich zusätzlich steigern, wenn regelmäßige Live Streams stattfinden, in denen ein CEO immer ein offenes Ohr für die Belange der Kunden (oder Interessenten) hat. Nebenbei erfährt man auf der Unternehmensseite viel besser, welche Themen die eigene Zielgruppe bewegen – was sich letztendlich für die Optimierung von Produkten und/oder Prozessen nutzen lässt.

7. Interaktiven Kundendienst anbieten

Oft geht es aber nicht um Meinungen, Fragen oder Wünsche von Kunden und Interessenten, sondern um handfeste Probleme. Genau dafür eignet sich der traditionelle Kundendienst – der heutzutage aber nicht mehr zwingend ausschließlich auf herkömmlichen Wegen angeboten werden muss. Via Live Stream können Unternehmen „Sprechstunden" abhalten, in denen sie auf negatives Feedback der Kunden reagieren.

Vorteil: oft haben mehrere Kunden gleiche oder ähnliche Probleme – und oft lassen sich die Probleme mit einer kurzen Information beheben. Via öffentlichem Live Stream kann also ähnliches oder identisches Feedback gebündelt werden und sofern im Publikum Personen sind, für die Antworten auf dieses Feedback nützlich sind, lässt sich der eigentliche Aufwand beispielsweise beim Support via Telefon bereits reduzieren.

Zusätzlich gibt es den nützlichen Nebeneffekt, dass auch mit dieser Vorgehensweise wieder Transparenz und Vertrauen aufgebaut werden kann. Wer als Kunde feststellt, dass ihm erstens unbürokratisch und schnell geholfen wird, und zudem erkennt, dass er mit seinen Problemen nicht allein ist (weil andere User ähnliche Probleme haben), fühlt sich deutlich besser aufgehoben. Und ist im Zweifel weniger schnell frustriert, als wenn er mit seinen Sorgen allein gelassen würde.

Rosige Aussichten für hochwertigen Content

Zusätzlich zu diesen sieben Möglichkeiten gibt es theoretisch unzählige weitere Optionen, die in Betracht gezogen werden können. Letztendlich sind der Kreativität wie in jeder anderen Disziplin des Digital Marketing keine wirklichen Grenzen gesetzt. Wer Inhalte veröffentlicht, die den Nutzerinnen und Nutzern aus der eigenen Zielgruppe Mehrwerte bieten, außergewöhnlich sind und im Idealfall konkrete Probleme lösen, wird erfolgreich sein.

Und das gilt nicht nur für große Unternehmen und Konzerne – auch der Frisör um die Ecke kann zum Beispiel mit einem eindrucksvollen Live Stream punkten, wenn er neue Frisuren via Live Stream direkt in seinem Laden vorstellt. Wichtig bleibt, dass der Live Stream eine authentische Vorstellung ist und dass sich die User mit den Inhalten identifizieren können.

In Kombination mit einer strategischen Zielsetzung und einem regelmäßigen Output an Content kann bei guter Umsetzung eine regelrechte Erlebniswelt geschaffen wird, die bei bestehenden und potenziellen Usern in positiver Erinnerung bleibt. Das sorgt dafür, dass über eine Marke oder ein Produkt gesprochen wird – mit allen vorteilhaften Begleiterscheinungen wie zum Beispiel mehr Traffic durch geteilte Inhalte in sozialen Netzwerken. Und genau das steigert kontinuierlich die Reichweite im Internet.

2.6

Content in a Nutshell – klein dargestellt, großartig aufbereitet

Annika Brinkmann

1. Immer eine schlechte Idee: mobilen Nutzern Inhalte vorenthalten

Es gibt sie leider immer noch: Webseiten, die auf jegliche mobil optimierte Darstellung verzichten. Dass die Betreiber dieser Seiten Nachholbedarf haben, versteht sich von selbst. Die gute Nachricht: Nach Lektüre dieses Artikels kennen Sie die wichtigsten Klippen, die es bei der Contentproduktion und –adaption zu umschiffen gilt.

Auch immer mal wieder auf meinem Display: mobile Webseiten, die auf jegliche Darstellung von Contentbildern verzichten. Das fällt nicht nur bei eigenständigen mobilen Projekten mit eigener Subdomain und eigenem CMS[1] auf, sondern auch bei responsiven[2] Webseiten.

Bevor man auf die mobile Darstellung von Bildern ganz verzichtet, sollte bedacht werden, dass ein Bild Inhalte nicht nur emotional illustrieren, sondern auch wichtige Aussagen bekräftigen kann. Darüber hinaus sind Bilder ein gutes Stilmittel, um lange Texte zu gliedern und den Lesefluss aufzulockern. Die Ladezeiten einer mobilen Website kann man dennoch im Zaum halten: sorgfältige Bildauswahl, ausreichend aber nicht übermäßige Bildgröße und eine geeignete Kompressionsart helfen bei der Datenreduzierung. Die Art der Einbindung in die Seiten kann wiederum das Ladeverhalten der Browser beeinflussen. Um diese technischen Möglichkeiten soll es hier jedoch nicht gehen.

2. Die Hoheit über die Gerätenutzung geht vom User aus

Im Zusammenhang mit sozialen Netzwerken gibt es verschiedene Ebenen zu betrachten.

Zu aller erst haben die sozialen Netzwerke den Durchbruch des mobilen Internets stark voran getrieben. Lediglich die zunehmende Verbreitung von WLAN-fähigen[3] Geräten und Datenflatrates hatte eine ähnliche Zugkraft. Beide Faktoren haben dazu geführt, dass nicht mehr primär in der Mittagspause und in den Abendstunden gesurft wird, sondern immer mal wieder zwischendurch und natürlich auch viel unterwegs . Abends daheim muss sich niemand mehr zwischen dem Lean-Forward-Medium Computer und dem Lean-Back-Medium Fernseher entscheiden. Aktives surfen und passiver Fernsehkonsum sind nun ohne Verrenkungen vom Sofa aus möglich.

Aber nicht nur die Nutzungszeiten haben sich verändert - auch die Statistiken der Angebote im Netz. Diese werden zunehmend von mobilen Geräten angeführt. Inzwischen geben 59% der Deutschen an, dass Sie mobil die gleichen Seiten nutzen wie auf Laptops und Desktops, wohingegen nur 28% angeben, mobil ein komplett anderes Repertoire an Seiten aufzurufen .

Das war früher anders. In den Zeiten von 2G und 3G gab es keine Webseiten, die für alle Handys verfügbar waren. Die Portale der einzelnen Netzanbieter waren z.B. nur für die Geräte angepasst,

[1] *Abkürzung für Content-Management-System. Serverseitige Software, in der Texte und Bilder für eine Webseite von der Redaktion gepflegt werden und nach Regeln, die für jedes Projekt individuell festgelegt werden (können) ausgegeben werden. Typo3, Wordpress, Joomla, Drupal sind z.B. CM-Systeme mit unterschiedlich vielen Anpassungsmöglichkeiten.*
[2] *„Responsive Webdesign" beschreibt eine Webdesign-Technik, bei der sich das Layout einer Seite immer an die Breite des darstellenden Bildschirmes bzw. Browserfensters anpasst. Anhand sogenannter „Media Queries" – Codeseitige Abfragen, die Anpassungen an Eigenschaften der Bildschirme ermöglichen – können die Bilder z. B. gezielt ausgeblendet werden, um die Ladezeit geringer zu halten.*
[3] *WLAN steht für Wireless Local Area Network, ein lokales drahtloses Netzwerk. Dies kann jeder Nutzer einer schnellen Internetleitung mit Hilfe seines Routers bereitstellen. Für die Nutzung des mobilen Internets ist dies relevant, da eine Internetverbindung über WLAN meistens (noch) schneller ist als die Datenverbindung des Smartphones. Smartphones sind oft mit Hardware ausgestattet, mit denen sie selbst ein WLAN bereit- stellen können. Da die Verbindung in dem Fall letztlich über das mobile Internet läuft, ergibt sich hieraus kein Geschwindigkeitszuwachs.*

die direkt über den jeweiligen Netzanbieter verkauft wurden. Auf Geräten mit Verträgen der Konkurrenz waren diese Inhalte nicht mal sichtbar. Mit welchen Geräten die eigene Website aufgerufen werden konnte, war also zu Beginn des mobilen Internets (genau genommen war das damals WAP) auf einige wenige Exemplare eingeschränkt. Die Entwicklungskosten waren hoch, da (x/c/i)HTML mit und ohne CSS für jedes einzelne Gerät eigens angepasst werden musste, um wenigstens ein ähnliches Layout zu erreichen. Selbst wenn diese Portale „große Schwestern" hatten, basierten sie doch auf ihren eigenen CMS mit kurzen Texten und speziell zugeschnittenen und komprimierten Bildern. Nach vorne heraus eine überschaubare Welt, hinter den Kulissen sehr aufwändig in der Erstellung und Pflege.

Genug Historie. Inzwischen sind die Browser von Smartphones und Tablets denen von Desktop-Rechnern längst ebenbürtig. Auch die Geschwindigkeiten, mit denen gesurft wird, sind im WLAN und mit LTE[10] ähnlich.

Soziale Netzwerke belegen erst den fünften Platz im Ranking der mobilen Nutzung (57%). Die Suche nach lokalen Informationen liegt jedoch bei 69% bzw. die nach Informationen über Produkte oder Dienstleistungen mit 68% ebenfalls höher[11]. Genau das sind die Nutzungsszenarien, die für Ihre Inhalte relevant sind! Klar muss Ihr Facebook-Auftritt auch mobil optimiert werden. An dem Punkt ist die Arbeit jedoch noch lange nicht getan! Es wird inzwischen einfach erwartet, dass alle Inhalte unabhängig vom zufällig gerade genutzten Gerät zugänglich sind.

3. Bildmaterial im Hoch- oder Querformat?

Beginnen wir mit den geeigneten Bildformaten. Smartphones (und auch Tablets) können sowohl im Hoch- als auch im Querformat genutzt werden. Bei Apps kann in der Entwicklung festgelegt werden, dass sie nur in einer Geräteausrichtung genutzt werden können. Bei Websites jedoch hat der User die Hoheit darüber, ob sich der Inhalt des Bildschirmes im Querformat drehen soll und wie er das Gerät hält. Wir haben es also mit dem Umstand zu tun, dass die Fläche, auf der wir Bilder entweder schmal und hoch oder breit darstellen wollen, nicht sonderlich groß ist. Das verbietet schon mal die Nutzung von hochformatigen Bildern, die unabhängig von der Geräteausrichtung über die ganze Bildschirmbreite dargestellt werden. Eine Ausnahme stellen Bilder dar, bei denen die Betrachtung von Details relevanter als der Gesamteindruck ist. Dies kann z.B. bei Modefotografie oder vertikal angelegten Infografiken der Fall sein.

Tipp: Setzen Sie primär auf Bilder im Querformat.

4. Bildmaterial für die Preview bei Facebook und co.

Es ist üblich dass soziale Netzwerke ein Bild von der Webseite zeigen, die ein User geteilt hat. Üblicherweise greifen sie dabei auf alle Bilder zurück, die im HTML als <img> eingebunden sind. Bilder, die z.B. in responsiven Webseiten als Hintergrund eines Elementes über das CSS geladen werden ignorieren sie[12]. Manche sozialen Netzwerke wie z.B. Xing nutzen einfach irgend ein (z.B. das erste oder letzte) Bild von der Seite, während Facebook zumindest auf manchen Geräten den User entscheiden lässt, welches von drei Bildern als Preview angezeigt werden soll. Das vom System oder User gewählte Bild muss nicht immer Ihrem Wunsch entsprechen!

---

[10] *LTE steht für Long Term Evolution, ein Standard für mobile Datenübertragung der 4. Generation (vgl. Fußnote 6).*
[11] *Siehe Fußnote 4, Seite 15.*
[12] *Dabei handelte es sich lange Zeit nur um Grafiken die das Design beeinflusst haben (was mit CSS3 häufig obsolet geworden ist). Inzwischen wird diese Technik jedoch auch genutzt, um unterschiedlich große Bilder je nach darstellender Bildschirmbreite zu laden.*

Facebook hat jedoch erkannt dass Seitenbetreiber mehr Kontrolle über die eigene Präsenz wünschen und das Open Graph Protokoll entwickelt. Dabei handelt es sich (erneut) um Meta-Angaben, die man als Seitenbetreiber vornehmen kann. In dem Fall kann die Adresse des Bildes angegeben werden, das als Preview gezeigt werden soll.

Die Bildgrößen, die bei Sozialen Netzwerken verwendet werden, um eine Vorschau einer Seite zu erzeugen, werden immer mal wieder geändert. Die gute Nachricht: im Zweifel skalieren die Netzwerke die Bilder in passende Größen. Dabei werden jedoch schon mal die Bildausschnitte geändert. Facebook nutzt zwei Layouts: Wenn das Previewbild groß ist, wird es über dem Text im Querformat dargestellt, ansonsten links vom Text in quadratischer Darstellung angezeigt.

Tipp: Nutzen Sie das Open Graph Protokoll und bestimmen Sie selbst, mit welchen Bildern Ihre Webseiten-links in der Timeline Ihrer Zielgruppe dargestellt wird.

5. Text-Bildkombinationen

Unbestritten eine gute Möglichkeit, eine mobile Webseite zu beginnen, ist die Einbindung eines Bildes – zur Illustrierung eines Werbespruchs oder als Hinweis auf einen bestimmten Inhalt. Aus technischen Gründen war es früher nötig, spezielle Schriftarten auf das Bild zu rendern. Wenn das Bild mit der Schrift immer in der Größe dargestellt wird, für die es erzeugt wurde, ist das unproblematisch. Wenn das Bild jedoch stark verkleinert, wird ist der Text nicht mehr lesbar. Genau diese Verkleinerung geschieht jedoch bei der Darstellung auf Smartphones.

Es ist also ratsam, das Bild als Hintergrund eines Gestaltungselements einzusetzen und den Text in HTML anzulegen und mit CSS dafür zu sorgen, dass er optisch wie gewünscht dargestellt wird. An dieser Stelle müssen Gestalter und Programmierer zusammen arbeiten - d.h. das CMS muss es ermöglichen, dass die farbliche Gestaltung des Textes und ggf. Positionierung auf den verschiedenen Bildschirmgrößen mit ein paar Handgriffen gestaltet werden kann.

Abgesehen davon, dass Ihre Nutzer diese Texte letztlich lesen können, rechtfertigt sich der erhöhte Aufwand auch durch die Lesbarkeit des Textes von Suchmaschinen und Screenreadern.

[13] *Dokumentation: http://ogp.me/ außer dem Previewbild kann auch die Seitenbeschreibung noch mal extra hinterlegt werden. Das ist vor allem dann sinnvoll, wenn in sozialen Netzwerken anderer Text stehen soll als in der Google-Ergebnisliste.*

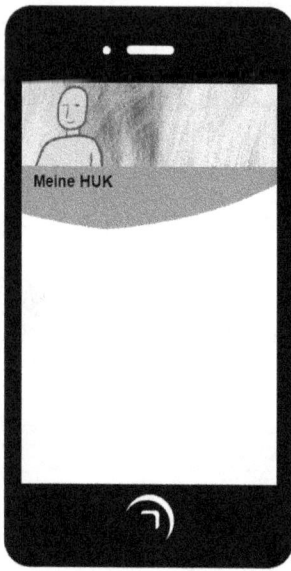

Bei der HUK COBURG wird das Bild auf hochformatig genutzten Smartphones über dem Brandelement positioniert.

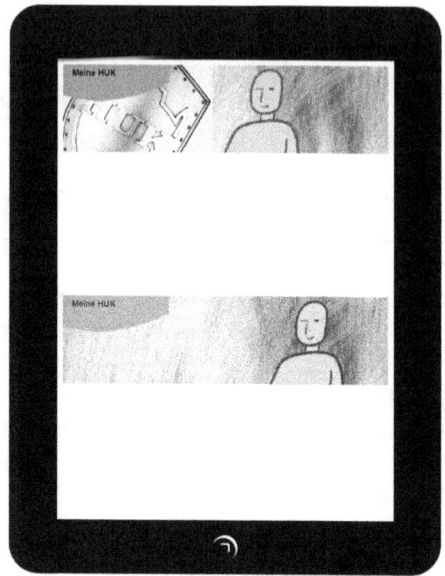

Erst auf Tablets werden Bild und Brandelement zu einer visuellen Einheit verschmolzen. Damit nun nicht auch auf der anderen Seite des Motives sehr viel „Futter" im Bildmaterial benötigt wird, wurde das Visual des HUK-Schildes mit in die Komposition integriert (obere Version).

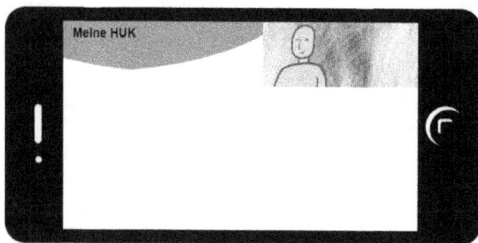

Je breiter der Bildschirm, umso mehr wird vom Bild sichtbar.

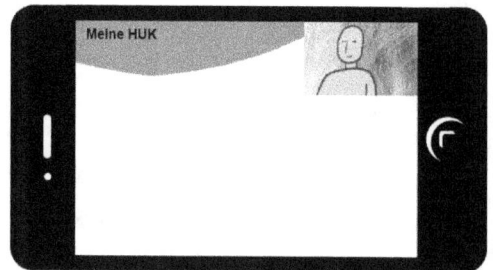

Im Querformat wird das Bild rechts vom Brandelement so im Hintergrund positioniert, dass zunächst nur der linke Teil des Bildes sichtbar ist.

Tipp: Bilder als Hintergrundgrafik einbinden, Text in HTML setzen und mit Hilfe von CSS-Vorgaben die Darstellung optimieren.

6. Textgrößen, Leseabstand,

Egal, ob ein Großflächen-Plakat oder eine mobile Website gestaltet wird: der Abstand des Betrachters zum Medium bestimmt die Schriftgröße! Während bei Großflächen-plakaten genau beachtet werden sollte, an welchem Gebäude es hängt und aus welchen Straßen und Entfernungen es sichtbar ist, unterscheidet sich die Armlänge von Usern nur „geringfügig". Allerdings ist eine Armlänge genau in dem Bereich, in dem Weit- oder Kurzsichtigkeit des Users einen großen Unterschied machen können. Zu klein sollte Schrift entsprechend nicht sein. Auf der anderen Seite ermöglichen die hoch auflösenden Displays den Einsatz von sehr kleiner Schrift, die immer noch gestochen scharf dargestellt werden kann. Hier gilt es, den Mittelweg zu finden. Um Nutzer die größere Schrift brauchen um gut lesen zu können empfiehlt es sich, zusätzlich den Zoom zu ermöglichen. Als die ersten Smartphones (speziell das iPhone) Webseiten so klein dargestellt haben dass man gezwungen war rein zu zoomen, war diese Möglichkeit immer gegeben. Als Entwickler jedoch anfingen, Gebrauch vom „Viewport[14]" zu machen, wurde diese Möglichkeit häufig deaktiviert. Vor allem als auf iPhones ein Fehler auftrat und die Seiten im Querformat zu groß dargestellt wurden. Inzwischen gibt es jedoch technische Möglichkeiten, dem entgegen zu wirken[15]. Auch wenn es in der Umsetzung nicht elegant ist, empfehle ich diesen Weg eher, als dass auch die Nutzer von anderen Betriebssystemen auf die Zoomfunktion verzichten müssen.

Tipp: Achten Sie auf die Schriftgrößen! Diese sollten weder zu klein sein, noch zu riesig. Erlauben Sie ihren Usern zu zoomen!

7. Zeilenlängen und Blocksatz

Zeilenlängen werden von zwei Faktoren bestimmt: Schriftgröße und Breite des Textblocks. Natürlich ist letzteres abhängig von der Gerätebreite. Speziell im Hochformat sollten Textblöcke auf Smartphones je nach Design um die 86–94% der Screenbreite einnehmen. Zweispaltigkeit und zu kurze Zeilen stören den Lesefluss.

Ein weiterer Störfaktor, der Texte unlesbar macht, ist die Darstellung von erzwungenem Blocksatz. Jeder der sich schon mal mit Typographie auseinander gesetzt hat, weiß dass es viel Fingerspitzengefühl braucht, um Umbrüche nicht nur orthographisch richtig sondern auch so geschickt zu setzen, dass immer eine ähnliche Anzahl von Buchstaben in einer Zeile dargestellt werden und keine „Löcher" zwischen den Wörtern entstehen. Gleichzeitig ist es nicht erwünscht, dass jede Zeile mit einem Bindestrich endet. Bei der Produktion von Druckerzeugnissen ist der Satz von Text ein gesonderter Arbeitsschritt. Wenn die Möglichkeiten von Trennungen ausgereizt sind, wird behutsam am Buchstabenabstand gedreht, um den gewünschten Effekt zu erzielen. Genau diese Arbeit lässt sich jedoch nicht auf digitale Projekte auf unterschiedlichen Geräten übertragen. Selbst wenn die gleichen Schriften auf verschiedenen Geräten installiert sind, können minimale Unterschiede in der Laufweite bestehen: plötzlich ist eine Zeile doch zu lang und bricht um. Wenn in dem Fall mit festen Zeilenumbrüchen und Trennstrichen gearbeitet wurde, stehen im schlimmsten Fall einzelne Silben und Wortfetzen in einer Zeile. Aber so nah kommen wir gar nicht mehr an Perfektion ran: Die Breiten der einzelnen Bildschirme sind unüberschaubar geworden. Es ist ratsam, mit Prozentwerten für die Breitenangaben zu arbeite, um auf unterschiedlichen Smartphones ein ähnliches Design zu erzielen. Und nicht auf einem Gerät fast die ganze Breite, auf dem nächsten nur zwei Drittel der Fläche zu nutzen.

---

[14] *Der Viewport ist eine der Angaben, die am Anfang einer HTML-Seite vorgenommen werden können. Sie reguliert die tatsächliche Darstellungsgröße einer Website und bestimmt, ob und bis zu welchen Multiplikationsstufen User größer zoomen oder die Seite verkleinern können.*

[15] *Scott Jehl hat ein Script zur Lösung dieses Problems veröffentlicht: https://github.com/scottjehl/iOS-Orientationchange-Fix*

Bei redaktionell gepflegten Seiten, für die es feste Vorgaben gibt, wie lang eine Überschrift sein darf, kann das Skript fittex.js[16] eingesetzt werden, das dafür sorgt, dass die Textgröße so angepasst wird, dass die Headline immer in eine Zeile passt. Ein weiteres Skript übernimmt die Anpassung dergestalt, dass eine Zeile immer einen Mittelwert an Buchstaben enthält. Von beiden Lösungen rate ich eher ab, weil sie unnötiger Ballast sind und versuchen, eine Kontrolle aufrecht zu halten, wo sie veraltet ist. Im nächsten Abschnitt geht es darum, wie verhindert werden kann, dass sehr lange Wörter ungünstige Zeilenumbrüche erzeugen.

Tipp: Durchschnittlich lange Headlines sollten nicht über mehr als zwei Zeilen umbrechen.

8. Umgang mit zusammengesetzten Wortschlangen

In anderen Sprachen ist das Problem geringer, aber im Deutschen gibt es immer wieder mal sehr lange Wörter. (Mobile) Browser haben jedoch keine automatische, semantisch korrekte Silbentrennung an Bord. Der Oberweserdampfschifffahrtsgesellschaftskapitänsmützenhalter und ähnliche lange Wortschlangen sprengen jeden Zeilenfluss. Entweder kommt es zu sehr kurzen Zeilen vor einem solchen Wort oder das Wort wird an falscher Stelle umgebrochen. HTML bietet jedoch die Möglichkeit mit der HTML-Entity[17] &shy, einem bedingten „schüchternen" Trennzeichen Sollbruchstellen einzufügen. Bevor Sie dies redaktionell oder mit Hilfe des Hyphenators[18] serverseitig machen, muss sichergestellt werden, dass die HTML-Entities maskiert werden, wenn die Daten aus dem CMS auch für andere Ausgabemedien genutzt werden.

Suchmaschinen finden sich übrigens trotz der Sollbruchstellen in Ihrem Text zurecht!

Tipp: Fügen Sie für wichtige branchenspezifische Wörter ein paar Sollbruchstellen ein. Oder verzichten Sie auf zu lange Worte.

9. Zeilenumbrüche verhindern

Manchmal möchte man Zeilenumbrüche erzeugen, manchmal doch lieber verhindern. Zwei Szenarien möchte ich hier nicht unerwähnt lassen:

- Ihr Firmen-Name enthält ein Leerzeichen oder einen Bindestrich. In dem Fall möchten Sie einen Zeilenumbruch lieber davor oder danach sehen. Im HTML-Code muss lediglich <nobr>Firmen-Name</nobr> notiert werden!
- Im Fließtext oder in der Werbebotschaft stehen Gedankenstriche. Besser, eine Zeile endet mit einem Gedankenstrich, als dass die nächste damit startet. Hier kommt der Non-Breaking-Space ( ) – das Leerzeichen, das keinen Zeilenumbruch nach sich zieht – zum Einsatz. Es wird vor dem Gedankenstrich (HTML-Entity —) platziert — jedoch nicht danach.

---

[16] *http://fittextjs.com*
[17] *HTML nutzt bestimmte Sonderzeichen zur Datenstrukturierung. Damit ein solches Sonderzeichen den Code nicht ungültig werden, lässt müssen Sonderzeichen anders geschrieben werden. Bei HTML-Entities ist das Format „&...;". Weitere Möglichkeiten sind UTF8-Codierungen, die es in verschiedenen Formaten gibt. http://dev.w3.org/html5/html-author/charref*
[18] *Beispiel des Skriptes hyphenator.js: https://hyphenator.googlecode.com/svn/trunk/WorkingExample.html*
Wordpress-Plugin übernimmt diese Aufgabe: https://wordpress.org/plugins/hyphenator/

Für beide Vorkommnisse lassen sich bei guten CMS Regeln installieren, die z.B. ein mal in der Nacht die neuen Texte durchsucht und entsprechend die HTML-Entities einfügt. Ansonsten gehören diese Regeln in jeden guten Redaktionsleitfaden für Online-Medien!

Tipp: Überlassen Sie Zeilenumbrüche nicht dem Browser! Markennamen sollten nicht getrennt werden, Gedankenstriche nicht am Zeilenanfang zu stehen kommen.

10. Daten im Fließtext – Ruf! Mich! Nicht! An!

Mit einem Smartphone kann man telefonieren. Ein Telefonat ist nur einen Fingerzeig entfernt. Allerdings nur dann, wenn die Telefonnummer auch entsprechend aufbereitet wurden. Im Browser erkennen die modernen Geräte Nummernfolgen automatisch als Telefonnummern. Allerdings nicht immer ganz korrekt. Es kann schon sein, dass Zahlen nicht mehr als Teil einer Telefonnummer erkannt werden, wenn sie mit einem Leerzeichen zu viel gegliedert wurden. Oder wenn Sonderzeichen Vorwahl und Durchwahl von der Telefonnummer trennen. Zwar erkennt Android inzwischen zuverlässig Vorwahlen, die in Klammern stehen, bei älteren Versionen sind für die Erkennung jedoch unterschiedliche Datenformate hinterlegt.

Damit eine Telefonnummer auf möglichst vielen Geräten erkannt wird, sollte sie mit mindestens vier Ziffern beginnen und maximal zwei Leerzeichen enthalten. Bei Städten wie Hamburg mit nur dreistelligen Vorwahlen empfiehlt es sich auf jeden Fall, die internationale Kennung voran zu setzen.

Aber es ist nicht nur nachteilig, wenn eine Nummernfolge nicht oder nur teilweise als Telefonnummer interpretiert wird. Artikelnummern zum Beispiel sollten lieber nicht angerufen werden.

Die bisher gängigste Methode, um automatisch klickbare Artikelnummern zu verhindern, ist die gesamte Ausschaltung der automatische Erkennung von Daten. Dies geschieht über die Angabe der Meta-Information „format-detection" am Anfang eines HTML-Dokumentes und gilt dann für alle entsprechenden Inhalte der Seite. Außer für Telefonnummern kann die Einstellung noch für postalische- und Email-Adressen vorgenommen werden.

Und so sieht die entsprechende Zeile aus:
`<meta name="format-detection" content="telephone=no;address=no;email=no">`

Tipp: überlassen Sie es nicht dem Zufall, ob Ihre Telefonnummer geklickt werden kann oder nicht. Evaluieren Sie die für Sie optimale Version und nehmen Sie auf älteren Geräten ggf. Anpassungen vor.

11. Input-types: die Tastatur für Eingabefelder von Formularen anpassen

Smartphones haben nur noch Soft-Tastaturen. Es gibt keine Knöpfe mehr mit den immer gleichen Zeichen an der immer gleichen Stelle. Statt dessen werden die Knöpfe virtuell auf dem Screen dargestellt. Das hat den enormen Vorteil, dass die Zeichen sich ändern können. Es gibt die Möglichkeit zwischen QWERTZ (deutsch) und QWERTY (englisch) umzustellen oder gar auf ЙЦУКЕН (russisch). Für Zahlen, Emoticons oder Sonderzeichen gibt es weitere Layouts der virtuellen Tastatur.

Je nachdem, welche Art von Information in ein Feld eingegeben werden soll, sind andere Zeichen notwendig: „/" bei URLs, „@" bei Email-Adressen etc. Das Gute ist: die Betriebssysteme stellen angepasste Tastatur-Layouts zur Verfügung. Im HTML-Code eines Formulars muss lediglich der „Input-Type[19]" definiert werden.

Nutzer konnten durch die Bereitstellung des richtigen Tastaturlayouts anfangs sogar in Begeisterung versetzt werden. Inzwischen setzen sie dies als selbstverständlich voraus und ärgern sich, wenn die Input-Types nicht angepasst wurden.

Tipp: passen Sie das Tastatur-Layout an die Datenart an, die Sie mit dem jeweiligen Eingabefeld erfassen möchten!

12. Fazit

Inhalte für mobile Geräte und andere kleine Screengrößen sind kein Hexenwerk. Allerdings sollten ein paar Dinge grundsätzlich beachtet werden. Wenn sie weg gelassen werden ist es ein bisschen so, als würden Sie ohne Salz kochen.

---

[19] *Ein paar Beispiele mitsamt (iOS-)Screenshots finden Sie hier: http://ionicframework.com/html5-input-types/*

3. MANAGEMENT, MARKETING, KONTROLLE

3.1

Tools, Tools, Tools! Mobile oder lieber nicht?
Andrea Brücken

1. Die Ausgangslage im Social Web
Facebook, Google, Twitter und auch die meisten anderen Sozialen Netzwerke unterliegen rasanten Veränderungprozessen in der Entwicklung ihrer Features. Dies zeigt zum Beispiel der Umbau des Google-Imperiums unter die Dachstruktur einer neuen Holdinggesellschaft namens Alphabet[1] im Spätsommer 2015. Auch die stärkere Ausrichtung auf Twitter-Ads (for Business)[2] im Frühjahr 2015 und der Instagram Schwenk vom rein quadratischen Format zu Hoch- und Quer-Varianten[3] im September 2015 bestätigen diese Tendenz. Facebook bevorzugt seit knapp einem Jahr eigens hochgeladene "Facebook"-Videos[4] und zeigt YouTube-Videos nur noch mit kleinen Thumbnails an. Die Global Player des Social Web feilen in einem harten Konkurrenzkampf unaufhörlich an neuen Möglichkeiten der Kommerzialisierung und Erhöhung ihrer Reichweite.

Social Media Professionals wie Community Manager, Social Media Manager und Social Media Marketing Spezialisten leben zum einen von ihrem aktuellen Wissen in Bezug auf solche Änderungen. Zum anderen müssen sie im zweiten Schritt unmittelbar prüfen, ob ihr bisher gewähltes Toolsetting zur Erledigung der täglichen Aufgaben weiterhin funktioniert.

Im Interesse der Effizienz wird in der Regel ein den Umständen entsprechender Rahmenplan entwickelt, mit dessen Hilfe Social Media Verantwortliche in Unternehmen die menschlichen und finanziellen Ressourcen optimal einsetzen können. Darüber hinaus gibt es im Rahmen der inhaltlichen Strategie etablierte Prozesse für die Auslieferung von Text-, Bild- und Video-Content, die Durchführung von Werbemaßnahmen und das Messen der Erfolge mithilfe von Key Performance Indikatioren[5] (KPI).

Änderungen nicht nur von Seiten der "Großen"[6], die auf einmal neue Formate für visuelle Inhalte und Layout-Optionen betreffen, bedeuten als erstes: da müssen die Social Media Zuständigen ran, um das bestehende System am Laufen zu halten.

2. Bereiche, für die man Tools braucht
Ohne detailliert auf die komplexen Aufgabengebiete von Social Media Spezialisten einzugehen, lassen sich grob einige Bereiche festlegen, in denen mit mobilen Tools gearbeitet werden kann.

2.1. Publishing
Vor der eigentlichen Veröffentlichung von Inhalten steht die Recherche. Im Falle von kuratierten Inhalten aus Zweit- und Drittquellen kommen bei der Recherche Feedreader, Newsrooms, Stichwort-, Bild- und Videosuchen infrage. Veranstaltungen beobachtet man oft live über Hashtags. Faktenrecherche erfolgt über Datenbanken und Metasuchen, Cacheversionen offenbaren Update-Historien. Fachforen und -communities decken den Bedarf nach weiteren speziellen Informationen ab.

[1] http://www.spiegel.de/wirtschaft/unternehmen/mit-alphabet-wird-google-zum-konglomerat-a-1047567.html (19.9.2015)
[2] https://biz.twitter.com/ad-products (19.9.2015)
[3] http://www.heise.de/newsticker/meldung/Quadratzwang-ade-Instagram-erlaubt-unterschiedliche-Bildformate-2792948.html (19.9.2015)
[4] http://www.futurebiz.de/artikel/es-gibt-mehr-als-youtube-mehr-interaktionen-und-views-fur-facebook-videos-auf-kosten-von-youtube/ (19.9.2015)
[5] http://t3n.de/news/kpi-dashboards-startups-525365/ (19.9.2015)
[6] http://ethority.de/weblog/2014/10/22/social-media-prisma-version-6-0/ (19.9.2015)

Eine wichtige Frage zur Bewältigung dieses Aufgabengebietes ist auch die der Zwischenablage. Wo und wie speichert man im Zuge einer Recherche über mobile Geräte Links ab? Denn oft ist es sinnvoller, zunächst die Recherche durchzuführen und danach an die Aufbereitung des gefundenen Materials für die Social Media Kanäle zu gehen. Nicht alle Inhalte lassen sich sofort streuen beziehungsweise "re-posten" - zum Beispiel aus strategischen Gründen des zusätzlichen eigenen Brandings, der Verifizierung von Aussagen und weil man von gehosteten Webseiten aus quer verlinken will, um den Traffic auf den eigenen Seiten zu halten. Oft sieht ein Redaktionsplan eine zeitliche Taktung bestimmter Inhalte in Abstimmung mit weiteren Marketing-Maßnahmen vor.

Sobald man nicht in Echtzeit und von Hand direkt auf Social Media Kanälen Postings setzt, kommen Redaktions- und Publishingtools zum Einsatz, mit denen man vorterminieren kann. Immer muss man bei diesen prüfen, wie die Postings dann auf den Kanälen nach der Publikation aussehen.

2.2. Monitoring & Analytics

Fanzahlen an sich geben schon lange keinen Aufschluß mehr darüber, wie erfolgreich eine Social Media Strategie ist. Stattdessen misst man inzwischen das sogenannte Engagement[7]. Wieviele Leute haben ein Posting kommentiert, mit einem Like versehen oder an andere weiter geteilt? Lässt sich dies auf einem Smartphone nachvollziehen? Wenn ja, wie exportiert man dann diese Statistiken für die langfristige Dokumentation?

Social Media Monitoring[8] kann Aufschluss geben über Trends, Märkte, Zielgruppen und Wettbewerber.

2.3 Marketing und E-Commerce

Die Social Media Plattformen generieren einen Teil ihrer Einnahmen neben Werbeanzeigen natürlich über bezahlte Postings. Sprich: man bezahlt Twitter, Facebook und andere dafür, dass es die eigenen Seiten- und Accountinhalte häufiger beziehungsweise gezielter in die Streams der Nutzer spielt. Teilweise kann dies direkt beim Planen/Veröffentlichen stattfinden, teilweise wird man das Geld erst etwas später investieren, weil man sich Korrekturoptionen offenhalten möchte. Einmal bezahlt beziehungsweise beworben sind nachträgliche Änderungen meist unmöglich. Infolge will man natürlich auch nachvollziehen, wie die Finanzspritze sich rentiert.

Zusätzlich fallen im Rahmen von E-Commerce Aufgaben an, die sich nur mithilfe bestimmter Anbieter erledigen lassen.

2.4 Interaktion intern/extern

Was noch nicht angesprochen wurde: es gibt in Unternehmen und Organisationen natürlich häufig interne "soziale Netzwerke" über Intranets. Auch diese werden von Social Media Managern und Community Managern betreut.

Gegebenenfalls erfordern sie wie auch die externen Kanäle eine schnelle Interaktion mit den Nutzern im Falle von Diskussionen, Kritik oder gar akutem Krisenmanagement.

[7] http://www.futurebiz.de/artikel/social-media-kennzahlen-woran-messen-marken-den-erfolg/ (19.9.2015)
[8] https://www.brandwatch.com/de/2015/03/mit-social-media-monitoring-industrie-analysen-durchfuehren/ (19.9.2015)

Ohne mobilen Zugriff bleibt hier nur der Platz vor dem Laptop oder dem Desktop des stationären PCs für die Bearbeitunq.

2.5 Projektmanagement und Teamorganisation

Unter Umständen wird sich ein größeres Social Media-Team über (agile) Projektmanagement-Tools organisieren und auch ein gemeinsames Redaktions-/Publishingtool nutzen. Möglicherweise organisieren sich sogar mehrere Abteilungen eines Unternehmens über ein entsprechendes Tool. Bei der Auswahl kann es eine Rolle spielen, ob mobile Applikationen zur Verfügung stehen und welche Features sie aufweisen.

Andrea Brücken | www.andrea-bruecken.de | Twitter: @dieHauteCulture

3. Anforderungen an Tools

Mobile Applikationen weisen in der Regel einen geringeren Funktionsumfang auf als die dazu gehörigen Web-Applikationen.

Ausnahmen bilden Applikationen seitens Drittanbietern, die speziell für den mobilen Gebrauch konzipiert werden. Allerdings sind diese Dienste von den Freigaben der Schnittstellen zur Anwendungsprogrammierung abhängig, kurz API(s). Derartige Tools werden oft weiterentwickelt, was regelmäßig neue Features mit sich bringt, die für den Anwender mal mehr, mal weniger sinnvoll sind. Für Teams liegt in dieser Tatsache eine hohe Fehlerquelle, da Neuerungen sofort kommuniziert, verstanden und ausprobiert werden müssen.

Nice-to-have: Darüber freut man sich immer.

- Login über Social Media Accounts und E-Mail-Adresse muss reibungslos funktionieren.
- Die Synchronisierung von Daten sollte häufig möglich sein und vollständig abgewickelt werden.
- Verschiedene Benachrichtigungseinstellungen sind vorteilhaft: Benachrichtigungsart, -häufigkeit, möglicherweise ein individualisierter Ton, die Anzeige auf dem Display.
- Weiterhin zählt unter Umständen die Anbindung an Cloud-Dienste, Projektmangement-Tools und Bookmarking-Services sowie der einfache Upload und Download von Dateien.
- Möglicherweise spielen Datenschutz-Regelungen eine Rolle: wie sicher sind die Firmendaten auf einem Smartphone?
- Ein klares Layout und eine übersichtliche Navigation sollten eine Selbstverständlichkeit sein. Auf kleineren Screens verliert man sonst schnell die Lust, mobil zu arbeiten.
- Die Speicherkapazität vieler Smartphones ist begrenzt: mobile Anwendungen dürfen weder zu umfangreich sein noch sollten sie permanent Datenmüll produzieren, der das Gerät verlangsamt.

Ansonsten ist die Bandbreite der Wünsche sehr groß und hängt von der primären Ausrichtung eines Tools ab, zum Beispiel im Bereich Social Media Management : Bei der Recherche benötigt man die Möglichkeit der Zwischenablage oder eine andere Form des Markierens von bevorzugten Inhalten für die spätere Verwendung. Beim Veröffentlichen will man eventuell eine Grafik austauschen und einen speziellen Linkverkürzer verwenden. Außerdem möchte man sicher gehen, dass der Post auf dem Weg zum Social Media Kanal nicht "zerschreddert" wird. Sprich: Teasertexte, Grafik, Video, Links sollen genauso online gehen wie über die Automatisierung geplant. Man erwartet einen reibungslosen Ablauf und die Einhaltung der geplanten Termine. Möglicherweise will man gleich Monitoringfunktionen integriert haben - dann müssen diese die benötigten Bewertungsfaktoren ausgeben, exportierbar sein und dürfen gerne aussagekräftig visualisiert sein.

Das Erteilen und Beschränken von Rechten kann in allen Tools und für jeden Bereich relevant sein. Eventuell arbeiten nur bestimmte Teammitglieder an einer Kampagne, die für andere nicht sichtbar sein soll. Vielleicht sollen einzelne Mitglieder nur Texte oder Grafik zur Verfügung stellen, nicht aber in den Aufbereitungsprozess für Social Media direkt involviert sein. Der Kundenservice braucht einen speziellen Bereich oder Kunden sollen begrenzten Zugang zu Teilprojekten erhalten.

Abrechnungen können über mobile Wege erstellt und zugestellt werden, Absprachen über integrierte Chat- und Videokonferenz-Funktionen getroffen werden und so weiter.

Nicht ganz unerheblich ist auch, ob es für die zwei gängigsten mobilen Betriebssysteme Android und iOS brauchbare Versionen der ausgewählten Tools gibt.

4. Die Qual der Wahl

Grundsätzlich gibt es zwei Arten von mobilen Tools[10] für administrative Tätigkeiten verschiedenster Couleur.

Unter die erste Kategorie fallen diejenigen, die von den Betreibern Sozialer Netzwerke, Content Management-Plattformen und Marketing-Plattformen selbst angeboten werden. Hierzu zählt man zum Beispiel den Facebook Seitenmanager[11], diverse Google-Tools[12] wie Google Analytics, und auch Instagram für Business[13], das seit circa einem Jahr für ausgewählte Kunden verfügbar ist.

Unter die zweite Kategorie fallen zum einen Fremdanbieter, die über die APIs auf die Sozialen Netzwerke zugreifen wie Hootsuite, Buffer, unzählige Twitter-Tools, SumAll und andere Analytics-Tools. Desweiteren gibt es eigenständige Tools für bestimmte Zwecke, die andere Dienste brauchen, um ihre Funktionalität voll auszuschöpfen. Hierzu würden unter anderem Projektmanagement-Tools zählen und Tools aus dem Bereich Customer Relationship Management (CRM), aber teilweise auch Cloud-Dienste oder multifunktionale Tools wie Slack und Evernote.

---

[10] https://blog.bufferapp.com/mobile-apps-tools-for-marketing (19.9.2015)
[11] https://www.facebook.com/business/learn/facebook-page-manager-app (19.9.2015)
[12] https://www.google.de/intl/de/services/sitemap.html (19.9.2015)
[13] https://business.instagram.com/gettingstarted/ (19.9.2015)

Bereich	Tool	Link	Was
Recherche	Feedly	www.feedly.com	Feedreader
Recherche	Flipboard & Zite	www.flipboard.com www.zite.com	Social Network Aggregator
Recherche	Nuzzel	www.nuzzel.com	Friendfeed
Publishing	Facebook Seitenmanager	facebook.com	Facebook
Publishing	Hootsuite	hootsuite.com	Diverse Social Networks
Publishing	Buffer	buffer.com	Diverse Social Networks
Analysing	Google Analytics	google.com/analytics	Google Statistiken
Analysing	Flurry	flurry.com/solutions	App Data Tracking
Analysing	Twitter Analytics	support.twitter.com	Twitter Statistiken
Analysing	SumAll	sumall.com	Social Media Monitoring
Analysing	Piwik	piwik.org	Google Analytics Alternative
Cloud	Dropbox	www.dropbox.com	Cloud-Dienst
Cloud	Box	www.box.com	Cloud-Dienst
Cloud	Google Drive	google.com/drive	Cloud-Dienst
Projektmanagement	Trello	www.trello.com	Projektmanagement
Projektmanagement	Asana	www.asana.com	Projektmanagement
Projektmanagement	Slack	www.slack.com	Projektmanagement, Multifunktional,Kommunikation
Multifunktional	Evernote	www.evernote.com	Notizbuch, Kommunikation, agiles Arbeiten
Multifunktional	IFTTT	www.ifttt.com	Social Sharing, Automatisierung von Services

Tabelle: Beispiele für Tools, die mobil nutzbar sind

Die Liste ist quasi endlos[14]. Es gibt unzählige Tools für die verschiedensten Anwendungszwecke und täglich erobern neue Lösungen den Markt.

Die in der Tabelle gelisteteten Tools können als Startpunkt für die Recherche angesehen werden. Ansonsten empfiehlt sich, einfach auf Google oder mithilfe anderer Suchmaschinen eine entsprechende Stichwortsuche durchzuführen, die immer die Begriffe "mobile" und "tool" enthalten sollte. Eine zeitliche Eingrenzung der Suche auf aktuelle Ergebnisse fördert oft Blogposts zutage, in denen man Tools empfohlen bekommt.

Erste Regel bei den Überlegungen zur Verwendung von (mobilen) Tools ist auf jeden Fall: es handelt sich nur um ein Handwerkszeug, mit dem man vorab definierte Ziele im Rahmen einer bestimmten Strategie erreichen will. Nur weil etwas mobil machbar ist, heißt das noch lange nicht, dass man es auch einsetzen muss.

Wenn ein Präsenzmeeting leichter umzusetzen ist und mehr Erfolg verspricht bei der Klärung offener Punkte, muss man dafür keinen Task in einem Projektmanagement-Tool anlegen. Wenn Affiliate-Marketing zur Anwendung kommt und über die Marketing-Abteilung betreut wird, kann der / die Social Media-ManagerIn trotzdem unabhängig davon mit eigenen Tools die Facebook-Seite und den Twitter-Account inhaltlich bestücken.

Andererseits ist es vielleicht sinnvoll, Daten aus Tabellen über eine mobile Auslieferung auf Tablets und Smartphones vor einem Meeting an alle Involvierten zu verteilen, damit sie sich vorbereiten können und auf dem aktuellsten Stand sind.

Mobile Applikationen können in vielerlei Hinsicht die Kommunikation innerhalb einer Organisation vereinfachen und Arbeitsprozesse transparenter machen. Das Problem ist aber zunächst die bestehende Organisationsstruktur innerhalb des Unternehmens. Kein Tool kann für die Beteiligten neu implementiert werden, ohne dass dies mit Umstrukturierungen und einigem Arbeitsaufwand einher geht. Von der Einrichtung der neuen Workflows einmal abgesehen, müssen diese auch kommuniziert, geschult, erprobt und eventuell nachgebessert werden. Daher sollte man sich im Vorfeld genau überlegen, ob und unter welchen Umständen die Nutzung von mobilen Tools überhaupt notwendig und sinnvoll ist.

5. Festlegung von Prioritäten in Strategie und Zielsetzung

Eine Selbstverständlichkeit ist die klare Festlegung von Marke, Produkt(en), Corporate Identity, Marketing-Maßnahmen und den Zielen, die man erreichen will. Anhand dieses Prozesses kann man bereits erste Rahmenbedingungen festmachen. Folgende Überlegungen kann man dabei anstellen:

1. Mit welchen externen Plattform-Betreibern hat man zu tun? In welchem Umfang nutzt ma deren Services für welche ToDo's? Muss man ausschließlich deren Services in Anspruch nehmen oder gibt es Drittanbieter, die teilweise oder ganz bestimmte Funktionalitäten übernehmen?

[14] http://www.curata.com/blog/content-marketing-tools-ultimate-list/ (19.9.2015)

2. Wer ist an welchen Arbeitsprozessen mit welchen Aufgaben in welchem Umfang beteiligt? Wo sind die Schnittstellen, die Abstimmung erfordern? Wie oft ist das nötig und auf welchen Wegen geschieht das bisher? An welchen Stellen können Einzelne ihre Prozesse selber gestalten? Wo ist ein für alle vorgeschriebenes Vorgehen nötig?

3. Welche Zwischenergebnisse müssen wie oft an wen kommuniziert werden? Sind die bisherigen Wege des Austausches ausreichend? Besteht Optimierungsbedarf?

Entscheidend für die Auswahl von mobilen Tools ist dann, wer überhaupt "on-the-fly" arbeitet und wieviele Mitarbeiter ein Tool gemeinsam nutzen müssen. Kostenfreie oder kostengünstige Tools mit und ohne mobile Anwendungen haben immer ihre Grenzen: der zur Verfügung gestellte Speicherplatz, die Anzahl der Teammitglieder und die Anzahl der Sozialen Netzwerke und externen Dienste, die verbunden werden können, ist meist begrenzt. Die Pro-Versionen und die Pakete, die angeboten werden, treffen den Bedarf nicht passgenau, schnell liegt der Preis für die Nutzung eines Tools oberhalb des geplanten Budget-Rahmens.

6. Denken wir ein Beispiel an:

Unternehmen XY existiert seit 10 Jahren, es stellt Sitzmöbel her, die überwiegend von freiberuflichen Designern entworfen werden. Die Produkte sind exklusiv, die Designer sind international, die Fertigung erfolgt lokal und umweltbewusst durch regionale Handwerksbetriebe. Das Unternehmen hat 30 Mitarbeiter.

Die Webseite hat einen modernen Shop, E-Commerce und Marketing arbeiten eng zusammen. Seit einem halben Jahr gibt es einen Social Media Manager, der eine Strategie für die Sozialen Medien neu plant. Bisher gibt es eine Facebook-Seite, eine Google Plus-Seite und einen Twitter-Account. Künftig will man ein Blog einrichten sowie einen Instagram- und einen Pinterest-Account betreiben. Zum Social Media-Team gehört bisher eine weitere Person für redaktionellen Content und Grafik, vermutlich braucht man bald Verstärkung. Firmeninterne Daten sind auf einem eigenen Cloud-Server abgelegt und man bemüht sich, mehr und mehr agiles Projektmanagement einzuführen.

Bei der Besetzung neuer Stellen auf Führungsebene hat man darauf geachtet, dass Bewerber eine gewisse digitale Affinität besitzen. Die Arbeitsprozesse schreibt man nur teilweise vor. Es gibt allerdings fest vorgeschriebene Regeln für den Umgang mit internen Daten. Wöchentlich finden Meetings zur generellen Abstimmung statt, teilweise werden diese bereits online durchgeführt.

Alle bisherigen Tools sind in Desktop-Varianten nutzbar, wer viel reist oder auch kurzfristig erreichbar sein muss, greift auf die mobilen Versionen zurück, sofern es welche gibt. Ein großer Teil der Belegschaft nutzt allerdings nur den internen Cloud-Speicher und Office-Anwendungen.

Folgende mittel- und langfristigen Ziele wurden festgelegt:

1. Die Abstimmung zwischen Marketing, Social Media, Projektmanagement, Innovationsmanagement und Geschäftsführung soll flüssiger und effektiver werden. E-Mails sollen in diesem Bereich soweit wie möglich reduziert werden.
2. Der Umsatz soll im kommenden Geschäftsjahr um xy Prozent gesteigert werden.
3. Man will mehr auf den internationalen Markt gehen.

Ziel 1 betrifft direkt eine Toolauswahl. Dafür sieht man sich die Ziele im Detail an, bestimmt die Ressourcen in Bezug auf Personal und Budget, prüft bisherige Instrumente und Prozesse auf ihre Brauchbarkeit, bestimmt die Art und Häufigkeit der einzusetzenden Kommunikationselemente. Anhand dieser Fakten lassen sich benötigte Features für ein Tool zügig festlegen.

Voraussetzung ist natürlich, dass es sowohl Desktop- bzw. Browserversionen und mobile Apps für die Betriebssysteme Android und iOS gibt, da alle Mitarbeiter ihre eigenen Geräte nutzen. Außerdem muss die Anbindung des internen Cloud-Speichers möglich sein. Man hat keine großen Betriebsgeheimnisse, ist aber nicht bereit, auf einem externen Server sensible Daten abzulegen.

Sofern es im Haus niemanden gibt, der sich mit digitalen Tools sehr gut auskennt, engagiert man einen externen Spezialisten für die Auswahl mehrerer Tools. Diese werden dann getestet, bevor man eine endgültige Entscheidung trifft.

Ziel 2 betrifft mobile Tools eher weniger bis gar nicht. Die konkreten Maßnahmen werden alle vom Arbeitsplatz aus am stationären PC durchgeführt, vor allem von Marketing und E-Commerce. Für Planungsabstimmungen hat man das neue Projektmangement-Tool. Andere involvierte Abteilungen bleiben beim bisherigen Prozedere. Man überlegt zwar, ob man langfristig auf ein Customer Relationship Management-System umsteigt, will aber momentan noch kein Budget dafür einplanen.

Bei Ziel 3 sehen wir uns nur kurz den Bereich Social Media an. Auf der Facebook-Seite soll künftig auch eine englischsprachige Zielgruppe avisiert werden. Dafür muss man das Sprach-Targeting von Facebook nutzen, mit dem bisherigen Tool geht das nicht. Also wird direkt auf Facebook gepostet und der mobile Seitenmanager gelegentlich genutzt. Die Google-Seite reduziert man inhaltlich und in der Taktung - dafür gibt es einen englischsprachigen zusätzlichen Twitter-Account. Auf Instagram und Pinterest hat die Toolwahl keine Relevanz, man passt nur das Tagging der Postings entsprechend an. Das bisherige Publishing-Tool ist bewährt und bleibt, auch die Aufstockung durch neue Mitarbeiter würde kein Problem bedeuten.

7. Darauf bitte achten

Das vorgestellte Beispiel ist natürlich nicht repräsentativ und berücksichtigt keinesfalls alle Eventualitäten. Die individuellen Umstände werden von Unternehmen zu Unternehmen sehr unterschiedlich sein. Zum Teil spielen auch Faktoren eine Rolle, die noch nicht genannt wurden: Entscheidungsstrukturen innerhalb des Managementboards, digitiale Affinität von Entscheidern, Budgetfragen, Innovationswille, personelle Ressourcen und so weiter. Einige Dinge sollten aber klar sein. Zunächst zählen die mittelfristigen und langfristigen Unternehmensziele. Diesen sind alle weiteren Entscheidungen untergeordnet.

Danach evaluiert man die bestehende Situation und überprüft, an welcher Stelle Veränderungen implementiert werden sollen. Für die anstehenden Änderungen sollte es einen klaren Zeitplan geben, der neben der Bestimmung von Kriterien für (mobile) Tools auch die sorgfältige Auswahl und eine Testphase im Vorfeld enthält. Manchmal kann ein Faktor, wie der im Beispiel erwähnte eigene Cloud-Server sofort zehn mögliche Tools aus dem Rennen werfen. Man sollte an Mitarbeiter-Schulungen denken, das Tool vor der "Inbetriebnahme" einrichten und Regeln erstellen für die Nutzung. Nach einer gewissen Zeit ist eine Feedback-Schleife interessant, um die neuen Prozesse zu optimieren.

Vor allem aber sollte man nicht vergessen, sich zu fragen, inwiefern mobile Applikationen überhaupt nötig und in welchem Umfang sie nützlich sind. Im Social Media-Rahmen mag die Mobilität lediglich sinnvoll sein, damit ein zeitnahes Krisenmanagement bei negativen Rückmeldungen der Communities möglich ist, nicht aber für die Publishing- und andere Prozesse. Im Projektmanagement-Rahmen, der verschiedene Führungskräfte miteinander verbindet, sind mobile Anwendungen vielleicht nicht nur nötig, sondern sogar ein Hauptkriterium für einen reibungslosen Kommunikatonsfluss.

Fazit: Planen Sie die Wahl neuer Tools - egal ob mobile Versionen nötig sind oder nicht - sorgfältig und mit einem entsprechenden zeitlichen Vorlauf. Klären Sie möglichst passgenau für Ihren Bedarf ab, was ein Tool aktuell und auch künftig zu leisten hat. Von Vorteil ist die Steuerung über eine fachkundige Person oder ein erfahrenes Team. Kommunizieren Sie Entscheidungsprozesse im Betrieb und achten Sie bei der Implementierung in Ihre Unternehmensstrukturen darauf, Mitarbeiter hinreichend zu schulen. Evaluieren Sie regelmäßig, ob gewählte Tools noch den Bedürfnissen der Organisation entsprechen. Es empfiehlt sich außerdem, ein Paket zu buchen, in dem ein guter Kundenservice auch für technische Komponenten enthalten ist.

Andrea Brücken | www.andrea-bruecken.de | Twitter: @dieHauteCulture

3.2
Die Relevanz von Mobile und Social für die Suchmaschinenoptimierung (SEO)

Mario Schwertfeger

1. Notwendigkeit und Nutzen der Suchmaschinenoptimierung

Suchmaschinenoptimierung oder kurz SEO beschreibt die Disziplin, welche dazu dient, die Rankings des eigenen Webauftritts in Suchmaschinen wie Google oder Bing zu verbessern und darüberhinaus den (kostenlosen) Traffic über die Suchmaschinen zu optimieren.

Sieht man sich die Suchergebnisseiten (SERPs) in einer Suchmaschine an, dann muss man zwischen den bezahlten Suchergebnissen (hier spricht man von Search Engine Advertising oder kurz SEA) und den organischen, kostenlosen Suchergebnissen unterscheiden. SEO zielt dabei darauf ab, die eigene Seite für die wichtigsten Suchbegriffe (sogenannte Keywords) möglichst auf den ersten Plätzen zu positionieren. Einer der Vorteile von SEO gegenüber SEA ist unter anderem der Punkt, dass SEO "kostenlos" ist, während man bei SEA für jeden Klick auf die Anzeigen einen bestimmten Betrag an Google zahlen muss (natürlich muss dabei bedacht werden, dass die SEO-Optimierung an sich Geld kostet). Während man bei SEA allerdings sofort Traffic auf die eigene Seite bringen kann, ist SEO eher ein mittel- bis langfristiges Thema, da es eine gewisse Zeit dauert, bis die jeweiligen Maßnahmen greifen und sich Verbesserungen in den Rankings einstellen. Bei SEA hingegen bekommt man zwar kurzfristig Traffic, sobald man aber nicht mehr bereit ist, hier für jeden Besucher zu zahlen, bricht dieser Traffic weg. Im Vergleich zwischen SEO und SEA ist SEO daher ein nachhaltiger Traffic-Lieferant.[1]

---

[1] *Vgl. Alpar, Andre / Koczy, Markus / Metzen, Maik; SEO – Strategie, Taktik und Technik; Springer Gabler; 2015; S. 513 ff.*

Abbildung 1.: Unterschied zwischen SEO und SEA in den Suchergebnissen

Die unterschiedliche Darstellung der SEA-Anzeigen und er sogenannten organischen Suchergebnisse (SEO) soll folgende Abbildung verdeutlichen.

Vereinfacht gesagt nimmt die Klickrate auf die SEO-Ergebnisse von oben nach unten ab. Diverse Studien und Tests zeigen hier, dass die Klickrate auf den ersten Plätzen deutlich höher ist als auf den nachfolgenden Positionen. Eine aktuelle Studie von Advanced Web Ranking zeigt, dass im Schnitt über 55% der Klicks auf die Positionen 1-3 entfallen. Die Ergebnisse auf Seite 2 (also die Positionen 11-20) klicken hingegen zusammengefasst nur noch 3,99% der User. [2]

Die Dringlichkeit und der Nutzen von SEO dürfte nun verständlich geworden sein. Doch was haben die Themen Mobile und Social mit SEO zu tun?

Um diese Frage zu beantworten sollte man zuerst einen Blick auf die Funktionsweise von Google & Co. werfen, um zu erfahren, welche Kriterien Google für das Ranking der verschiedenen Seiten heranzieht.

2. Bewertung der Ranking-Relevanz in Suchmaschinen

Bevor die heute wohl bekannteste Suchmaschine Google auf den Markt kam, bestimmten Suchmaschinen wie Yahoo und Altavista das Geschehen. Diese Suchmaschinen werteten den Text auf der jeweiligen Seite und vor allem auch die Meta-Tags, welche im HTML-Code gepflegt werden, aus, um den Inhalt einer Seite zu bestimmen. Wenn ein User damals zum Beispiel nach "Girokonto" suchte, dann wurden die verschiedenen Webinhalte dahingehend analysiert, welche Seiten das Wort "Girokonto" möglichst oft auf Ihrer Seite hatten und auch in Title, Description und Meta-Keywords möglichst oft das Wort "Girokonto" unterbrachten. Vereinfacht gesagt bestimmte sich die Relevanz einer Seite also durch die Häufigkeit des Suchbegriffs auf eben dieser Seite. Je öfter eine Seite das Keyword verwendete, desto relevanter war sie aus Sicht der damaligen Suchmaschinen auch. Dies führte zu diversen Manipulationen, indem einfach das Keyword etliche Male in den Meta-Keywords auftauchte und auch innerhalb des Contents sogenanntes Keyword-Stuffing verwendet wurde. Je höher die Keyword-Dichte im Inhalt der Seite desto besser. Eine besonders skurrile Manipulationsweise war wohl das Keyword bspw. mit weißer Schriftfarbe auf weißem Hintergrund bis zur Besinnungslosigkeit auf der Seite unterzubringen. Dies bewirkte am Ende, dass nicht das für den User beste Suchergebnis auf Rang 1 stand, sondern schlicht die Seite, deren Betreiber die Suchmaschinen am besten manipulieren konnten, was oftmals zu völlig unrelevanten Ergebnissen in den SERPs führte.

Eine der Intentionen der beiden Google-Gründer Larry Page und Sergey Brin war es 1995, eine Suchmaschine zu entwickeln, welche für diese Art der Manipulation nicht mehr anfällig war und tatsächlich Suchergebnisse rankte, welche für den User relevant waren. Als sie damals den Google-Vorgänger BackRub entwickelten, waren daher Backlinks das wichtigste Relevanz-Signal für die Suchmaschine. [34] Die Theorie, die hinter diesem von der Stanford University patentierten PageRank-Algorithmus steckt, ist die Annahme das jeder Link, der im Internet gesetzt wird, eine Art persönliche Empfehlung ist. Aus den Backlinks setzte sich der PageRank (benannt nach Larry Page) zusammen, welcher ein Maß für die Wichtigkeit einer Seite war. Vereinfacht gesagt bekam eine Seite umso mehr Relevanz, je mehr Backlinks sie hatte. Und je höher der PageRank einer Seite ist, desto mehr Wert hatten die Links, die diese Seite wiederum weitergab, wobei sich der PageRank auf einer Skala von 0 bis 10 bewegt.

[2] Vgl. https://moz.com/blog/google-organic-click-through-rates-in-2014; (12.09.2015)
[3] Vgl. https://www.googlewatchblog.de/2007/12/backrub-details-ueber-googles-wurzeln/; (12.09.2015)
[4] Vgl. https://de.wikipedia.org/wiki/PageRank; (12.09.2015)
[5] Vgl. Ward, Eric / French, Garrett; Ultimate Guide to Linkbuilding; Entrepreneur Press; 2013; S. 1-7

Mit jedem Link, welchen bspw. ein Webmaster auf eine andere Seite setze oder den ein User in einem Forum auf eine andere Seite setzte, nahm deren Gewichtung und Relevanz zu, da schließlich die Anzahl der Nutzer bzw. besser gesagt Seiten stieg, welche die Zielseite empfahlen.[5]

Schnell dürfte jedoch klar werden, dass schon bald zahlreiche Internetmarketer auch die grundlegende Funktionsweise dieses Algorithmus durchschauten und verstanden, dass Links der wohl wichtigste Rankingfaktor sind. Somit wurde schnell damit begonnen, das Ranking der eigenen Seite zu manipulieren, indem so viele Backlinks wie möglich auf den eigenen Internetauftritt gesetzt wurden. Es entstand eine eigene Disziplin namens Linkbuilding, welche dem Zweck diente, künstliche Links auf die eigene Website zu setzen. Laut Google gelten Links, welche zur Rankingmanipulation gesetzt werden als Spam.[6] Dennoch entstanden mit der Zeit einige unsaubere Methoden wie Linkkauf, das Erstellen von Linknetzwerken, das automatisierte Setzen von Links mittels Software und viele weitere Methoden, welche aus Sicht der Suchmaschinen „illegal" waren, da sie nur der Manipulation der eigenen Rankings diente.[7]

Google & Co. begannen nun auf diese Art, mit eigenen Spam-Team dem Link-Spam den Kampf anzusagen. Dies geschah durch manuelle Abstrafungen als auch durch Änderungen im Algorithmus, welche automatisch dafür sorgten, dass Betreiberseiten von Link-Spam in ihren Rankings abgestraft werden. Die bekannteste Algorithmus-Änderungen waren hierbei die sogenannten Pinguin-Updates, welche erstmals im Jahr 2012 ausgerollt wurde.[8]

Insgesamt führte dies dazu, dass mittlerweile so gut wie nur noch diejenigen Links einen Rankingvorteil mit sich brachten, welche natürlich bzw. freiwillig gesetzt wurden. Dies führte zu einer Verlagerung der SEO-Aktivitäten weg vom klassischen Linkbuilding hin zum Content Marketing. Ziel des Content Marketings ist es dabei ,derart gute Inhalte anzubieten, dass relevante und thematisch ähnliche Seiten freiwillig Links auf die eigene Webseite setzen, um Nutzern einen tatsächlichen Mehrwert zu bieten.

Trotz der Bekämpfung der Spam-Maßnahmen gibt es dennoch eine gewisse Anfälligkeit der Suchmaschinen-Algorithmen für Linkbuilding. Aus diesem Grund haben Suchmaschinen wie Google erkannt, dass sie die Relevanz von Backlinks reduzieren müssen und andere Rankingfaktoren stärker gewichten müssen. In Russland führte dies bei der Suchmaschine Yandex sogar soweit, dass im Großraum Moskau Backlinks gar nicht mehr als Rankingfaktor herangezogen werden.[9]

Doch was könnten weitere Rankingfaktoren sein? Ähnlich wie Backlinks sind auch soziale Signale Empfehlungen. Aber sind soziale Signale tatsächlich ein Rankingfaktor bzw. welche Relevanz haben soziale (mobile) Netzwerke für die Suchmaschinenoptimierung?

3. Social Signals als direkte Rankingfaktoren

Eine weitere Möglichkeit, die Relevanz einer Seite zu bemessen, könnten hierbei natürlich Social Signals. Schließlich sind Social Signals genau wie Backlinks naturgemäß eine Art Empfehlung für Webseiten. Der Vorteil der Social Signals gegenüber Backlinks ist dabei noch, dass sich ein Inhalt z.B. viel leichter liken lässt als durch eine Verlinkung. Denn hierfür bräuchte man wieder eine eigene Internetseite oder Zugang zu einem Forum, um direkt zu verlinken oder einen Beitrag incl. Verlinkung.

[6] Vgl. https://support.google.com/webmasters/answer/66356?hl=de; (12.09.2015)
[7] Vgl. Enge, Eric / Fishkin, Rand et. al. ; Die Kunst des SEO; O'Reilley; 2012; S. 363 - 368
[8] Vgl. https://de.onpage.org/wiki/Penguin_Update; (12.09.2015)
[9] Vgl. https://de.onpage.org/blog/ranking-ohne-links-interview-mit-yandex-head-of-web-search-alexander-sadovsky; (12.09.2015)
[10] Vgl. http://www.searchmetrics.com/knowledge-base/ranking-factors/; Download: S. 29-31; (13.09.2015)
[11] Vgl. https://moz.com/search-ranking-factors/correlations#8; (13.09.2015)

Sieht man sich Ranking-Faktor-Studien wie bspw. die Studien von Searchmetrics[10] und MOZ[11] an, dann fällt auf, dass gute Rankings mit der Anzahl an Social Signals korrelieren. Dennoch muss man festhalten, dass in diesen Studien Korrelationen und nicht Kausalitäten untersucht wurden. Die Aussage dieser Studien ist also lediglich, dass gut rankende Seiten zumeist eine höhere Anzahl an Social Signals aufweisen als schlecht rankende Seiten, nicht aber dass diese Seiten aufgrund der Social Signals besser ranken.

Hier ist natürlich fraglich, ob die Seiten wegen der Social Signals so gut ranken oder ob sie vielleicht stattdessen so viele Social Signals haben, weil sie gut ranken? Denn je besser Seiten ranken, desto höher dürfte auch deren Chance sein Social Signals einzusammeln. Zudem liebt Google guten Content und rankt diesen entsprechend gut. Und guter Content wird zumeist natürlich auch eher positive soziale Signale einfahren als minderwertiger Content. Zudem haben Brands bei Google einen Ranking-Vorteil und auch im Bereich Social haben Brands zumeist eine höhere Reichweite. Es gibt also viele Aspekte, mit welchen sich diese Korrelation erklären lässt. Ein Kausalzusammenhang zwischen Social Signals konnte bisher noch nicht nachgewiesen werden.

Dennoch gibt es natürlich auch einige Experten, die davon ausgehen, dass Social Signals heute schon ein Rankingfaktor sind.[121314] Wobei einer der größten amerikanischen Link-Experten, Eric Enge 2013 einschätzte, dass Social Signals relevant für das Ranking sind aber nicht so eine Bedeutung haben wie Backlinks.[15]

Interessant ist natürlich auch, was Google als mit Abstand meistgenutzte Suchmaschine in Deutschland[16], zu diesem Thema sagt. 2010 gab es vom Chef des Google Spam Teams Matt Cutts noch die Aussage, dass Social Signals ein Ranking Signal sind,[17] nachdem Danny Sullivan vom Online-Magazin Search Engine Land in einem Artikel vermutet hatte, dass Twitter und Facebook Links ein Ranking-Signal sind.[18] 2014 gab es allerdings zuletzt die Aussage von Matt Cutts, dass seines Wissens nach im Algorithmus keine Social Signals berücksichtigt werden. Der Grund hierfür sei unter anderem, dass sich diverse Social Media Plattformen in der Vergangenheit teils nicht crawlen ließen und Google nicht allzu viel Power in Daten stecken möchte, bei welchen sie zukünftig evtl. wieder ausgesperrt werden könnten. Auch Matt Cutts sagt in diesem Interview, dass großartiger Content nicht deswegen rankt, weil er viele Social Signals bekommt. Sondern dass großartiger Content eben rankt, weil er großartig ist – und aus genau diesem Grund bekommt er auch Social Signals ab.[19] Hieraus lässt sich ableiten, dass Social Signals mit ziemlicher Sicherheit keinen direkten Einfluss auf das Ranking hat. Am ehesten könnte Google hier Plattformen wie Google Plus heranziehen, da sie auf diese Plattform direkt Eingriff haben und hier nicht urplötzlich der Zugriff auf die Plattform gesperrt werden wird.

Aktuell ist also noch stark umstritten, ob Social Signals als direkte Rankingfaktoren fungieren. Wie Social Networks aber des Weiteren für das Thema Suchmaschinenoptimierung instrumentalisiert werden können, sollen die nächsten Abschnitte aufzeigen.

[12] Vgl. *http://www.socialmediaexaminer.com/social-media-seo/;* (13.09.2015)
[13] Vgl. *http://www.socialmediatoday.com/content/6-reasons-social-media-critical-your-seo;* (13.09.2015)
[14] Vgl. *http://www.haufe.de/marketing-vertrieb/online-marketing/social-media-diese-10-aspekte-beeinflussen-seo-wirk-lich_132_303370.html;* (13.09.2015)
[15] Vgl. *http://www.searchenginejournal.com/how-social-signals-enhance-online-authority-eric-enge-pubcon/75547/;* (13.09.2015)
[16] Vgl. *http://de.statista.com/statistik/daten/studie/167841/umfrage/marktanteile-ausgewaehlter-suchmaschinen-in-deutschland/;*
[17] Vgl. *https://www.youtube.com/watch?v=ofhwPC-5Ub4;* (13.09.2015)
[18] Vgl. *http://searchengineland.com/what-social-signals-do-google-bing-really-count-55389;* (13.09.2015)
[19] Vgl. *https://www.youtube.com/watch?t=146&v=udqtSM-6QbQ;* (13.09.2015)

4. Links aus Social und Mobile Networks

Wie bereits aufgezeigt, sind Backlinks mit ein wichtiger Faktor für das Ranking. Diese Links können dabei natürlich auch aus sozialen Netzwerken kommen, wobei die meisten Links aus sozialen Netzwerken sogenannten „nofollow"-Links sind, so dass diese aus Sicht der Suchmaschinen-Bots keine Empfehlung darstellen und keine Power an die Link empfangende Seite weitergeben.

So gab es 2010 sowohl von Google als auch von Bing die Aussagen, dass Links aus Twitter ähnlich wie linkartige Signale genutzt werden würden.[2021] Genauso gab es eine gewisse Zeit lang die Möglichkeit, aus Google+ heraus sogar „follow"-Links (sprich Links die aus Googlesicht eine Empfehlung darstellen und dadurch Power an die empfangende Seite geben) zu setzen. Abgesehen davon sind Links in Google+ immer noch eine gute Möglichkeit, neuen Content schnell durch Google entdecken zu lassen.[22] Allerdings sind heute im Grunde alle Links aus den bekanntesten sozialen Netzwerken sogenannte "nofollow"-Links, so dass diese keine direkte Power an die jeweilige Zielseite weitergeben können.

Dennoch können die Links aus sozialen Netzwerken natürlich immer Hinweise geben, welche Inhalte gerade gefragt sind oder welche Seiten Autoritäten zu einem gewissen Thema sind und immer noch Traffic auf die Seite liefern, die Reichweite erhöhen und somit durch positive Nutzersignale indirekt wieder zur Suchmaschinenoptimierung beitragen, weshalb viele Experten dazu raten, auch das Social Linkbuilding als Bestandteil des SEO zu betrachten.[232425]

Ein weiterer wichtiger Aspekt bei der Betrachtung von sozialen Netzwerken spielt auch das sogenannten Local SEO. Local SEO beschreibt die Fachdisziplin, welche sich damit beschäftigt, lokal agierende Unternehmen für Suchanfragen mit offensichtlich lokaler Suchintention (zum Beispiel „Pizzeria" oder noch konkreter „Pizzeria München") zu ranken.

Ein wichtiger Rankingfaktor auf diesem Gebiet sind die sogenannten „Citations". Citations sind Erwähnungen des Unternehmens im Netz bspw. die Einträge in Branchen- oder Stadtverzeichnisse wie bspw. Yelp oder Foursquare, welche vom Prinzip her beide auch (mobile) soziale Netzwerke sind. Gerade diese Einträge auf derart bekannten und frequentierten Plattformen sind für Google ein wichtiger Rankingfaktor innerhalb der Local Suchergebnisse.[262728] Ebenfalls gibt es auf diesen Plattformen die Möglichkeiten, dass Kunden das Unternehmen bewerten können. Diese sogenannten Reviews (vor allem die Reviews aus Google My Business Listings) zieht Google ebenfalls als Rankingfaktor für die lokale Suche heran. [2930]

Insgesamt sollte dieser Punkt als Relevanz von Social- / Mobile-Networks für die Suchmaschinenoptimierung also keinesfalls vernachlässigt werden.

[20] Vgl. http://searchengineland.com/what-social-signals-do-google-bing-really-count-55389; (16.09.2015)
[21] Vgl. Enge, Eric / Fishkin, Rand et. al. ; Die Kunst des SEO; O'Reilley; 2012; S. 401 ff.
[22] Vgl. http://www.searchenginejournal.com/how-social-signals-enhance-online-authority-eric-enge-pubcon/75547/; (16.09.2015)
[23] Vgl. http://www.searchenginejournal.com/social-signals-affect-seo/135956/; (16.09.2015)
[24] Vgl. Enge, Eric / Fishkin, Rand et. al. ; Die Kunst des SEO; O'Reilley; 2012; S. 403
[25] Vgl. http://blog.sumall.com/journal/8-ways-social-media-affects-seo.html; (16.09.2015)
[26] Vgl. https://moz.com/learn/local/citations; (16.09.2015)
[27] Vgl. http://www.whitespark.ca/blog/post/13-what-is-a-citation; (16.09.2015)
[28] Vgl. http://www.winlocal.de/blog/2012/10/local-seo-mit-firmeneintragen-citation-studie-teil-1/; (16.09.2015)
[30] Vgl. http://www.bruceclay.com/blog/local-businesses-need-reviews-12-seo-approved-ways-get/; (16.09.2015)
[31] Vgl. https://www.shopify.com/blog/15006641-how-online-reviews-impact-local-seo-and-why-they-matter-to-your-bottom-line;

5. Social und Mobile Networks in den Suchergebnissen

Ein weiterer wichtiger Aspekt ist natürlich auch der Punkt, dass URLs aus sozialen Netzwerken selbst zu Suchergebnissen werden können.

Eine Vorreiter-Rolle spielte hierbei die Suchmaschine Bing von Microsoft, welche 2011 mit Twitter und Facebook kooperierte und hier Tweets und Facebook-Inhalte in den Suchergebnissen platzierte.[31]

Bei Google wird insbesondere Google+ in den personalisierten Suchergebnissen angezeigt. Das bedeutet, dass einem User der mit seinem Google+ - Profil eingeloggt ist in den SERPs auch Updates von Google+-Mitgliedern angezeigt werden, mit denen er vernetzt ist (Dies ist Bestandteil eines Konzeptes, dass Google als „Search, plus Your World" bezeichnet).[323334]
Insgesamt gibt es etliche Social Networks, deren Inhalte auch in den Social Networks angezeigt werden, wie bspw. Facebook, Xing, Linkedin, Twitter oder auch Instagram.

Besonders bei Brand-Suchanfragen ranken häufig neben der eigenen Webseite die Profile der gängigsten (mobile) Social Networks.[3536]

Aus SEO-Sicht macht es hier also auf jeden Fall Sinn, die für die eigene Zielgruppe relevantesten Plattformen zu identifizieren und ggfs. auf Google Plus die größten Influencer der Branche zu identifizieren und Inhalte besonders auch auf diesen Plattformen und deren Influencern zu streuen, um dadurch mit dem Content nicht nur mit der eigenen Webseite gefunden zu werden, sondern auch mit einem oder mehreren Beiträgen über die (mobilen) Social Networks in den Suchergebnissen.[37]

6. Soziale und mobile Netzwerke zum Zwecke des Brand Buildings

Ein weiterer Faktor der Einfluss auf das Ranking in Suchmaschinen hat ist das Thema Branding.

Google liebt Marken. Zum einen gehen Experten davon aus, dass die Suche nach Markennamen ein Signal für Relevanz darstellt, so dass diese Marken dann auch zu allgemeinen Suchbegriffen aus ihrer Branche besser ranken, zum anderen gehen eben diese Experten auch davon aus, dass häufig auftretende Markennennungen (wie sie in mobilen und sozialen Netzwerken auftreten können) ein Signal für die Rankingrelevanz bei Google darstellen können.[38]

Unbestritten ist auf jeden Fall, dass Google 2009 das Vince-Update ausrollte. Im Rahmen dieses Updates des Suchalgorithmus haben Marken weltweit bei generischen Suchbegriffen an Rankings hinzugewonnen. Google erklärte dies mit dem höheren Trust, den etablierte Marken mit sich bringen.[394041] Vereinfacht gesagt: je mehr Google und die Nutzer einer Seite vertrauen, desto höher ist die Chance, dass diese Seite bei den für ihre Branche relevanten generischen Begriffen rankt. Je stärker die Marke, desto größer das Vertrauen. Ein Signal für dieses Vertrauen ist bspw. die Anzahl an Suchen nach dieser Marke.[42] Ein gutes Beispiel dafür wie ein Unternehmen über (mobile) soziale Netzwerke diese Suchanfragen steigern konnte, ist der sogenannte „Dollar Shave Club" – kurz gesagt ein Unternehmen, welches online Rasierklingen & Co. vertreibt. Besonders viral in den sozialen Netzwerken verbreitete sich das Youtube-Video „DollarShaveClub.com – Our Blades are F***ing Great": https://www.youtube.com/watch?v=ZUG9qYTJMsI

[32] Vgl. Atchison, Annabelle et. al./ Walcher, Stephan; Social Business; Frankfurter Allgemeine Buch; 2014; S. 223 f.
[33] Vgl. http://www.iacquire.com/blog/google-plus-and-google-search-what-does-the-future-hold; (19.09.2015)
[34] Vgl. http://googleblog.blogspot.de/2012/01/search-plus-your-world.html; (19.09.2015)
[35] Vgl. Alpar, Andre / Koczy, Markus / Metzen, Maik; SEO – Strategie, Taktik und Technik; Springer Gabler; 2015; S. 312 f.
[36] Vgl. https://blog.kissmetrics.com/social-media-and-seo/; (19.09.2015)
[37] Vgl. http://www.haufe.de/marketing-vertrieb/online-marketing/social-media-diese-10-aspekte-beeinflussen-seo-wirklich_132_303370.html; (19.09.2015)
[38] Vgl. Fox, Vanessa; Marketing in the Age of Google; John Wiley & Sons, Inc.; 2010; S. 187
[39] Vgl. Enge, Eric / Fishkin, Rand et. al. ; Die Kunst des SEO; O'Reilley; 2012; S. 444
[40] Vgl. http://www.sistrix.de/frag-sistrix/google-algorithmus-aenderungen/google-vince-update/; (20.09.2015)

Dollar Shave Club
Company

+ Suchbegriff hinzufügen

Beta: Mit dieser Betafunktion können Sie das Interesse an einem *Suchthema* abrufen und Sie erhalten schnell genaue Angaben zum gesamten Suchinteresse. Um das Interesse an einer bestimmten *Suchanfrage* abzurufen, wählen Sie die Option "Suchbegriff" aus.

Interesse im zeitlichen Verlauf

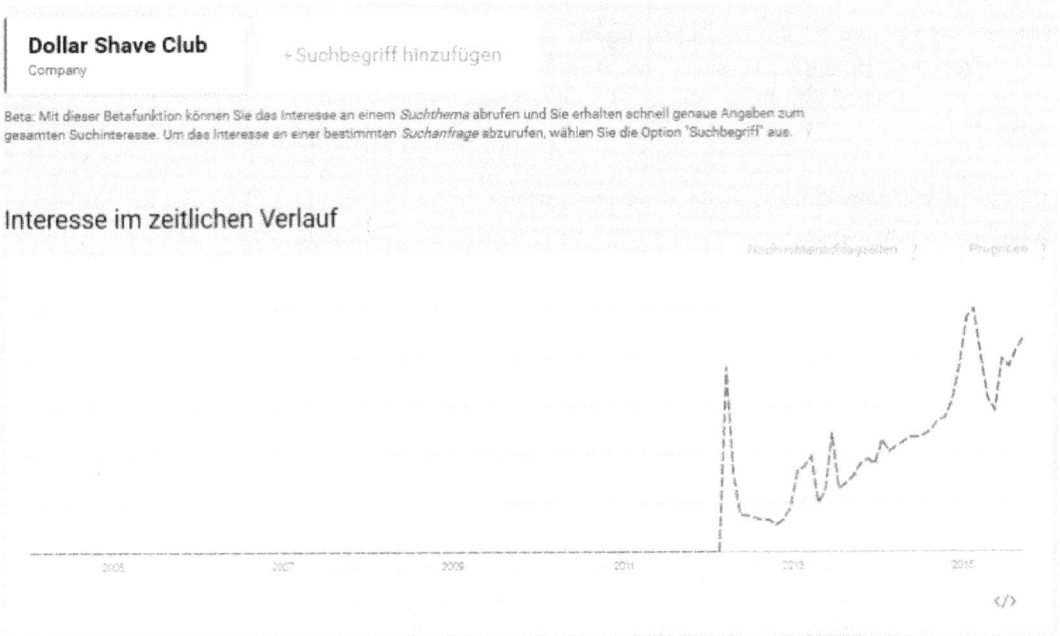

Abbildung 2: Anstieg der Suchanfragen nach "Dollar Shave Club" in Google (Google Trends)
Sieht man sich die Entwicklung der Suchmaschinen-Sichtbarkeit dieser Marke in Searchmetrics an, dann fällt auf, dass die zunehmenden Brand-Suchanfragen und die Steigerung der Brand-Awareness auch zu einem Anstieg der Sichtbarkeit des Unternehmens in den Suchmaschinen geführt hat.

Visibility

Time span: 03/04/2012 - 09/27/2015   GO   Zoom: 1M 2M 6M 1Y 2Y 5Y

dollarshaveclub.com (SEO Visibility)

Abbildung 3: Anstieg der Sichtbarkeit von dollarshavelub.com in Searchmetrics

Dieser Erfolg in den sozialen Medien trug maßgeblich zum Aufbau der Marke bei. Die Steigerung der Markenbekanntheit schlug sich dabei auch in einem langfristigen und nachhaltigen Anstieg der Google-Suchen nach dem Brand-Keyword „Dollar Shave Club" nieder, wie folgende Abbildung verdeutlicht.

Spätestens seit dem Vince Update ist es also äußerst erstrebenswert, eine Marke aufzubauen, um dadurch auch die Sichtbarkeit in Suchmaschinen zu erhöhen. Sieht man sich die Keynote-Rede von Rand Fishkin auf der SMX 2014 in München an, dann wird dieser Aspekt zukünftig noch deutlich an Bedeutung gewinnen: „Those who aren't building brands will struggle mightly in the years ahead."[43]

Der Aufbau einer starken Marke wird in Zukunft also immer wichtiger für SEO. Und soziale Netzwerke sind ein Instrument, welches hervorragend für das Branding geeignet ist.[44][45] Da die Internetnutzung zunehmend auf mobilen Endgeräte stattfindet,[46] sollte der Fokus hierbei auch auf dem Einsatz von sozialen Netzwerken liegen, welche eine mobile Version anbieten, als auch von nativen mobilen Netzwerken wie Instagram & Co.

7. Soziale und Mobile Netzwerke als Instrumente des Content Marketing

Wie eingangs erwähnt, sind auch Backlinks, welche von anderen Seiten auf die eigene Internetseite verlinken, immer noch ein wichtiger Rankingfaktor, wenngleich sie auch an Relevanz verlieren.

Bis vor einigen Jahren waren dabei Linktausch, Linkkauf, das Setzen von Links in Foren usw. gängige Linkbuilding-Praktiken.[47] Spätestens seit dem Penguin-Update von Google werden derartige Linkbuilding-Taktiken aber vermehrt abgestraft.[48] Google möchte damit Link-Spam verhindern und die Webmaster dazu bewegen, derartig gute Inhalte zu kreieren, welche dann auch freiwillig von extern verlinkt werden und somit tatsächlich eine Empfehlung darstellen. Seit dieser Zeit fand folglich ein Paradigmenwechsel weg vom Linkbuilding hin zum „Link Earning" statt.[49]

Als erfolgsversprechender Ansatz wurde hier schnell das Content Marketing ausgemacht. Auch wenn Content Marketing mehrere verschiedene Unternehmensziele, wie z.B. auch Branding, verfolgen kann, bedeutet es aus SEO-Perspektive vornehmlich die Erstellung und möglichst effektive Verbreitung von Content, um dadurch natürliche, freiwillig gesetzte Backlinks auf die eigene Webseite zu erhalten.[50][51][52][53]

Der typische Content Marketing-Prozess besteht dabei aus folgenden Schritten:[54]

1. Zieldefinition
2. Ideengenerierung
3. Produktion
4. Seeding
5. Reporting

[41] Vgl. http://searchengineland.com/google-searchs-vince-change-google-says-not-brand-push-16803; (20.09.2015)

[42] Vgl. https://www.youtube.com/watch?v=LMfWPWUh5uU; (20.09.2015)

[43] Vgl. Enge, Eric / Fishkin, Rand et. al. ; Die Kunst des SEO; O'Reilley; 2012; S. 410

[44] Vgl. http://www.slideshare.net/randfish/the-seo-revolution-will-not-be-televised (Folie 64); (20.09.2015)

[45] Vgl. Alpar, Andre / Koczy, Markus / Metzen, Maik; SEO – Strategie, Taktik und Technik; Springer Gabler; 2015; S. 314

[46] Vgl. http://www.haufe.de/marketing-vertrieb/online-marketing/social-media-diese-10-aspekte-beeinflussen-seo-wirk-lich_132_303370.html; (20.09.2015)

[47] Vgl. http://de.statista.com/statistik/daten/studie/197383/umfrage/mobile-internetnutzung-ueber-handy-in-deutschland/;

Im Grunde kann hier schon im Rahmen der Ideengenerierung auf soziale Netzwerke zurückgegriffen werden, indem man nicht nur prüft, welche Inhalte in der jeweiligen Branche möglichst viele Backlinks bekommen haben , sondern auch gleich mit Tools wie bspw. Impactana überprüft, welcher Content sich in sozialen Netzwerken besonders gut verbreitet hat und wer zum festgelegten Themenbereich ein besonders starker Influencer ist. Dieser könnte dann im Rahmen der Produktion als Pre-Seeding Partner in die Content Entwicklung mit einbezogen werden, um dadurch den Anreiz zu erhöhen, dass diese Influencer die Inhalte später freiwillig in den sozialen Netzwerken streuen.[56]

Auf jeden Fall sollten soziale Netzwerke dann aber spätestens für Seeding und Outreach des erstellten Contents genutzt werden.[57][58][59][60][61]

Ein Erfolgsbeispiel ist hier die Infografik „What Happens To Your Body If You Drink A Coke Right Now?", welche innerhalb von 6 Tagen Links von 193 verschiedenen Domains generierte, nachdem sie ihren Weg in den Social-News-Aggregator Reddit gefunden hat.[62]

8. Mobile Soziale Netzwerke sind immer auch eigenständige Suchmaschinen

Sieht man beim Begriff „Suchmaschinen" etwas über den Tellerrand und betrachtet nicht nur Google, Bing, Yandex und Co. als Suchmaschinen, dann dürfte schnell klar werden, warum man beim Thema Suchmaschinenoptimierung die Punkte Mobile und Social nicht außen vorlassen kann: Viele soziale Netzwerke sind selbst Suchmaschinen, in welchen Personen, Hashtags, Lokalitäten, Produkte etc. gesucht werden.[63][64][65] Youtube gilt hierbei hinter Google sogar als die zweitgrößte Suchmaschine überhaupt, wenn man die Anzahl der Suchanfragen betrachtet.[66]

Wer das Thema Suchmaschinenoptimierung in Zeiten von Social und Mobile also vollumfänglich abdecken will, sollte sich auch überlegen, in welchen mobilen und sozialen Kanälen seine Zielgruppe nach Themen sucht, die man selbst abdecken kann.

Und sollte seine Präsenz und Auffindbarkeit in diesen Netzwerken folglich optimieren.

[48] *Vgl. http://pointblankseo.com/link-building-strategies; (24.09.2015)*
[49] *Vgl. http://searchengineland.com/library/google/google-penguin-update; (24.09.2015)*
[50] *Vgl. https://moz.com/blog/the-death-of-link-building-and-the-rebirth-of-link-earning-whiteboard-friday; (24.09.2015)*
[51] *Vgl. Alpar, Andre / Koczy, Markus / Metzen, Maik; SEO – Strategie, Taktik und Technik; Springer Gabler; 2015; S. 328*
[52] *Vgl. https://www.andreasgraap.de/linkaufbau-per-content-marketing/; (24.09.2015)*
[53] *Vgl. http://www.suchradar.de/magazin/archiv/2013/6-2013/community-linkbuilding-content-marketing.php; (24.09.2015)*
[54] *Vgl. http://www.theguardian.com/media/2014/jul/28/google-seo-social-media-search-marketing-panda-penguin-hummingbird; (24.09.2015)*
[55] *Vgl. Alpar, Andre / Koczy, Markus / Metzen, Maik; SEO – Strategie, Taktik und Technik; Springer Gabler; 2015; S. 339*
[56] *Vgl. Alpar, Andre / Koczy, Markus / Metzen, Maik; SEO – Strategie, Taktik und Technik; Springer Gabler; 2015; S. 340*
[57] *Vgl. Pulizzi, Joe; Epic Content Marketing; McGraw Hill Education; 2014; S. 267-273*
[58] *Vgl. Lieb, Rebecca; Content Marketing; Que Publishing; 2012; S. 153*
[59] *Vgl. Stuber, Reto; Erfolgreiches Social Media Marketing; DATA BECKER; S. 461*
[60] *Vgl. Pulizzi, Joe; Epic Content Marketing; McGraw Hill Education; 2014; S. 8*
[61] *Vgl. Löffler, Miriam; Think Content; Galileo Computing; 2014; S. 293*
[62] *Alpar, Andre / Koczy, Markus / Metzen, Maik; SEO – Strategie, Taktik und Technik; Springer Gabler; 2015; S. 349-352*
[63] *Vgl. https://blog.ahrefs.com/viral-link-building-with-coke/; (24.09.2015)*

3.3

Mobile, Native, Programmatic:
Werben im mobilen Social Web

Heiko Genzlinger

Werbetreibende stehen einmal mehr vor großen Herausforderungen: Wie können Zielgruppen aktuell , während der über Jahrzehnte verlässliche Kanal TV schwächelt und entscheidende Konsumentengruppen vorwiegend online und vor allem zunehmend mobil unterwegs sind, in der gewünschten und auch für den Kampagnenerfolg notwendigen Reichweite angesprochen werden? Das Web hat sich in verhältnismäßig kurzer Zeit einen starken zweiten Platz unter den Werbemedien gesichert – mit weiter steigender Tendenz.

Vieles ist gelernt und etabliert: So haben Suchmaschinenmarketing, Performance-Kampagnen, Display- oder auch Video-Werbung oft schon ihren festen Platz im Marketingmix der meisten werbetreibenden Unternehmen. Auch steht das Social Web für viele inzwischen bereits fest auf der Agenda – für die einen als reichweitenstarkes Umfeld, das spannende Insights über ihre Zielgruppen parat hält und die eine sehr zielgenaue Ansprache ihre Nutzer und Kunden ermöglichen. Für die anderen als attraktives, aber auch mit Herausforderungen verbundenes Werbeumfeld, das neue Fragen aufwirft: Wie kann ich in diesem persönlichen Umfeld gleichzeitig unaufdringlich und effektiv werben? Hinzu kommt stärker denn je die Dimension Mobile als Kanal ins Spiel sowie die Welt der Apps als Unterkategorie. Und damit Bereiche mit völlig neuen Marktgesetzen und -verhältnissen, die Marketingexperten auf Trab halten, sich neue Fragen zu stellen, Antworten zu finden und Lösungen zu bieten. Eine Welt also, die Herausforderungen wie Chancen gleichermaßen potenziert.

Dieses Kapitel widmet sich der Beantwortung drei zentraler Fragestellungen, die viele Werbetreibende heute beschäftigen: Warum überhaupt mobil werben? Wie bespiele ich das fragmentierte Mobile- bzw. App-Umfeld? Und: Was sind die geeigneten Werbeformate, um mit meinen Zielgruppen mobil zu kommunizieren? Social-Dienste nehmen dabei eine zentrale Rolle ein. Insbesondere wenn man hier das klassische Web, die Desktop-Welt und das Mobile Web gegenüberstellt, wird die Bedeutung des mobilen Kanals für das Social Web klar. So steigt die Nutzungszahl und -zeit der meisten Social-Angebote vor allem mobil. Hier werden allen voran Bilderdienste wie Instagram und Pinterest verstärkt über mobile Endgeräte genutzt. Auch bei Twitter, LinkedIn, Youtube und nicht zuletzt Facebook liegt der Akzent der Nutzung auf dem Smartphone. [1]

3.3.1 Werben, wo sich die Zielgruppe aufhält

Grundsätzlich gilt wie immer der häufig zitierte Satz, der beinahe schon ein Naturgesetz in der Geschichte der Werbewelt darstellt: ‚Dollars follow eyeballs'. Wo sich die Zielgruppen mehr und mehr aufhalten, wollen und müssen auch die Werbekunden folgen. Eine Entwicklung, die sich inzwischen deutlich zugespitzt hat: Für die Ansprache entscheidender, allen voran junger Zielgruppen, ist der mobile Kanal nahezu ohne Alternative. So besitzen alleine hierzulande mittlerweile zwei von drei Menschen im Alter von 14 bis 64 Jahren ein Smartphone.[2] Insbesondere die junge Generation

[1] GfK Crossmedia Link Panel, Deutschland 2014, Basis: Onliner 14+
[2] TNS Convergence Monitor 2015

erreicht man heute fast ausschließlich mobil: In dem Alterssegment der 14- bis 29-Jährigen findet 74 Prozent der kompletten Online-Zeit auf iPhone und Co. statt. Naturgemäß noch etwas zurückhaltender sind die älteren Internetnutzer ab 55 Jahren. Aber auch hier verbringen die Multiscreener unter ihnen bereits mehr als die Hälfte ihrer Online-Zeit (52 Prozent) auf dem Smartphone.[2] Eine durchaus beachtliche Zahl – Tendenz ohne Frage steigend. Dass der TV-Thron mehr und mehr ins Wanken gerät, zeigen uns aktuelle Nutzungszahlen aus den USA: Heute schon verbringt der durchschnittliche US-Bürger mehr Zeit in Apps als vor dem TV-Gerät.[3] Erfahrungsgemäß ist es nur eine Frage der Zeit, bis die Märkte auf der anderen Seite des Atlantiks nachziehen.

Diese Nutzungstrends weisen bzw. diktieren dem Marketingverantwortlichen unmissverständlich und alternativlos den Weg, die gewünschten Zielgruppen (auch) auf mobilen Endgeräten anzusprechen. Social-Diensten sollte man hier besondere Aufmerksamkeit schenken: Ob Communities oder Messenger-Angebote – es gibt viele Services, die User mehrfach täglich und intensiv nutzen und das vor allem mobil. Die Gründe liegen auf der Hand: Kein anderer Service lebt so sehr von der Immer-und-überall-Erreichbarkeit und der Möglichkeit, Spannendes, Schönes und Bewegendes mit nur wenigen Klicks unmittelbar in Echtzeit teilen zu können. Um Präsenz zu zeigen und auch anderen die Möglichkeit zu bieten, "live dabei zu sein". Gleichermaßen wichtig ist es, immer am Puls der Welt, des Freundes- und Bekanntenkreises zu bleiben, um mit einer unmittelbaren Antwort, einem Kommentar, einem Like oder einem Share die wie auch immer geartete Anteilnahme zu zeigen.

Aktuelle Studienzahlen aus dem Frühjahr dieses Jahres[4] belegen diesen Nutzungsschwerpunkt auf dem Smartphone aufs Neue. Hierbei wird auch die Bedeutung von Apps unterstrichen, die mit mittlerweile 90 Prozent[5] der mobil verbrachten Zeit grundlegend die mobile Nutzung dominieren. Ein Mammutanteil entfällt hier auf Social Media: Bei einer Analyse der am meisten genutzten Applikationen waren WhatsApp mit 66 Prozent und Facebook mit 63 Prozent die Services mit der höchsten monatlichen Reichweite (Applikationen wie Telefon, Einstellungen oder die Kamera wurden in diesen Betrachtungen nicht berücksichtigt). Stellt man die App-Nutzung der jungen und älteren Zielgruppen gegenüber, werden Social Networks – wenig überraschend – generell deutlich häufiger verwendet (Index 385 junge vs. ältere bezogen auf die Verweildauer).

3.3.2 Schöne, neue App-Welt – Eine veränderte Werbeordnung

Vor dem Hintergrund dieser Zahlen steht fest: Wer den Anschluss nicht verlieren will und insbesondere junge Zielgruppen erreichen möchte, muss Mobile und Social in seine Webestrategie integrieren. Soweit, so gut. Doch hält das mobile Umfeld für Werbetreibende natürlich auch einige neue Herausforderungen bereit. Im App-Universum, wo Nutzer nahezu ihre komplette mobile Zeit verbringen, dominieren andere Namen als im klassischen Web: Branchenführer werden auf einmal klein oder werden nicht mehr frequentiert, Nischenangebote oder auch neue App-Only-Player werden groß.

Sieht man einmal von den amerikanischen Web-Giganten Google und Facebook ab, die sowohl im Web als auch im App-Umfeld die Rankings anführen, hat diese schöne, neue App-Welt eine veränderte Werbeordnung geschaffen. Die für viele Marketer vertrauten AGOF-Rankings sind in der mobilen Welt obsolet, was sich gut am Beispiel von T-Online verdeutlichen lässt: Im Web genießt

[3] *http://techcrunch.com/2015/09/10/u-s-consumers-now-spend-more-time-in-apps-than-watching-tv/#.vgws3v:Slvn (21.9.2015)*
[4] *GfK Crossmedia Link Panel, Deutschland 2014, Basis: Onliner 14+*
[5] *Flurry Analytics 2015*

das Portal noch immer eine beachtliche Reichweite von 25,4 Millionen Unique Usern[6], erreicht mit seinen Apps (Android und iOS) in Summe jedoch nicht einmal 300.000 Nutzer. Auf der anderen Seite finden sich immer wieder neue, sehr erfolgreiche Angebote, die sogar rein für das Smartphone entwickelt wurden. Ein Beispiel ist hier der Musikerkennungsdienst Shazam, der inzwischen alleine in Deutschland weit mehr als 25 Millionen Downloads verzeichnet.[7] Ein weiterer Vertreter dieser neuen Senkrechtstarter ist die Spiele-App Quizduell, die es auch schon auf die stattliche Zahl von knapp 25 Millionen Downloads bringt.[8]

Mit der bekannten Gaming-App kommt ein weiterer Aspekt ins Spiel, der im klassischen Web vielfach diskutiert wurde, aber nur sehr vereinzelt bei Nischen- oder sehr ausgewähltem Premium-Content wirklich erfolgreich zum Einsatz kam: bezahlte Services, die dadurch werbefrei sind. Das bequeme Micro-Payment über den App Store und die dort hinterlegte Kreditkarte hat in Verbindung mit kleinen Preisen Paid-Angeboten den Weg auf mobile Geräte geebnet. Trotzdem verbleiben Bezahlangebote deutlich in der Minderheit, nicht zuletzt aufgrund der Tatsache, dass beim Konsumenten die Bereitschaft, für Angebote im Web oder in Apps zu bezahlen, traditionell sehr gering ausfällt – mit steigender Tendenz: Waren 2010 „nur" 65 Prozent der User nicht bereit, für eine App auch nur einen minimalen Betrag zu zahlen, stieg der Prozentsatz bis 2014 weiter auf 70 Prozent an.[9]

Werben auf Facebook - Zugang zum persönlichen Interessensuniversum

Reichweite meets granulares Targeting: Fast eine Milliarde Menschen nutzen täglich Facebook, über 700 Millionen Menschen rufen Facebook Tag für Tag per Smartphone oder Tablet auf. Hier können Werbekunden durch die Kombination aus einer Vielzahl von Targeting-Kriterien exakt die individuelle Zielgruppe definieren und direkt ansprechen, wo sie sich aufhält, kommuniziert, sich beteiligt, konsumiert oder auch einfach nur beobachtet. Werbeanzeigen werden direkt in den persönlichen Informationsfluss integriert und somit direkt neben den Neuigkeiten und Aktivitäten von Freunden und Bekannten angezeigt.[10] Der Traum eines jeden Marketers, seine Zielgruppe streuverlustfrei und interessensbasiert in einem persönlichen Umfeld anzusprechen, scheint endlich wahr geworden.

Sieht man einmal von Werbung innerhalb der Angebote der großen Player wie Facebook oder Google ab, die zum einen reichweitenstark sind, zum anderen bilateral oder auch per Self-Service eingekauft werden können, steht der „Mobile Marketer" vor einer zentralen Problemstellung: Der Markt ist kleinteilig und stark fragmentiert. Um eine für den Kampagnenerfolg erforderliche Reichweite zu erzielen, wäre es notwendig, mit Dutzenden von Publishern zusammenzuarbeiten. Aus ressourcentechnischen Gründen ist es weder wünschenswert noch praktikabel, hier jeweils bilateral Konzepte zu entwickeln und auf dieser Basis für verschiedenste Angebote einzelne Strategien zu entwickeln, Kampagnen zu optimieren und vor allem auch zu messen. Hinzu kommt, dass die App-Welt, insbesondere die vielen jungen und attraktiven App-Only-Angebote nur sehr selten die Vertriebsstrukturen bereithalten, die im klassischen Web existieren. Für viele, auch reichweitenstarken App-Angebote, ist damit kein bilateraler Einkauf möglich.

[6] AGOF internet facts 05-2015
[7] Aktuelle Nutzerzahlen liegen öffentlich nicht vor.
[8] Spielestatistik der bezahlten App-Version "Dein Rang in Deutschland"
[9] http://de.statista.com/statistik/daten/studie/170523/umfrage/zahlungsbereitschaft-fuer-mobile-apps/, Statista 2014
[10] Mehr erfahren: www.facebook.com/business

3.3.3 Programmatic Advertising als Antwort auf die Fragmentierung

Diese Herausforderungen hat die Technologie im programmatischen Einkauf gelöst. Die automatisierte Aussteuerung macht es möglich, ganz egal um welches Marketingziel es Werbetreibenden geht, Werbemittel effektiv und vor allem auch kosteneffizient an die richtige Zielgruppe im richtigen Moment auszuliefern. Für das grundlegende Verständnis ist es wichtig zu wissen, dass in der App-Welt im Gegensatz zum mobilen Web, das auf Cookies basiert und im mobilen Browser läuft, sogenannte Identifier der jeweiligen Betriebssysteme – IDFA für iOS und die Advertising ID für Android – genutzt werden, um den einzelnen Nutzer anonymisiert zu identifizieren und ansprechen zu können.

Programmatic Advertising – So funktioniert's

Das Inventar aus den werbefinanzierten Apps, die in ihrer Reichweite stark variieren, wird über sogenannte Supply Side Platforms (SSPs) dem Markt gebündelt zur Verfügung gestellt und kann so effektiv und vor allem auch kosteneffizient im Bietverfahren über Demand Side Platforms (DSPs) eingekauft werden. So ist es auch möglich, über eine Vielzahl von Publishern seine Zielgruppen gebündelt anzusprechen, Kampagnen über einzelne Apps hinweg zu optimieren und damit die Grenzen der unzähligen kleinen Silos zu überwinden. Dabei können favorisierte Umfelder definiert und einzelne Publisher ausgeschlossen werden, also mit White- und Blacklistings gearbeitet werden.

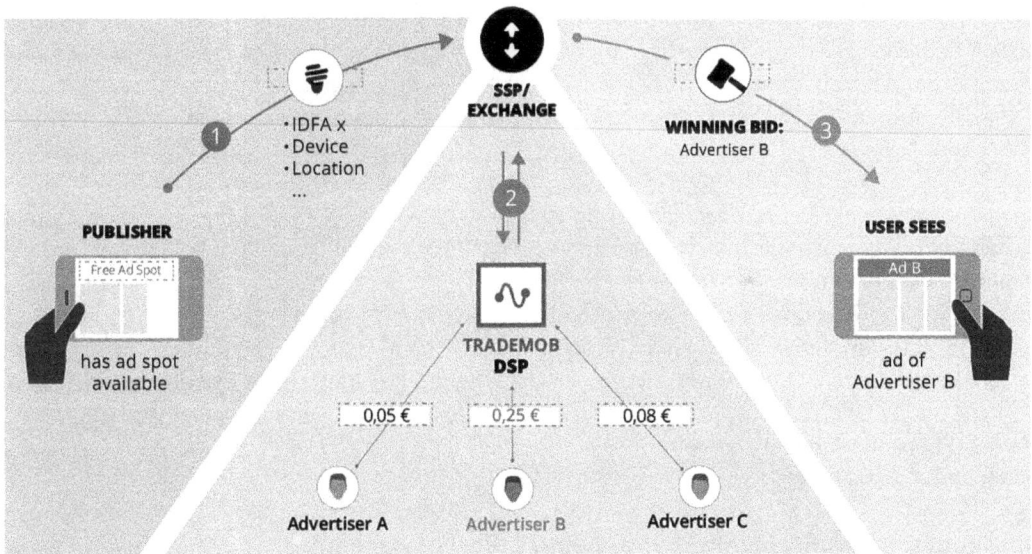

Abbildung: Funktionsweise von programmatischer Werbung am Beispiel Retargeting (Quelle: Trademob)

Damit ist der nächste Schritt getan. Jetzt bleibt noch die Frage nach dem richtigen Werbeformat. Gerade im mobilen Social Web – der Screen ist begrenzt, der Content nicht selten persönlich, die Nutzung kurz (eben 'on the go') – ist eine durchdachte Wahl der richtigen Werbeformate unerlässlich.

3.3.4 Balance zwischen Aufmerksamkeitsstärke und Unaufdringlichkeit

Native Advertising hat sich in im Social Web – im mobilen Web, In-App wie auch im klassischen Desktop-Web – aus gutem Grund bewährt. Native Formate funktionieren mobil besonders gut, weil sie die Aufmerksamkeit des Nutzers nicht als „störendes" Element, als Unterbrecher erhaschen, sondern sich oftmals schon beinahe nahtlos in Form und Funktion in das jeweilige Content-Umfeld einfügen. So wird die Nutzung nicht unterbrochen und der User konsumiert Werbung nahezu wie den Content der jeweiligen Seite bzw. Applikation. Gerade auch in puncto Markenbildung, die natürlich zunehmend mobil stattfinden wird und muss, ist Native Advertising ein probates Mittel, um Brands im Relevant Set der Konsumenten zu verankern. Die Kombination aus Sichtbarkeit und gleichzeitiger Unaufdringlichkeit schafft gerade in Social-Umfeldern das notwendige Gleichgewicht.

Immer mehr Studien haben im Laufe des letzten Jahres die Wirksamkeit von Native Advertising-Formaten belegt. Insbesondere im mobilen Umfeld sind die Ergebnisse überdurchschnittlich positiv, hier schneiden sie vor allem auch in der Gegenüberstellung zu klassischer Display-Werbung gut ab: So konnte eine um 21 Prozent höhere Sichtbarkeit als bei klassischen mobilen Bannern gemessen werden, die Erinnerungswerte an den Werbeinhalt steigen dabei um 19 Prozent.[11] Grundsätzlich stoßen Content-basierende Werbeformate wie Native Advertising oder Sponsored Article auf hohe Akzeptanz und Konsumbereitschaft bei den Millenials. Die Voraussetzung ist - logischerweise -, dass die Inhalte relevant und interessant sind.[12] Ein Gütekriterium, das allerdings auch für alle Werbeformate gilt.

Ein wichtiger Aspekt bei Native Advertising ist eine transparente Kennzeichnung: Werbung muss klar als Werbung erkennbar sein. Nur so kann eine nachhaltige Beziehung zum Nutzer bzw. Kunden aufgebaut werden. Allerdings darf der Nutzer hier auch nicht unterschätzt werden. Der gängige Vorwurf der Schleichwerbung ist nicht haltbar: Zahlreiche Studien haben mit dem Vorwurf aufgeräumt, dass der Erfolg von Native Ads in einer Täuschung des Nutzers liege. Den Nutzern ist bewusst, dass es sich um gesponserte Markenbotschaften handelt. Knapp drei Viertel der Teilnehmer einer Studie (73 Prozent der Desktop-Nutzer und 74 Prozent der Mobile-Nutzer) erwarten beim Klick auf das als Werbung gekennzeichnete Native Ad, auf eine Markenseite weitergeleitet zu werden – Display Ads weisen dabei ähnliche Werte auf.[11]

Hausaufgabe für alle! Qualität von mobiler Werbung steigern

Ob Native, Video oder der klassische Banner, ob im Social-Umfeld oder irgendwo anders im weiten App-Universum – Mobile Werbung muss ein hohes Augenmerk auf die Qualität und Kreativität legen. Und hier ist gegenwärtig noch deutlich Luft nach oben. Der Status quo ist nicht zuletzt dem Umstand geschuldet, dass das Freemium-Modell bei Apps sehr weit verbreitet ist. So soll bei der kostenfreien Variante die Nutzererfahrung offensiv unterbrochen werden, um Anwender zum Kauf der werbefreien Variante zu motivieren. Werbung wird also bewusst als „Störer" konzipiert. Diese Rechnung kann und wird nicht aufgehen, die Nutzer werden diese Art der Werbung auf Dauer nicht

[11] Yahoo-Studie September 2014: „The Native Experience: Ad Content in Context"
[12] http://www.adweek.com/adfreak/infographic-what-millennials-want-native-ad-content-163526 (21.9.2015)

akzeptieren. Und das wird vor dem Hintergrund des wachsenden Angebots an Adblockern zum Problem für die werbetreibende Industrie werden. Auch wenn gegenwärtig noch kein Blocking von In-App Advertising möglich ist, sprechen die hohen Download-Zahlen der Adblocking-Features für den neuen iOS-Browser doch eine eindeutige Sprache und zeigen, dass Nutzer die wachsende Möglichkeiten, störende und schlecht gemachte Werbung auszublenden, in jedem Fall nutzen werden.

Zudem kämpft mobile Werbung aufgrund der kleineren Displays oft mit dem sogenannten „Wurstfingereffekt" – also mit dem versehentlichen, ungewollten Klick. Um diesen Effekt zu beseitigen bzw. zumindest zu minimieren, hat Google im Juli 2015 einen erfreulichen Vorstoß unternommen, der für die Branche zum Vorbild werden könnte: Das Internetunternehmen verbessert die Usability von mobilen Anzeigen, um gewollte von ungewollten Klicks besser unterscheiden zu können, indem bestimmte Bereiche der Anzeigen nicht mehr klickbar gemacht werden, um versehentliche Interaktionen zu vermeiden.

Die fraglos komplexere Aufgabenstellung ist es aber, mit Werbung einen Mehrwert zu schaffen. Mobile Advertising hat hier noch viele Trümpfe ungenutzt in der Tasche. So kann und sollte sie noch vielmehr den Vorteil ausspielen, dass mobile Endgeräte zum stetigen und sehr persönlichen Begleiter ihrer Besitzer geworden sind: 80 Prozent der Smartphone-Besitzer greifen innerhalb der ersten 15 Minuten am Tag nach ihrem Telefon[13], um das im Schnitt stolze 110 Mal zu wiederholen[14], bevor sie mobil den Wecker stellen und am Ende des Tages das Licht löschen. Kein anderes Medium bietet sich damit so sehr für situationsbezogene, kontextsensitive Werbung an, beispielsweise auch durch lokalen Bezug oder Einbeziehung von Wetterdaten. Diese Informationen unterhaltsam oder informativ in die Anzeigen einzubeziehen, ist kreative und technologische Aufgabe zugleich.

Die Aussichten: großartig!
Kurzum: Mit Mobile, Social und Programmatic sind drei der größten Wachstumsbereiche im digitalen Werbemarkt benannt, die in ihrer Kombination weiterhin enormes Potential bieten und spannende Neuerungen bringen und weiter bringen werden. Wichtig für uns alle ist es, am Ball zu bleiben und noch viel mehr mit den technischen und kreativen Möglichkeiten zu spielen. Danken werden es die Nutzer, die Werbekunden und die Publisher in einem gesunden digitalen Ecosystem.

---

[13] IDC Research, 2013
[14] http://www.dailymail.co.uk/sciencetech/article-2449632/How-check-phone-The-average-person-does-110-times-DAY-6-seconds-evening.html (21.9.2015)

3.4
KPI`s - Wahl und Auswertung der richtigen Parameter
Susanne C. Steiger

3.4.1 Wir brauchen Ziele
Jedes Unternehmen definiert Ziele des Marktauftritts, zunächst unabhängig von der Plattform, über welche die Kunden erreicht werden. Anhand dieser Ziele ergeben sich Auswahl und Gewichtung der zu beobachtenden Parameter des Angebots und deren Zusammenwirken. Wichtigster Schritt ist also, die Ziele klar formuliert zu haben. Nun könnte das theoretisch für alle Unternehmen gleich aussehen, schließlich will und soll größtmöglicher Profit erzielt werden unter Einsatz verschiedener Mittel. Mitnichten - denn selten werden verschiedene Branchen dieselben Antworten auf die folgenden Fragen geben:

- Wer ist die Zielgruppe?
- Wo ist diese unterwegs?
- Womit und worüber kann sie angesprochen werden?
- Wann ist der beste Zeitpunkt, sie zu erreichen?
- Welche Maßnahmen sollen durch mobile Angebote gestützt werden?
- Wie sehen die Nutzungstendenzen bei den potenziellen Kunden aus?
- Können diese mit normalen Angeboten erreicht werden oder brauchen sie besondere Angebote?
- Sollen die mobilen Angebote für sich stehen und eine andere oder Schnittmenge der Zielgruppe erreichen?
- Kann die Kommunikation und Interaktion mit den Kunden komplett auf Mobile stattfinden?

Anhand der Fragen wird klar, dass es von Branche zu Branche und Angebot zu Angebot unterschiedliche Antworten gibt.

Wer sich seine Ziele klar gemacht hat, kann den nächsten Schritt gehen- die Erfassung, welcheWerte auf die Ziele einzahlen. Alles, was dabei speziell die Nutzung via mobile berücksichtigt, ist von großer Bedeutung.

Dazu gehören zum einen statistische Werte wie der Seitenaufbau oder die durchschnittlichen Klicks bis zum Ziel. Ebenfalls ein Kriterium ist die möglichst mobil-native Handhabung der App bzw. des Webangebots auf mobilen Endgeräten. Zum anderen sind es die nutzerspezifischen Faktoren, die auf das Ergebnis einzahlen. Immer im Blick sein sollten die Möglichkeiten, die dem Kunden zur Interaktion geboten werden. Diese beeinflussen die Zufriedenheit mit dem Angebot. Die Kommunikation über Social Media Kanäle als Ergänzung zum App-Angebot spielt ebenfalls eine Rolle bei der Bewertung. Damit definieren sich drei Bereiche, die als Grundlagen für die Zielerreichung wichtig sind: technische Grundlagen des Angebots, Support und Service sowie die gedachten bzw. realisierten Crossplattform-Strategien, welche die Kundenkommunikation betreffen. Besonderheiten der Zielgruppe, des zu erwartenden Verhaltens und die Interaktionen, die erreicht werden können, ergänzen dies.

Bei einem Mobile-Angebot müssen daher drei Bereiche optimiert und beobachtet werden:

- die Architektur bzw. das Design des Angebots. Schnelle Ladezeiten, smarte Benutzerführung, wenige Schritte zum Ziel auf der einen Seite, geringe Speichervolumen und Störanfälligkeit auf der anderen.
- die zielgruppengerechte Aufbereitung. Dazu gehört auch die Ansprache, die Integrationsfähigkeit von Social Media und Interaktion samt Kommunikation
- die kontinuierliche Anpassung an Bedürfnisse und aktuelle Entwicklungen bei zunehmend sich veränderndem Nutzungsverhalten.

Aus dieser Beobachtung und Analyse resultiert die Gesamtsicht, gerne Erfolgskontrolle genannt. Im vernetzten Business ist dies jedoch nicht einfach nur an Verkaufszahlen und Umsatzerlösen festzumachen. Diese sind nur das Resultat der Maßnahmen, die auf und mit den Webplattformen und Apps ergriffen werden.

3.4.2 Wir brauchen Zahlen
Erfolg ist messbar. Natürlich, in einer ökonomisierten Welt in Zahlen. Diese brauchen sowohl eine Grundlage als auch Auswertung. Zahlen ohne Währungsangabe erfordern Vergleichswerte oder Interpretation. Das gilt insbesondere für die Bewertung von Marketing- und Kommunikationsmaßnahmen. In der Regel stehen hier nur auf der Ausgabenseite konkrete bilanzierbare Werte.

Lange her sind die Zeiten, als auf E-Mail-Marketing basierende Verkaufserfolge als Referenzzahlen herhalten konnten. Heute sind so viele soziale Medien und zusätzliche Kommunikationskanäle im Einsatz, dass andere Werte herangezogen werden müssen. Die Kundenbeziehungen verlagern sich zunehmend auf den Smartphone- oder Tablet-Bildschirm, die Geräte sind rund um die Uhr verfügbar und zur Hand. Um die eigenen Angebote so erfolgreich wie möglich zu gestalten, müssen Nutzung und Akzeptanz der Angebote erfasst und analysiert werden. Unternehmen brauchen zum einen verlässliche Werte, mit denen eine Beurteilung möglich ist. Zum anderen brauchen sie einen Überblick, welche Faktoren sowohl deutlichen Einfluss auf den Erlös haben also auch in Wechselwirkung mit anderen stehen und diese beeinflussen. Nur dann kann aus den Werten eine Analyse und eine Optimierung des mobile Web Angebots erfolgen. Beim Thema Zahlen kommen die KPI`s – Key Performance Indicators – ins Spiel. KPI`s sind kurzgesagt Werte für den Erfolg einer einzelnen Komponente des Online-Auftritts – und zwar für die verschiedensten Bereiche und Ziele.

3.4.2.1 Was ist was: Charakterisierung der wichtigsten KPI´s
Jedes Unternehmen hat ein eigenes Geschäftsmodell und Zielgruppe, deren Interaktionsverhalten differiert. Je passender für den Bedarf die Kennzahlen ermittelt und ausgewertet werden können, umso genauer und schneller kann reagiert und das Angebot optimiert werden. Gut ist es, die entsprechenden KPI`s begrifflich zu kennen und ihre Bedeutung für das Angebot einschätzen zu können.[1]

Das Schöne an der Entwicklung der letzten Jahre: Niemand ist mehr bei der Beobachtung und Auswertung der KPI`s ausschließlich auf eigene Excel-Tabellen angewiesen. Der Markt bietet eine Fülle an Softwaretools und -services, die zum Monitoring der KPI`s – egal ob mobile oder nicht – geeignet sind. Nicht

---

[1] Eine ausführliche Erklärung, was KPIs sind bzw. sein können für alle Geschäftsbereiche findet sich hier: http://www.business-wissen.de/artikel/key-performance-indicators-kpi-kpi-richtig-definieren/ (Abfrage 21.9.2015)
[2] Die Reihenfolge ist zufällig bzw. vom Oberbegriff in Detailwerte, soweit einzelne Faktoren herausgenommen werden. Die Aufzählung erhebt keinen Anspruch auf Vollständigkeit.

jedes dieser Angebote hat alle KPI´s im Blick. Noch dazu wird oft mit englischen Begriffen gearbeitet. Für das Monitoring im Bereich „mobile" kommen zu der Reihe von Werten, die standardmäßig für jede Anwendung und jede Auswertung wichtig sind, ein paar speziellere Begriffe, die nachfolgend kurz erläutert werden:[2]

3.4.2.1.1 KPI´s zur Engagementbewertung

Session Time:
Wie lange die einzelnen Nutzungszeiten sind, ist durchaus ein Faktor, der auf die Bewertung der App und die Conversion Rate einzahlt. Meist lohnt sich der Blick auf die tatsächliche Interaktion bzw. dem aus der Verweildauer resultierenden Kauf oder ähnlichem. Gerade der Wert der mobilen Nutzung kann hier deutlich von einer Desktop-Zahl abweichen, solange in Deutschland unbegrenztes Datenvolumen und frei verfügbares W-LAN Mangelware sind.

Depth of Visit:
Betrachtet wird die Anzahl der aufgerufenen Seiten, was Rückschlüsse auf a) das Kundenverhalten und b) die Angebots-Architektur zulässt. Je mehr Abbrüche bei zu vielen Seitenwechseln es gibt, umso wichtiger ist die Prüfung der Benutzerführung und der technischen Leistungsfähigkeit.

Retention Rate:
Die tatsächliche Verweildauer einer App ab Zeitpunkt der Installation auf den Mobilgeräten ist ein Faktor, der dabei hilft, das Angebot hinsichtlich der tatsächlichen Bedarfe und Zielgruppenanforderungen einzuordnen. Noch immer ist die durchschnittliche Zeit, die eine App auf dem Gerät bleibt und damit mehr oder weniger genutzt wird, im Schnitt wenige Monate.[3]

User Experience:
Die Interaktion mit der Seite, die Nutzung der App in Zahlen, die Zufriedenheit damit, die in einer häufigen Nutzung erkennbar ist und, selbstverständlich, die erreichten Käufe und Empfehlungen in sozialen Netzwerken sind ein sehr wichtiges Kriterium. Gerade bei Mobile Angeboten hängt von einer schnellen und datensparsamen Architektur viel ab. Auch erteilte Zugriffserlaubnisse und die Verknüpfung mit Social Media Kanälen lassen auf die Kundenzufriedenheit mit dem Angebot schließen und sollten immer in Relation zum Installationszeitraum ausgewertet werden.

Kleiner Wermutstropfen ist die Bounce Rate:
Als KPI wird die Abbruchrate unbedingt benötigt, die zeigt, wie häufig und an welchen Stellen der Kunde das Programm oder die Seite verlässt.

Content Depth:
Die Ermittlung der Zeit, bis der User die für ihn wichtigen Infos findet und wie genau und umfangreich er den Content ansieht, ist ein Faktor für die Kundenzufriedenheit, wenn es auch ein wenig mit dem Depth of Visit verknüpft ist.

---

[3] *„Retention is one of the biggest challenges of mobile apps today, as 65% of people stop using them three months after install," wird Cezary Pietrzak, Director Marketing bei Appboy.com in einem in Artikel auf mashable 2013 zitiert. (Quelle: http://mashable. com/2013/09/04/mobile-app-metrics/#hPQym4WaKika (Aufruf 21.09.2015)*

Acceptable Speed:
Auf der technischen Seite gehört ein stetiges Kontrollieren und Nachjustieren der Ladezeiten und Zeiten zum Aufbau neuer Seiten zu unabdingbaren KPI´s – gerade bei mobilen Angeboten. Hier ist ein Durchschnittswert nützlich, Ausreißer sollten jedoch möglichst gefunden und untersucht werden.

Active Users:
Wie bei allen Angeboten im Internet ist eine Kennzahl die Anzahl der monatlichen oder auch täglichen Nutzer. Sie gehört standardmäßig zu jedem Monitoring der KPI´s. Aussagekräftig wird dies jedoch immer nur im Zusammenspiel mit anderen Faktoren.

3.4.2.1.2 KPI´s rund um die Ertragsermittlung

Conversion Rate:
Dieser Wert erfasst den Zusammenhang zwischen Registrierung auf der Website bzw. Download der App, dem tatsächlichen Einloggen bzw. Nutzen und getätigten Käufen und Interaktionen. Dabei wird in der Regel ein Zeitraum ab erstem Kontakt entweder mit 24 Stunden oder mit maximal einer Woche erfasst.

Visit Frequency:
Wer die Besuchsfrequenz misst, geht mehr ins Detail und liefert Zahlen darüber, wie oft und wie weitgehend ein Nutzer die App in der ersten Woche genutzt hat. Auswertbar ist außerdem, wie viele Webseiten-Besucher eine gewünschte Aktion durchgeführt haben. Aus diesen Zahlen lässt sich auf grundsätzliches Verhalten sowie darüber hinaus die Conversion Rate schließen und die zukünftige Nutzung errechnen.

Revenue per User:
Erfasst wird hiermit der Mehrwert, den ein Kunde nicht nur durch die getätigten Käufe und Interaktionen für das Unternehmen hat. Dieser Faktor beschreibt den Grad der Kundenbindung anhand der daran anknüpfenden Interaktionen auf allen Kanälen.

Social Shares:
Je freiwilliger und öfter ein User bei der Nutzung des mobilen Angebots Verknüpfungen mit anderen – vor allem Social Media –Kanälen zulässt, umso besser ist der Social Share und damit auch die Teil- und Verbreitungsbereitschaft.

Retention Rate:
Bei Apps ist interessant, wie lange die App auf dem mobilen Endgerät installiert bleibt und ein mehrfaches Wiederkommen und Nutzen auslöst.

Acquisition Cost:
Alle Kosten, die in Zusammenhang mit der Kundeninteraktion stehen und beim Bewerben und der laufenden Betreuung des mobilen Angebots anfallen, fließen in die Akquisitionskosten ein. Darunter fallen Aufwendungen wie Kosten für Werbung im App-Store, Marketing-Aktionen auf anderen Portalen und auch indirekte Kosten wie für die Social Media Betreuung. Diese können separat anhand einer Conversion Rate per Medium ermittelt werden.

3.4.2.1.3 KPI´s zur Sichtbarkeit

Altbekannte Werte, die für jeden Internet-Auftritt erfasst und dokumentiert werden, sind teilweise auch für die Betrachtung der Mobile-Angebote wichtig. Da diese begrifflich quasi zum Standard gehören, werden sie hier der Übersicht halber aufgezählt.

Organic Visibility: Messung der organischen Reichweite
Paid Visibility: Auswertung der Reichweite von sponsored bzw. bezahlten Posts etc.
Visits: generelle Besuche bzw. Aufrufe in einem definierten Zeitraum
Unique Visitor: Tatsächliche Zahl der Seitenbesucher
Returning Visitor: Kennzahl der wiederkehrenden Besucher
Traffic Source: Woher kommt der Traffic auf der Website?

3.4.2.2 Weniger ist mehr: Auswahl mobil relevanter KPI´s

Sollen nun alle diese KPI gemessen und ausgewertet werden? Nein, natürlich nicht – auch, wenn sie alle scheinbar gleich interessant und wichtig wirken. Manche sind für den mobilen Bereich und die Auswertung auch hinsichtlich der Interaktionen beispielsweise in Social Media Kanälen unnötig. Andere hingegen wirken sich deutlich auf die Zufriedenheit und letztlich die Wertschöpfung aus. Bei der Auswahl von zu beobachtenden KPI gilt wie auch anderswo: Die Mischung macht's. Technische Faktoren sind das eine, das die gesamte Nutzung und Erfolgsbewertung beeinflusst. Sie dürfen nicht fehlen, gerade nicht bei Mobile. Das bedeutet:

Das Design des Angebots muss

- schnelle Ladezeiten,
- wenige Schritte und
- intuitive Nutzerführung sowie
- wenige Frustrationselemente enthalten.

Das Angebot sollte den Kunden zudem zufriedenstellen in Sachen Bedienbarkeit, was unter anderem

- wenige Schritte zum gewünschten Ziel,
- mediengerechte Nutzerführung,
- flexible Nutzungsmöglichkeiten und
- Einbinden von Social Sharing Möglichkeiten

bedeutet. Neudeutsch ist das die Integration des Angebots in die Customer Journey. Zu Anfang wird eine Auswahl von vielleicht 8 bis 10 Messwerten genügen, um die wesentlichen Parameter für den Erfolg des Mobile Business zu messen und analysieren. Je tiefer und je intensiver die Nutzung der mobilen Angebote wird, umso mehr können die KPI´s ausgeweitet werden. Für einen ersten Überblick genügen einige wenige aus jedem Bereich. Sie müssen schließlich auch interpretiert und in Relation miteinander gesetzt werden, um eindeutige Aussagen treffen zu können.

3.4.2.2.1 Unerlässliche KPI´s für das Engagement

- **User Experience:** Die Nutzung spiegelt diesen Wert – diese möglichst umfassend zu beobachten und auszuwerten ist auch für die Brand Awareness, den Rückfluss auf das Markenbild, wichtig.
- **Acceptable Speed:** wesentlich zur Zufriedenheit trägt die schnelle Verfügbarkeit bei. Der Kunde ist ungeduldig, das Mobile Angebot muss so wenig Reibungsfläche wie möglich bieten.

- **Session Time:** wie lange bleibt der Nutzer beim Angebot. Hier gilt: je länger, desto besser – möglichst jedoch ohne Abbruch.
- **Depth of Visit:** Die aufgerufenen Seiten, die geklickten oder „gewischten" Fensterwechsel zeigen, ob die Kunden das mobile Angebot annehmen und nutzen.

3.4.2.2.2 Notwendige Werte für die Erlösermittlung:

- **Visit Frequency:** Die Anzahl Sessions in den ersten 24 Stunden oder in der ersten Woche nach Installation sind entscheidend für das zukünftige Nutzungsverhalten, Wer nicht sofort begeistert ist und aktiv agiert, der geht eher kurzfristig als Kunde wieder verloren.
- **Social Shares:** Wer bereit ist, dem Angebot mehr als ein Login zu genehmigen, ist eine potenzielle Marketingunterstützung. Wer das außerdem aktiv nutzt, zahlt doppelt und dreifach auf das Unternehmen ein.
- **Retention Rate:** Die Langlebigkeit und die Wiederkehr der Nutzer ist ein guter Erfolgsmesser: Wenn das Angebot genutzt wird, ist es auch über eine Hype-Zeit hinaus zu vermarkten und rentabel.
- **Conversion Rate:** Bei Shop-Lösungen kommt die Produktzahl im Warenkorb als messbarer Wert hinzu, der als einer unter den wichtigsten für den Ertrag betrachtet werden muss. Die Conversion Rate ist zwar oft noch mit anderen Faktoren belegt, kann aber als solche durchaus herangezogen werden.

3.4.2.2.3 Allgemeine KPI´s für die Bewertung:

- **Content Depth:** Technische Parameter, wie die Zeit, die ein Kunde braucht, bis er die für ihn relevanten Informationen findet und wie ausführlich er das Angebot nutzt, sind weitere Werte, die gerade bei mobile eine Rolle spielen.
- **Visibility:** Ganz klar sind Zahlen zur Sichtbarkeit und Wahrnehmung Anhaltspunkte für gelungenes oder verbesserungswürdiges Marketing und daher nicht zu vernachlässigen. Es gilt dabei: je mehr Interaktion und Social Share erreicht wird, umso besser ist die Kundenbindung. Ein paar Euro mehr in die Hand zu nehmen, wenn es um die richtige Ansprache und Auswahl der Kampagnen-Kanäle etc. geht, schadet nicht.

Alle anderen KPI´s können selbstverständlich auch betrachtet werden – auf das Mobile Business haben sie jedoch weniger Einfluss als die zuvor genannten. Es schadet nicht, sie im Auge zu behalten, insbesondere, wenn das Unternehmensangebot ausgeweitet werden soll. Je länger das Mobile Business besteht, umso mehr Details werden interessant. Bei der Auswertung kann auf Erfahrungswerte zurückgegriffen werden, die beispielsweise auf nahliegende Bereiche übertragbar sind.

3.4.3 Wir brauchen KPI-Monitoring

Die Auswertung von wichtigen KPI´s trägt zur Verbesserung und Optimierung des mobilen Angebots bei – und zwar dann, wenn sie regelmäßig erhoben und hinterfragt werden. Zum Glück gibt es hierfür Tools – und zwar in so großer Menge und fortlaufend erweitert bzw. durch neue Anbieter erweiterte Lösungen, dass ein detailliertes Vorstellen den Rahmen dieses Kapitels sprengen würde. Ein Blick auf die nachfolgende Liste derzeit aktueller Tools sowie eine Websuche nach Artikeln zu KPI-Dashboards lohnt sich bei der Erstauswahl. Bei der Entscheidung für ein Tool bietet sich die Beteiligung des Marketing und gegebenenfalls der Unternehmens-IT an.

3.4.3.1 Charts für jeden: Überblick dank grafischer Aufbereitung

Dashboards haben sich insofern bewälirL, als sie neben den KPI´s der Mobilen Angebote auch sonstige Social Media Kanäle mit einbeziehen und somit Kennzahlen aus allen vom Unternehmen bespielten und genutzten Kanälen erfassen und aufbereiten.

Neben den Zahlen aus dem vor allem für Webseiten genutzten Google Analytics liefern einige Tools weitere wichtige KPI´s nach Wunsch beziehungsweise nach Auswahl und greifen dabei auch auf Parameter aus Google Analytics zurück.

Cyfe: Webbasiertes KPI-Dashboard, das Google Analytics, PayPal, Facebook, Instagram und Pinterest einbindet über Widgets beziehungsweise API-Schnittstellen. *(http://www.cyfe.com/)*
Dashing: Open Source basiertes Dashboard, dass mit Widgets aber auch mit (sofern Programmierkenntnisse vorhanden sind) selbst programmierten Plugins arbeitet. *(http://dashing.io/)*
Geckoboard: Webbasiertes KPI-Dashboard, das mithilfe von Widgets verschiedene Parameter aus Google Analytics, PayPal oder Diensten wie Shopify, Mailchimp, Facebook und weiteren ausliest und grafisch aufbereitet zur Verfügung stellt. *(https://www.geckoboard.com/)*
GoodData: Umfangreiche Lösung für Social Media, Marketing und Sales, Hier fließen zusätzlich Informationen des Business-Netzwerks LinkedIn ein, aber auch Twitter, Facebook oder Google Analytics, Eloqua und Salesforce sowie weitere. *(http://www.gooddata.com/)*
Numerics: Die Besonderheit ist die zusätzliche Auslegung beziehungsweise Optimierung des Dashboards auf mobile Nutzung, es gibt sogar eine App. Widgets für GMail, PayPal, Twitter, Zendesk sowie Wunderlist sind neben etlichen anderen vorhanden. *(http://cynapse.com/numerics/)*
SimpleKPI: Das Dashboard ist ans Firmen-CD anpassbar und verfügt über vorgefertigte KPI-Templates und ist einer der Newcomer, im September 2015 noch in der Testphase. *(https://www.simplekpi.com/)*
SumAll: Etwas älterer Newcomer mit webbasierten KPI-Dashboard. WordPress, Google Analytics, Amazon-Payments, Ebay, Twitter, Google+ und weitere Dienste werden ausgewertet. *(https://sumall.com/)*

Vorgenannte Dashboards sind nur ein Ausschnitt aus dem vielfältigen Angebot ohne Anspruch auf Vollständigkeit oder besondere Auswahlkriterien. Die Liste könnte ständig fortgesetzt erweitert werden, da hier die Start-Up-Dichte entsprechend hoch ist. So entstehen fast wöchentlich neue Angebote – über deren Nutzung wie so oft Angebot und Nachfrage beziehungsweise individuelles Gefallen und Handhabbarkeit entscheiden.

Empfehlung: In verschiedenen Medien bieten Journalisten und Tester einen zeitnahen Überblick über Newcomer und Veränderungen, diese Artikel sind meist aktueller als Buchkapitel.[4]

3.4.3.2 Alles Interpretationssache: KPI`s sinnvoll auswerten

Das beste Dashboard nützt nichts, wenn die Interpretation der Zahlen nicht klar ist. Monitoring der KPI´s ist sinnvoll, braucht aber eine Auswertung, die nicht alleine den Einzelwert betrachtet. Alle KPI´s zahlen auf ein Konto ein – den Erfolg. Daher ist jeder auf verlorenem Posten, wenn er damit anfängt, auf einzelne Indikatoren hin zu optimieren, ohne das Ganze und das Wechselspiel einzel-

[4] *Bsp: Zum Zeitpunkt der Manuskripterstellung hat t3n eine Auswahl von 12 Tools vorgestellt, die zum Teil hier im Buch (u.a. auch in Kapitel 3.1) angesprochen werden http://t3n.de/news/kpi-dashboards-startups-525365/ (Abfrage 21.9. 2015)*

ner Komponenten zu beachten. Ist beispielsweise die Verweildauer hoch – könnte das als positives Ergebnis gewertet werden. Doch was ist mit der Abbrecher-Rate? Diejenigen, die sich endlos auf der Seite oder in der App aufhalten, dann aber ohne weitere Interaktion wieder gehen? Natürlich kann das in der Conversion Rate ermittelt werden.

Dieses Ergebnis löst die Frage aus, woran es liegen kann und welche Faktoren oder Umstände noch beteiligt sind. In diesem Beispiel wäre denkbar, dass es Geschwindigkeitsprobleme gibt: So ist es gut möglich, dass einzelne Seiten oder Menü-Punkte exorbitant hohe Ladezeiten haben im Vergleich zu anderen – der durchschnittliche Wert dies aber nicht so wiedergibt. Auf diese Idee kommt der, der bei der Interpretation ausreichend Fragen stellt, was mit hineinspielen kann in den Wert eines KPI.

Analyseverfahren wie z.B. multiple Regression können dabei helfen, relevante statistische Zusammenhänge festzustellen. Das bedingt, die Parameter vorher zu definieren und auch zu wissen, welche KPI´s darauf einzahlen. KPI´s bleiben dadurch nicht länger Größen, deren Bedeutung für das Web- oder App-Angebot man nicht kennt, sondern gewinnen an Bedeutung. Werden sie in das eigene Business-Framework eingebunden, kann der direkte Zusammenhang dargestellt werden.

In der Praxis genügt es oft, sich klar zu machen, wie ein KPI zustande kommt, um die Einflussbereiche auf und von anderen Faktoren zu entdecken. Womit wieder Social Media als Unternehmenskommunikation ins Spiel kommt: alle KPI´s zahlen darauf ein. Denn jede durch den Mobile Web- oder App-Auftritt generierte Interaktion in sozialen Medien ist ebenso ein Indikator für den Erfolg oder Misserfolg eines Unternehmens. Und anders als früher ist es sichtbar – auch wenn nicht aus jeder negativen Äußerung gleich ein Shitstorm wird. Im Idealfall wünscht sich sicher jeder, dass der Interaktionsaufwand nur dann höher wird, wenn es positive Erwähnungen gibt und die Kunden lediglich ihrer Zufriedenheit Ausdruck geben. Doch bis dieser KPI-Wert einmal so hoch ist, dass alle anderen uninteressant werden, ist es ein weiter Weg.

4. AUTOREN, ALPHABETISCH SORTIERT

Autoren
(in alphabetischer Reihenfolge)

Paul Baumann arbeitet bei der Drogeriekette Rossmann und ist dort als Leiter Online für drei Teams verantwortlich. Nebenberuflich arbeitet er als freier Dozent. Mit dem mobile zeitgeist Podcast und dem BVCM Social Media Podcast betreibt er zudem zwei erfolgreiche deutsche Podcasts zum Thema digitales Marketing.

Annika Brinkmann hat 2004 ihren persönlichen beruflichen Erstkontakt mit dem Medium Mobile gehabt. Seit dem hat sie seine Evolution verfolgt und unterschiedlichste Projekte mit immer wieder neuen technischen und gestalterischen Voraussetzungen konzipiert und gestaltet. Neben dem Projektgeschäft gibt sie Seminare für Designer und Konzepter.

Andrea Brücken, Digitale Kommunikation, Community Management und Social Media Marketing für verschiedene Auftraggeber. Seit kurzem Spezialisierung auf visuelle Kommunikation via Sketchnotes. Studium der Angewandten Kulturwissenschaften, Journalistik, Zertifizierung als Personal Coach sowie langjährige Erfahrungen als Trainerin und Workshop-Leiterin.

Nina Diercks, M.Litt (University of Aberdeen) ist Rechtsanwältin und Partnerin der Kanzlei Dirks & Diercks in Hamburg und Gründerin wie Autorin des Social Media Recht Blog. In ihrer täglichen Arbeit löst sie für ihre Mandanten all diejenigen juristischen Fragestellungen, denen Unternehmen in der digitalen Welt begegnen. Dabei liegen ihre Schwerpunkte unter anderem im Datenschutz- und IT-Vertragsrecht.

Jan Firsching ist Autor bei Futurebiz und Social Media Berater bei der Agentur BRANDPUNKT. Jan Firsching berät Marken und Unternehmen bei der Entwicklung und Umsetzung von digitalen und Social Media Konzepten.

Heiko Genzlinger ist CEO von Trademob, einer internationalen Plattform für Programmatic Mobile App Advertising, und mit über 20 Jahren in der Online- und Werbeindustrie ein ausgewiesener Experte auf seinem Gebiet. Zuvor verantwortete er als Geschäftsführer das Business von Yahoo in der DACH-Region.

Dr. Kerstin Hoffmann gehört zu den bekanntesten deutschen Beratern, Speakern und Autoren aus dem Bereich PR und digitale Strategien. Ihr „PR-Doktor" ist eines der meistgelesenen deutschen PR- Blogs. An der Heinrich-Heine-Universität Düsseldorf lehrt sie Public Relations und digitale Strategien. Kürzlich erschien ihr aktuelles Buch „Web oder stirb! Erfolgreiche Unternehmenskommunikation in Zeiten des digitalen Wandels".

Dirk Liebich ist Geschäftsführer und (Mit-) Gründer einer amerikanisch-deutschen Unternehmensberatung und mehrerer Start-ups. Er ist weltweit tätig als Berater und Spezialist für Data Mining, Business-Intelligence-Lösungen sowie Leadership-Entwicklung. Seit seiner Rückkehr nach Deutschland 2009 betreibt Dirk Liebich vom Standort Duisburg aus gezielt den Technologie- und Wissenstransfer in die europäischen Märkte. Bis Ende 2014 war er Betreiber und Autor des Magazins der Digital Tempus. Dirk Liebich publiziert und hält Vorträge in englischer und deutscher Sprache.

Heike Scholz ist Herausgeberin und Autorin dieses Buchs, Gründerin von mobile zeitgeist, anerkannte und geschätzte Speakerin und gehört zu den Influencern der deutschen Internet-Szene. Sie ist Co-Founder von ZUKUNFT DES EINKAUFENS, einer Plattform, die den durch die Digitalisierung hervorgerufenen Wandel im stationären Einzelhandel begleitet. Weiterhin ist sie Partnerin von THE DIGNIFIED SELF, einer Initiative für mehr Achtsamkeit in der digitalen Zeit. Als Juryvorsitzende bei den Best of Mobile Awards, Jurymitglied des Typo3 Awards, und Advisor für Technologie-Startups fördert sie mit ihrem Engagement insbesondere die Mobile Branche in Europa.

Mario Schwertfeger arbeitet bei der Münchner Performance Marketing Agentur Catbird Seat als SEO Consultant. Hierbei berät er große und mittelständische Unternehmen rund um das Thema Suchmaschinenoptimierung, wobei Mobile SEO einen der Schwerpunkte in dieser Tätigkeit darstellt. Da er seit 1997 im Internet unterwegs ist und hierbei auch schon in vielen sozialen Netzwerken partizipiert hat, welche in den vergangenen Jahren gekommen und gegangen sind, beschäftigt er sich zudem mit dem Thema Social Media und hat auf diesem Gebiet auch eine Weiterbildung zum „Social Media Manager absolviert".

Susanne C. Steiger ist mit Design-Oldtimern wie Olivetti und Macintosh in die IT-Welt eingestiegen und seit 20 Jahren als Fachfrau im Computer- und Online-Business zuhause. Nach Stationen als Blattmacherin und Chefredakteurin im BtoB-Bereich stieß sie bereits in Jahr 2000 zum Mobil-Online-Internet-Wirtschaftsbereich und ist seit 2005 als freie Redakteurin und Journalistin aktiv. Sie ist zudem mit Workshops und Strategischem Reputations Management als Coach für Enteepreneure und Start-ups aktiv sowie Lehrbeauftragte an der Medienhochschule Mittweida.

Florian Stöhr ist, nach sieben Jahren als strategischer Community Manager eines sozialen Netzwerks, seit Anfang 2012 bei der buw Unternehmensgruppe, Deutschlands drittgrößtem Customer Care Anbieter, tätig. Als Leiter der buw digital GmbH ist sein Tätigkeitsschwerpunkt die Weiterentwicklung des klassischen Kundenservices in neue Kommunikationskanäle.

Björn Tantau kann auf über 15 Jahre Erfahrung im Online Marketing zurückblicken und ist unter anderem als Blogger, Keynote-Speaker und Podcaster bekannt. Seine Website bjoerntantau.com gilt als einer der renommiertesten Online Marketing Blogs Deutschlands, in sozialen Netzwerken folgen ihm mehr als 45.000 User und er hat mehrere Bücher veröffentlicht und schreibt als Autor regelmäßig für große deutschen Websites, Blogs und Magazine. Mehrfach wurde er schon im TV interviewt, unter anderem vom ZDF, von RTL, von RTL 2, der Deutschen Welle und der 20-Uhr-Ausgabe der ARD-Tagesschau. Zudem hat er bereits auf zahlreichen nationalen und internationalen Konferenzen, Messen und Events gesprochen.

Klaus Zell ist Jahrgang 1964. Mit Volt u. Ampere, Bits u. Bytes aufgewachsen. Studierter Informationselektroniker, diplomierter Betriebswirt. FIDO-Nutzer in den 1980ern. „Neuland"-Nutzer seit den späten 1980ern. Viele Jahre verantwortlich für eine Konzern-IT. Heute als Social-Media-, Kommunikations-, Mobilfunk- und Datenschutzbeauftragter in einem Konzern tätig.

www.ingramcontent.com/pod-product-compliance
Lightning Source LLC
Chambersburg PA
CBHW080600220326
41599CB00032B/6552